KB119212

올바름이 힘이다

더 나은 대한민국을 꿈꾸는
바른사회의 길

나남
nanam

나남신서 1884

올바름이 힘이다
더 나은 대한민국을 꿈꾸는
바른사회의 길

2016년 12월 19일 발행
2016년 12월 19일 1쇄

지은이_辛永茂
발행자_趙相浩
발행처_(주) 나남
주소_10881 경기도 파주시 회동길 193
전화_(031) 955-4601 (代)
FAX_(031) 955-4555
등록_제 1-71호 (1979.5.12)
홈페이지_http://www.nanam.net
전자우편_post@nanam.net

ISBN 978-89-300-8884-8
ISBN 978-89-300-8655-4 (세트)

신영무 자서전

올바름이 힘이다

더 나은 대한민국을 꿈꾸는
바른사회의 길

신영무 지음

나남
nanam

Right makes Might

by

Young Moo Shin

nanam

올바름이 힘이다
Right makes Might

2013년 초, 대한변호사협회 협회장의 임기를 마친 후 법무법인 세종으로 복귀했다. 몸은 사무실로 돌아왔지만 마음은 예전의 변호사 시절로 쉽게 돌아오지 못했다. 무언가 공익적 활동을 계속해야 한다는 의식이 머릿속을 떠나지 않았다. 2년간의 변협 협회장 활동이 가져다준 변화였다. 결국 그해 8월 말 세종을 떠나기로 했다. 내가 창업한 법무법인이라 아쉬운 감정과 착잡한 소회가 교차했지만 시민운동을 모색하기 위해서는 불가피한 선택이었다. 곧바로 시민운동단체인 '바른사회운동연합'(바사연) 창립에 나서며 작은 규모의 법률사무소도 마련했다.

시민운동을 하기로 결정하면서 고심이 시작되었다.

'무엇을 바른사회운동연합의 목표로 정할 것인가?'

'우리 사회를 위해 바른사회운동연합은 무슨 일을 할 것인가?'

이런 문제의식이었다. 뜻을 같이하는 여러 지인과 머리를 맞대고 고민하며 깊은 토론을 거듭했다. 그 결과 큰 방향과 핵심과제를 정리할 수 있었다.

우리나라는 반세기 만에 산업화와 민주화를 함께 이루어냈다. 모든 국민이 이 사실에 커다란 자부심을 느낀다. 그렇다면 우리가 사는 오늘은 어떠한가? 여전히 큰 자부심을 느낄 만큼 우리는 행복한 시대를 사는가?

냉정하게 돌아본 현실은 그렇지 않다. 무엇보다 사회 전반에 양극화가 심화됐다. 특히, 많은 청년이 꿈과 희망을 잃은 채 좌절의 수렁에 빠져있다. 그동안의 평준화 정책으로 공교육이 실패하면서 사교육에 대한 의존은 심화 일로에 있다. 나아가 사교육비의 과도한 지출로 중산층이 붕괴되고 이른바 '3포세대'가 양산됐다. OECD 국가 가운데 최저를 기록하는 우리나라의 출산율은 이 아픈 현실을 말해주는 단적인 지표이다.

목표가 분명해졌다. 우리가 지향해야 할 바는 바로 '젊은이에게 꿈과 희망을 주는 사회'이다. 이를 위해서는 '누구에게나 균등한 기회가 주어지고 열심히 일한 만큼 정당한 보상을 받는 사회'가 시급한 과제이다. 한마디로 '바른 사회'이다. 그렇다면 바른 사회는 어떻게 구현할 것인가?
해답은 두 가지다. 하나는 누구나 공정한 가운데 경쟁할 수 있도록 '반反부패 법치주의'를 확립하는 일이다. 다른 하나는 누구나 타고난 능력을 계발하여 원하는 일을 즐기며 할 수 있도록 '교육의 개혁'을 실현하는 일이다.

두 가지 과제를 본격적으로 추진하면서 진정한 의미의 시민운동을 해야겠다고 마음먹었다. 나름대로의 원칙도 분명히 정했다.
첫째, 정부의 지원은 절대 받지 않는다.
둘째, 법인회원의 회비는 받되, 기업을 불편하게 하여 후원받는 일은 결코 하지 않는다.
셋째, 투명한 회계를 바탕으로 운영한다.

각오와 함께 막연한 희망도 생겼다. 시민단체의 힘은 참여자의 숫자와 그 열정의 함수일 수밖에 없다. 그런 만큼 연회비로 1만 원을 내는 회원을 10만 명 정도 확보할 필요가 있다고 생각했다. 그렇게 될 때 '바른사회운동연합'은 바른 사회로 가는 정책과 입법을 추진하고 나아가 세상을 바꾸는 일에 힘이 될 것이라는 희망을 품게 되었다.
문제는 10만 명의 회원을 확보하는 방법이었다. 고심을 거듭하던 중 수년

전의 경험이 문득 뇌리를 스쳤다. 변협 협회장 선거에 출마했을 때의 일이다. 그때 나는 선거일이 두 달밖에 남지 않은 시점에 출마를 결심하고 선거운동에 뛰어들었다. 하지만 당시 회원들, 특히 젊은 변호사에게 나는 전혀 알려지지 않은 사람이었다. 말하자면 '신영무'는 거의 무명의 후보나 다름없었다. 어떻게 살아왔으며 무슨 생각을 하는 사람인지 도대체 알 수 없는 인물이었던 셈이다. 그 경험에 비추어 생각했다. 시민단체운동을 본격적으로 하려면 무엇보다도 나를 알릴 필요가 있다고 판단했다. 그래서 펜을 들었다.

막상 펜을 들고 보니 더 큰 열정이 생겼다. 기왕이면 이 땅의 젊은이에게 도움이 될 만한 이야기와 경험을 전해야겠다는 의욕이었다. 지금 대한민국호는 선진국 진입의 문턱에서 침몰할 수도 있는 위기에 처했다. 그런 가운데 이 땅의 젊은이는 현실에 좌절한 채 미래의 희망을 찾지 못한다. 그들에게 내가 걸어온 길과 경험을 들려주고 싶다. 즉, 부족하지만 변호사로서 뚜벅뚜벅 걸어온 길, 그리고 그 길에서 접했던 많은 경험이다. 힘겨운 시대를 사는 젊은이와 후배 변호사에게 조금이라도 용기와 도움이 되었으면 한다.

나는 맨손으로 유학을 다녀왔다. 귀국 후에는 변호사로서 불모의 땅에 서구식 로펌을 개척했다. 이를 계기로 재야 법조계에는 새로운 바람이 불었다. 로펌을 기반으로 둔 변호사 업무가 전문화ㆍ국제화ㆍ세계화되는 데 나름대로 기여한 셈이다. 공익적 일에도 관심을 가지면서 이 시대 지식인의 사명에 대해 고뇌했다. 나아가 우리 사회의 발전과 선진화에 기여하는 방법을 찾고 실천하기 위해 노력했다. 후배들이 바람직한 삶을 설계하는 데 나의 이러한 도전과 경험이 참고가 되고 힘이 되었으면 한다. 그리고 '더 나은 대한민국을 위하여' 살아갈 수 있도록 당부와 숙제를 드리고 싶다.

지금 우리 사회에서는 다양한 갈등이 표출되고 있다. 갈등의 폭과 깊이도 더욱 크고 깊어지는 추세이다. 더욱 큰 문제는 이러한 갈등이 사회의 바람직한 발전으로 승화되지 못한 채 소모적이고 파괴적인 방향으로 악화되고 있다는 사실이다. 나는 그 이유를 우리 사회를 지탱한 전통적 가치와 도덕성의

훼손에서 찾는다. 돈 때문에 고귀한 생명이 희생되고 돈 때문에 민주사회 최후의 보루인 사법정의마저도 내동댕이쳐지는 현실이다. 이 시대 우리 사회를 지탱해야 할 최고의 지식인이 법과 권력 앞에서 스스로의 양심을 버린다면 우리는 더 이상 미래를 이야기할 수 없다. 어려울 때일수록 근본으로 돌아가야 하는 법이다. 지금 우리에게는 온갖 세속적 유혹을 뿌리치며 자신을 지킬 수 있는 정신적 지주와 신념이 절실히 필요하다. 그것은 한마디로 '사필귀정' 事必歸正을 믿는 정신이다. 또 "가장 큰 힘은 올바름에서 나온다"*Right makes Might*라는 링컨 대통령의 말 속에 담긴 준엄한 교훈이기도 하다.

'백 세 인생'을 이야기하는 시대에 갓 일흔을 넘긴 나이로 자서전을 내려고 하니 어색하기도 하고 쑥스럽기도 하다. 한편으로 내세울 만한 경험도 많지 않아 부끄러움과 부담감이 앞서는 것도 사실이다. 하지만 '바른사회운동연합'을 창립하고 시민운동을 하려고 나선 마당인 만큼 나를 제대로 알리는 것이 도리와 의무라는 책임감으로 글을 마무리했다. 살아온 삶의 궤적은 물론 어떤 가치관과 철학을 갖고 있는지, 나아가 왜 이렇게 시민단체 활동을 하려고 하는지를 소상하게 밝혀야 한다고 결심했다.

지난 삶의 모든 과정과 마디를 담담하게 묘사하려고 노력했다. 작금의 사회와 현실을 보는 시각과 견해도 가감 없이 담기 위해 애썼다. 그래도 막상 세상에 내놓으려 하니 일말의 두려움을 떨칠 수 없다. 혹여 자랑만 늘어놓은 글이 된 것은 아닌지 걱정스럽기도 하다. 특히, 가까운 친구와 친지, 그리고 지인들과 함께 겪은 소중한 경험과 일화를 내 느낌대로 솔직하게 토로했는데 그분들을 불편하게 하거나 결례를 범하는 것은 아닌지 조심스럽기만 하다. 혹시라도 그런 일이 있다면 넓은 마음으로 양해해주실 것을 간곡히 부탁드린다.

책이 출간되기까지 많은 분의 도움이 있었다. 특히, 책의 구상 단계부터 최종 마무리까지 옆에서 지켜보며 조언을 아끼지 않은 아내, 그리고 커다란 관심으로 격려해준 세 딸에게 고마움을 전한다. 또 원고의 구석구석을 검토하며 의견을 제시해준 이건영 박사, 김선옥 박사, 이여성 고문, 장화경 바른사회운동연합 사무총장에게도 각별한 감사의 인사를 드린다. 무엇보다 기꺼이 졸고의 출간을 결정하고 훌륭한 편집과 장정으로 책의 가치를 높여준 나남출판의 조상호 회장과 고승철 주필, 임직원들에게 머리 숙여 감사드린다.

2016년 10월

올바름이 힘이다

더 나은 대한민국을 꿈꾸는
바른사회의 길

차 례

제1부

충청도 촌놈,
사법시험에
도전하다

벽촌의 막내

서울 유학길에 오르다

혼란기의 대학생활

세 차례 사법시험 도전

군법무관 시절, 결혼하다

벽촌의 막내

아버지가 "너 또 그런 짓 할 거야?" 하고 물었을 때 제대로
답하지 않은 것이다. 그 순간 고개를 끄덕이기만 해도 충분했다.
그러면 아버지의 매는 멈췄을 것이다.
그러나 나는 끝내 그렇게 하지 못했다.

우리 집 뒷동산

충청남도 당진시 순성면 봉소리, '검은 돌'黑石로 불리는 마을이
내 고향이다. 나는 이곳에서 태어나 어린 시절을 보냈다. 우리
집 뒷동산에 오르면 사방을 둘러보아도 시야에 들어오는 높은 산
이 없다. 그래서 평화롭고 아늑해 보인다. 바다를 보려면 인근의
송악읍이나 송산면까지 약 9~10㎞를 걸어서 가야 했다.

이곳에 버스가 들어온 것은 1980년을 전후한 일이었다. 전기도
그 무렵이 되어서야 들어왔다. 그야말로 벽촌이었다. 지금은 주
변에 제법 공장도 들어서 있고 도로도 꽤 반듯하게 포장된 편이
다. 이곳에 영산靈山 신辛 씨 집성촌이 있다.

우리 집 뒷동산은 명당(?)이었다. 어릴 적 어른에게 야단을 맞

거나 기분 나쁜 일이 있을 때면 뒷동산에 올랐다. 그곳에는 집안 선대 어른들의 산소 여러 기基가 있고 앞에는 작은 운동장만 한 잔디밭이 있었다. 앞으로 시야가 확 트여 전망이 아주 좋았다. 멀리 보이는 지평선 너머 숨은 서해바다도 보일 것 같은 풍경을 바라보며 상념에 잠기면 나도 모르게 마음이 풀리고 기분이 상쾌 해지곤 했다. 어릴 적 동네 친구들과 어울려 공놀이를 하는 등 여러 가지 추억도 얽힌 곳이다. 양지바른 곳이어서 아버님도 돌 아가시기 전에 자신의 묘를 이곳으로 정하셨다.

증조할아버지 댁이 종가였다. 천석꾼 소리를 듣기도 했고 거느 리던 일꾼도 적지 않은 편이었다고 한다. 나의 할아버지는 순성면 초대 면장이었고 슬하에 4남 2녀를 두었다. 남자 형제 가운데 둘 째가 나의 아버지였다. 위로는 큰아버지를 받들고 아래로는 두 명 의 남동생과 또 두 명의 여동생을 보살피는 위치였다. 1908년생 으로 두루 주周에 솔귀 현鉉을 함자로 썼다.

큰아버지는 경성제일고등보통학교(현 경기고등학교)를 나왔고 아버지는 시골에서 면천초등학교를 나온 뒤 당시 남대문상업학교 (현 동성고등학교)를 졸업했다. 호걸풍이어서 술을 무척 즐겼다. 일제강점기에 당진군 석문면장을 지내기도 했다.

아버지는 나이 열셋에 어머니와 결혼했다. 당시 어머니의 나이는 열일곱이었다. 어머니는 평산平山 신申 씨로 성聖 자 분分 자를 함자 로 썼다. 이웃인 서산군 해미가 친정으로 평산 신申 씨 집안에서 영 산 신辛 씨 집안으로 시집온 것이다. 외가는 그쪽 집안의 종가였다.

아버지가 서울에서 학교에 다녀야 했기 때문에 부부는 떨어져 지내야 했다. 그때 큰아버지가 서울에서 교편을 잡았는데 경복궁 인근의 옥인동에서 살았다. 아버지는 그 집에 기거하며 학교에 다녔다. 양정고등보통학교를 다니던 작은아버지도 함께 지냈다. 방학 때면 시골에 내려와 살다가 개학이 되면 다시 서울로 가는 생활이었다.

아버지는 자식을 엄격하게 가르쳤다. 무엇보다 예의범절을 강조했다. 어른이 집에 오면 반드시 큰절을 올린 뒤 무릎 꿇은 자세로 '그동안 평안하셨습니까?' 하고 안부를 여쭙도록 했다.

'정직'과 '타인에 대한 배려', 그리고 '솔선수범'도 아버지가 힘주어 이야기하던 가르침이었다.

아버지는 당진군청에 다니기도 했고, 지금으로 말하면 농업협동조합인 군농회郡農會 등에서도 일했다. 매사에 적극적이고 의협심도 강했다. 경제적으로는 윤택한 편이었다. 내가 자라던 시절에는 머슴 두 명이 같이 농사를 지을 정도였다. 다만 아버지에게는 하나의 원칙이 있었다. 여윳돈이 생겨서 농지를 구입하게 되면 대부분 큰집 명의로 등기했다. '큰집이 잘살아야 한다'는 것이 그 이유였고, 아버지의 지론이었다.

아버지는 세상 물정에도 밝아 '얼리 어답터'*early adopter*와 같은 면모가 있었다. 1934년은 큰 누님이 태어난 해로 내가 태어나기 10년 전이었다. 그해 아버지는 시골집의 안채를 지으며 현대식으로 모든 창문에 유리를 끼웠다.

회갑일에 사랑채 옆을 거닐고 있는 아버님

또 하나, 목욕탕을 빼놓을 수 없다. 욕조를 쇠로 만들어 시멘트로 고정시켰다. 어른 두 명이 들어가면 꼭 찰 정도의 크기였다. 물을 한번 데우면 나를 포함한 3형제가 쪼르르 탕 안에 들어가 목욕했다. 그런 목욕탕을 갖춘 집은 당진읍 전체에서도 거의 없었다. 그런데 아버지는 서울을 오가며 보고 들은 것을 활용하여 시골집에 직접 목욕탕을 만들었다. 특별히 건축에 조예가 깊지는 않았지만 새로운 문물을 누구보다 앞장서서 받아들인 것이다.

안타깝게도 이 특별한 안채는 지금은 사라지고 없다. 수년 전 장손이 새로 집을 지으면서 옛집을 헐어버렸다. '그대로 보존했다면 80년을 훌쩍 넘는 소중한 유산이 되었을 텐데' 하는 아쉬움이 남는다.

어머니는 인물이 좋았고 키도 꼿꼿하고 큰 편이었다. 성격이 무척 대범했다. 말씀이 적으셨지만 이야기는 아주 재미있게 하셨다. 목청도 좋고 기억력도 좋아서 삼국지를 거의 외울 정도였다. 조조는 어떤 성격의 소유자며 어디서 무엇을 했는지, 공명은 언제 어떤 말을 했는지 줄줄 꿰었다. 당시 여성은 관습 때문에 교육을 제대로 받지 못했지만 어머니는 일찍부터 오빠와 언니의 책을 어깨너머로 보며 한글을 깨우쳤다고 한다.

신앙심이 깊어서 돌아가실 무렵에도 성경을 손에서 놓지 않았다. 아내를 딸처럼 귀여워하고 가깝게 대했는데 성격대로 편하게 대하셔서 며느리들로부터 무척 존경을 받았다. 특히, 며느리들의 이야기를 절대로 옮기지 않으셨다.

어머니는 암산능력도 비상했다. 아버지가 서울에서 학교에 다닐 무렵, 어머니는 시골집에서 할머니를 모시고 살았다. 첫째인 큰어머니와 둘째인 우리 어머니 그리고 셋째인 작은어머니까지 세 며느리가 한집에서 생활한 것이다. 그때 할머니는 물건을 사야 할 일이 있으면 어머니를 불러 '값이 얼마냐'며 계산을 시켰고 그러면 어머니는 그 자리에서 암산하여 곧바로 답을 말했다고 한다.

바느질 솜씨도 마을에서 이름을 날릴 정도로 남달랐다. 그래서 동네 사람들은 일이 있을 때마다 어머니에게 바느질을 배우곤 했다. 동네 총각이 장가갈 때면 어머니가 솜씨를 발휘하여 도와주셨다. 80대 중반까지도 돋보기안경을 쓰지 않은 채 바늘귀를 끼우며 꼿꼿함을 유지하시던 어머니의 모습이 지금도 눈에 선하다.

어머님

  무엇보다 어머니는 끈기 있고 부지런한 분이었다. 일을 손에서 놓지 않는 성격이었다. 한여름이면 밭은 온갖 잡초로 뒤덮였다. 방학 때 나도 가끔 김을 매어보기도 했지만 그 일의 고단함이란 참으로 표현할 수 없다. 그러나 어머니는 그 일을 묵묵히, 또 끈기 있게 해내었다. 새벽부터 나가 콩밭도 매고 보리밭도 거두었다. 한여름 뙤약볕도 아랑곳하지 않으며 온종일 밭일을 하기도 했다.
  나중에 우리 부부가 서울 불광동에서 살 무렵에는 여러 형제가 이웃에 모여 살기도 했다. 그때 어머니는 주로 우리 집에 계셨다. 주말이면 식구들이 우리 집에 모였다. 국민주택의 작은 방에서 함께 저녁식사를 했는데 초저녁잠이 많은 아내는 밥상 뒤에서 곧바로 잠이 들어버리곤 했다. 하지만 어머니는 이불도 덮어주고 자리를 비켜주기까지 하셨다. 때로는 며느리와 함께 낮잠을 주무시는 일도 있었다.

열일곱 살에 시집 왔지만 어머니가 첫 아이를 낳은 것은 스물다섯 살의 일이었다. 출산이 늦어져 할머니로부터 구박을 받아야 했다. 집에서 쫓겨날 위기에 처하기도 했다. 모진 시집살이에 시달렸지만 어머니는 꿋꿋하게 버틴 끝에 큰아들을 낳았다.

큰형님은 어린 시절부터 경복궁 인근의 외가에 묵으며 인천에 있는 초등학교에 다니고 인천상업학교를 졸업했다. 어린 초등학생인데도 새벽잠에서 깨어나 외숙모가 차려준 아침밥을 먹고 기차편으로 인천을 통학했다. 지금 생각해도 결코 쉽지 않은 일이다.

어머니는 그런 모습이 안쓰러웠는지 인천상업학교 졸업 후 대학에 진학해야 하는 큰아들을 만류해 시골로 불러 내렸다. 태평양전쟁이 발발하여 세상이 어수선하던 시절이었다. '혹시 학병에 불려가는 것은 아닌가?' 하는 노심초사도 있었다. 인천상업학교는 들어가기 쉽지 않은 학교였다. 공부를 무척 잘했던 큰형님은 결국 진학을 포기하고 말았다. 그때 큰형님이 공부를 계속했으면 집안 형편이 많이 달라졌을 터였다. 귀향한 큰형님은 초등학교에서 교편을 잡으며 지냈다.

어머니는 신앙심이 무척 깊었다. 마을의 작은 교회에 다니며 주일예배는 물론 새벽기도도 거의 거르지 않았다. 완고했던 아버님도 처음에는 반대했지만 시간이 지나면서 묵인해주었다. 나도 어렸을 때 어머님을 따라 교회에 다녔다. 교회에는 주로 부인들과 여자아이들뿐이었다. 그래서 초등학교에 입학한 후에는 발길을 끊었다.

어린 시절의 나는 숫기가 없어서 여자아이들 앞에서 수줍음을 많이 탔다. 고교 시절, 사람들 앞에서 노래를 부르게 되면 크게 긴장하고 떨면서 무척 당황했던 기억이 있다.

곡기를 끊은 어머니,
그리고 정 많은 아버지

큰형님은 예순넷이라는 나이에 일찍 유명幽明을 달리했다. 암을 끝내 이겨내지 못했다. 그때 우리 형제들은 충격을 염려하여 어머니에게 사실을 알리지 않았다. 어머니가 미수米壽, 즉 여든여덟 살 때의 일이었다. 그런데 고모가 안부전화를 하던 중 큰형님의 암 발병 사실을 이야기하는 바람에 어머니도 결국은 알게 되었다.

충격을 받은 어머니는 식사를 거부하기 시작했다. '내가 오래 살아서 자식을 앞세우게 되었다'며 곡기를 끊은 것이었다. 돌아가시겠다는 작정이었다. 우리 형제들의 어떤 호소도 소용이 없었다. 당시 요구르트 음료 CF가 TV를 통해 방영됐다. '요구르트를 먹는 마을이 장수마을'이라는 광고였다. 그 CF를 본 후로 어머니는 요구르트를 한 모금도 입에 넣지 않았다. 그렇게 한 달 정도의 시간이 흘렀다. 어머니는 뼈만 앙상하게 남아 참혹한 모습이 되었다.

그때 셋째 영훈永薰 형님이 어머니에게 눈물로 호소했다. 마침내 어머니의 마음이 움직였고 비로소 미음을 들기 시작했다. 그리고 다행스럽게도 상태가 조금씩 나아졌다. 뼈만 앙상하던 어머니의 당시 모습은 지금까지도 가족사진으로 남아있다.

자식을 먼저 보내지 않으려는 애끊는 모정母情에도 불구하고 큰형님은 이듬해에 세상을 떠났다. 다시 1년 후, 어머니도 결국 운명하셨다. 사흘을 병석에 누웠다가 별세하셨는데 향년 90세였다. 마지막 임종 당시에는 셋째 형님 댁에 머물렀는데 '귀남이와 후남이'가 주인공으로 나온 드라마인 〈아들과 딸〉을 즐겨보던 어머님의 모습이 생생하다.

앞에서도 말했듯이 아버지는 수완이 좋은 편이었다. 그 성품을 미루어 짐작할 수 있는 일화가 있다. 우리 외가는 종가였는데 외삼촌 대에서 손이 끊어져 양자를 들였다. 외삼촌의 사촌 동생으로 신창현申昌鉉이라는 분이 있었고 그분의 아들이 양자로 오게 되었다. 이 사람이 훗날 삼성물산 사장이 된 신세길申世吉이다.

아버지는 남대문상업학교를 다닐 때 신창현 씨를 처음 만났다고 한다. 당시 경성제일고보에 다니던 그를 눈여겨본 것이었다. 행실이 남달라 장차 큰 인물이 될 것 같다는 판단 때문이었다. 아버지는 그를 중국음식점에 데리고 가 요리도 사주고 하면서 가까이 지냈다. 그러다가 둘째 누이, 그러니까 나의 둘째 고모에게 그를 소개하면서 중매를 섰다. 두 사람은 결혼에 성공했다. 결국 누이바꿈을 한 셈이었다. 아버지는 해미의 평산 신 씨를 아내로 맞았고 그 후 사촌 처남을 자신의 여동생에게 소개하여 결혼을 성사했다. 아버지의 수완이었다. 그렇게 주위 사람을 잘 대하면서 일을 엮어내는 성격의 소유자였다.

아버지는 정이 많았다. 지나가던 동네 사람이 들어오면 밥도 먹이고 술도 먹였다. 덕분에 큰형수님이 많이 힘들었다. 그래도 아무 내색 없이 밥상과 술상을 차려 내놓았다. 어쩌다 집에서 고기를 굽는 일이 생기면 아버지는 접시에 따로 덜어두었다. 나중에 며느리가 들어오면 챙겨주려는 것이었다.

그러면서도 자식에게는 엄격함을 지켰다. 설날 세뱃돈을 챙길 때면 우리 형제보다는 조카나 가까운 친척이 우선이었다. 우리 몫은 그다음이었다. 그렇게 자신보다는 타인을 먼저 생각하면서 인간관계를 중시했다.

내가 결혼하고 나서 2년 만에 아버지는 유명을 달리하셨다. 내가 판사에 임관한 무렵이었다. 1973년 4월 1일이 임관일이었는데 나를 보기 위해 대전지법에 들렀다가 서울에 온 후 갑작스럽게 뇌졸중이 발병했다. 진단받는 과정이 무척 힘들었는지 혈압이 치솟고 하다가 결국 타계하셨다. 그때 우리 형제가 담당 의사에게 은근히 불만을 드러내자 어머니는 이렇게 타일렀다.

"임금님 국상이 왜 있겠니? 다 때가 돼서 돌아가시는 거란다."

그렇게 대범하고 편안하게 이야기하는 분이 나의 어머니였다.

고향 마을은 윗마을과 아랫마을을 합해서 스무 가구 남짓이었
다. 나는 해방되기 직전 1944년에 7남매인 4남 3녀 가운데 여섯
째로 태어났다. 남자형제로만 따지면 막내였다. 둘째 형님과는
여섯 살, 셋째 형님과는 세 살 터울이었다.

열여섯 살 차이인 큰형님은 고향에 돌아와 순성초등학교 교사
로 일했고 남학생반 담임을 맡게 되었다. 당시 학교는 한 학년이
두 반뿐으로 남학생반과 여학생반으로 나뉘어 있었다. 내가 3학
년이 되던 해, 큰형님은 내가 속한 남학생반의 담임을 맡게 되었
다. 막냇동생이 있는 반의 담임을 형님이 맡을 수는 없었다. 어
쩔 수 없이 나를 여학생반으로 보내게 되었다.

학교에 다녀오면 동네 아이들과 어울려 노는 게 일이었다. 주
로 구슬치기, 제기차기, 딱지치기를 했고 가끔은 공놀이도 했다.
때로는 둘째·셋째 형님과 함께 동네 아이들과 어울려 놀 때도
있었다. 그럴 때면 형님들은 나를 자꾸 떼어놓으려고 했다. 3형
제가 함께 놀러 다니는 모습을 조금 창피하게 여긴 것이다. 나도
굴하지 않고 어디든지 열심히 쫓아다녔다. 그렇게 뒤쫓아 다니다
가 얻어맞는 일도 제법 있었다.

아버지는 집을 열심히 꾸미는 편이었다. 앞서 말했듯이 안채는
창문이 모두 유리로 되어있었고 작은 방도 여러 개 있었다. 내가
태어날 무렵에 사랑채를 다시 지었다고 한다. 사랑채는 전망이
좋아 멀리까지 보였다. 그곳에는 커다란 방이 하나 있었고 머슴
이 쓰는 방도 있었다. 큰방은 주로 아버지가 쓰셨는데 우리 3형

제가 자라는 동안 아버지와 함께 이 방에서 지냈던 기억이 있다. 하지만 그런 시절은 오래 가지 못했다. 둘째 형님이 대전고등학교 진학을 위해 대전으로 떠났고, 셋째 형님 역시 예산농업고등학교에 입학하면서 집을 떠났다.

집안의 주요 수입원은 농사였다. 쌀농사가 기본이었다. 아버지는 농사지은 쌀과 잡곡 그리고 나무를 팔아 가정의 생계도 꾸리고 우리 형제의 공부도 시켰다. 하지만 7남매를 키우기에는 역부족이었다. 특히, 상급학교에 진학하면서 학비가 큰 부담이 되었다. 나중에는 해마다 농토를 팔아야 했다. 애초에 땅을 한꺼번에 많이 팔아 저축해 놓은 다음 그 돈을 늘려나가면서 필요할 때마다 사용할 수도 있었다. 어쩌면 그 방법으로 더 오래 버틸 수 있었을지도 모른다.

당시에는 '장리쌀'이라는 것이 있었다. 쌀이나 곡식을 빌려주면서 한 해 이자로 그 절반을 받는 것이었다. 쌀 10가마니를 장리 빚으로 얻으면 1년 후에는 거기에 5가마니를 얹어 갚아야 했다. 2~3년을 되풀이하면 금방 40가마가 되고 그 지경에 이르면 어쩔 수 없이 땅을 팔게 된다. 견디다 못해 땅을 처분하는 것이지만 불어난 이자 때문에 사실상 남는 것도 없었다. 처음부터 땅을 많이 팔아 정리한 후에 그것으로 장리를 놓았다면 차라리 나았을지도 모른다. 부모님은 끝내 그 방법을 선택하지 않았다. 땅을 판다는 것은 언제나 내키지 않는 일이었기 때문이다.

내력일까? 우리 집안에는 특이한 장기를 가진 사람들이 있다. 사촌에서 육촌에 이르기까지 대부분이 악기를 잘 다룬다. 그림을 잘 그리는 사람도 있다. 어린 시절 추석 같은 명절이 되면 조상님 산소가 있는 동산에 일가친척이 모여 각자 갖고 온 악기를 연주하곤 했다. 나팔을 부는 사람도 있었고 기타를 치는 사람도 있었다. 악기도 다양했다. 바이올린도 있었고 트럼펫, 색소폰도 있었다. 신바람을 내던 형님들의 모습이 뇌리에 남아있다.

언젠가는 악기를 다루는 몇몇이 그룹을 만들어 마을학교 운동회에서 악단처럼 연주하기도 했다. 특별히 누가 가르쳐주지 않았는데도 각자 자습이나 훈련으로 연마한 것이었다. 당시 사촌 중에는 고장 난 악기를 직접 고쳐가며 연주하는 형제도 있었다. 그런데 우리 7남매 중에는 악기를 다루는 사람이 한 명도 없다. 우리 남매에게는 그런 재주가 없다.

아버지는 두주불사斗酒不辭라는 표현이 부족할 만큼 술을 좋아하셨다. 반면에 어머니는 술을 거의 드시지 못했다. 나는 주량에 관해서는 어머니 쪽을 닮았다. 남자 4형제 가운데 큰형님과 셋째 형님은 아버지를 닮아 주량이 꽤 되었다. 둘째 형님과 나는 어머니 쪽 영향인지 술을 잘 못 하는 편이었다. 지금도 여전히 술을 많이 하지 못한다. 조금 마시면 얼굴이 발개진다. 그래도 예전보다는 주량이 좀 늘어난 것 같다.

추수가 끝날 무렵이면 유랑 악단이 우리 마을을 찾아왔다. 무성 영화가 상영되기도 했는데 변사의 내레이션은 재미와 웃음을 선물했다. 또래 아이들은 구경하고 싶은 마음에 몸이 달았다. 나도 예외는 아니었다. 변사가 확성기를 들고 마을 곳곳을 다니며 영화를 선전하면 무슨 수를 써서라도 꼭 구경하겠다고 마음먹게 되었다.

그러나 아버지의 허락을 받는 일은 쉽지 않았다. 아버지는 항상 구경하러 가려는 우리 앞을 가로막아 섰다. 그래도 우리는 끝까지 포기하지 않았다. 어떻게든 꾀를 내어 구경했다. 나중에 사실이 발각되어 아버지로부터 매를 맞기도 했다.

매를 맞는 와중에도 나는 미련한 구석을 그대로 드러내었다. 아버지가 매를 들면 우선 도망가는 게 상책이었다. 아니면 그 자리에서 잘못했다고 하면서 무조건 비는 것이 당연히 매를 덜 맞는 방법이었다. 나는 이도 저도 아니었다. 도망가지도 않았고 잘못했다고 항복하지도 않았다.

더 심한 미련함도 있었다. 아버지가 "너 또 그런 짓 할 거야?" 하고 물었을 때 제대로 답하지 않은 것이다. 그 순간 고개를 끄덕이기만 해도 충분했다. 그러면 아버지의 매는 멈췄을 것이다. 그러나 나는 끝내 그렇게 하지 못했다. 다시 그런 볼거리가 생기면 꼭 구경 갈 생각이었기 때문이다. 그런 나에게 돌아온 것은 결국 매를 더 맞는 일뿐이었다.

때리는 부모님의 입장에서는 얼마나 속이 답답했을까? 남다른 성격이기도 했지만 지금 와서 보면 정말 바보 같은 행동이었다. 형

28

제 가운데에는 바로 위의 셋째 형님이 그런 면에서 나와 비슷했다. 그 때문일까? 나는 셋째 형님을 가장 좋아했다. 나에게 야단도 많이 쳤고 또 많이 놀리기도 했던 형님이었지만, 그래도 좋았다.

든든한 '상남자' 셋째 형님

셋째인 영훈 형님은 요즘 말로 '상남자'였다. 한마디로 남자다웠다. 주먹도 잘 썼고 가는 곳마다 대장 노릇을 했다. 초등학교 시절 형님이 학교 갈 때면 언제나 그 뒤에 따라붙는 아이들이 있었다. 집에서 학교까지는 거리가 2㎞ 정도였는데 가는 도중에는 산등성이도 넘어야 했다. 겨울이 되면 형님은 가끔 그곳에서 불을 지르곤 했다. 그게 작은 산불로 번진 적도 있었다. 그런 말썽꾸러기들의 우두머리였는데 예산농업고등학교를 졸업하고 군대를 다녀온 뒤에 총무처 시행 5급 공무원 시험에 합격하여 공무원이 되었다. 농림부를 거쳐 전매청을 끝으로 공직을 마감했다.

영훈 형님의 첫 직장은 농촌진흥청 산하의 당진 농촌지도소였다. 월급이 많은 편은 아니었다. 그래도 형님은 내가 사법시험을 준비하던 시절에 그 일부를 떼어 지원해주기도 했다. 든든한 응원군이었다. 셋째 형님과의 관계도 좋았지만 지금도 우리 형제는 모두 좋은 우애를 유지한다.

돌아가신 영덕永德 큰형님은 나이 차이가 커서인지 우리 동생들과 의견 차이가 많은 편이었다. 그 아래 둘째인 영범永範 형님과 셋째인 영훈 형님, 그리고 나까지 3형제는 비교적 의견 차이가 없었다. 둘째인 영범 형님은 가끔 잡기雜技도 즐기는 편이지만, 모범생이었다. 서울대 사범대학을 졸업하고 평생을 교직에 몸을 바쳤다. 교육부 장학관을 거쳐 마지막에 온곡중학교 교장을 역임하였다. 모험을 좋아한다는 면에서 셋째 형님과 나는 많이 닮았다. 지금도 셋째 형님은 집안 행사가 있을 때마다 헌신적이고 솔선수범하며 분위기를 좋게 만드는 당번 역할을 톡톡히 한다.

대전에서 다시 고향으로

학교에 다녀와서는 책가방을 방에 던져놓기 무섭게 밖으로 나가 친구들과 어울려 뛰어놀았다. 초등학교 친구 중에는 지금까지 이어진 인연도 있다. 5학년 때 면천초등학교에서 내가 다니던 순성초등학교로 전학 온 친구로 이름이 이근태李根泰였다. 나와 같은 반이 되었는데 공부를 꽤 잘해서 1, 2등을 다투었다. 나이는 나보다 한 살 위였고 힘이 무척 셌다.

4형제 가운데 둘째로 그의 집안은 경제적 형편이 그다지 좋지 않았다. 그래서 형인 이근성李根成 씨는 중학교를 졸업한 후 국가가 학비를 지하는 철도고등학교에 다녔고 공군사관학교를 나왔다. 동생인 이근웅李根雄 씨는 면천중학교와 고려대 법대를 졸업했다. 중학교 때 전체 1등을 했는데 경기고등학교 입시에 떨어지자 검정고시를 치러 대학에 진학했다. 나보다 1년 늦게 사법시험에 합격했다.

당시 순성초등학교 출신으로 사법시험에 합격한 사람은 세 명이었다. 우선 고려대 법대를 나온 이석선李石善 변호사로 법조계에 훌륭한 업적을 남긴 분이다. 그리고 이근웅 씨와 내가 있었다. 당진군 전체를 놓고 보면 당진읍 출신으로 고려대 법대를 나온 김두현金斗鉉 변호사(전 국회의원, 전 대한변협 협회장)까지 모두 네 사람이었다. 네 사람 가운데 세 사람이 순성면 출신이다 보니 '순성면이 산수가 좋다'는 이야기가 돌기도 했다.

이근태는 초등학교를 졸업한 후 역시 가정형편 때문에 중학교에 진학하지 못했다. 워낙 힘이 좋아서 그때부터 쌀 한 가마니를 거뜬히 지고 다녔다. 게다가 부지런하고 성실했다. 시간이 조금 흐른 뒤 그는 면천중학교 출신인 황의명黃義明 선배와 인연이 닿아 성균관대에 임시직으로 채용되어 서울로 왔다. 이때부터 그는 주경야독하는 생활을 시작했다. 낮에는 직장에서 일하고 밤에는 공부에 열중하며 검정고시를 준비했다. 그렇게 노력한 끝에 성균관대 법대 야간을 졸업했다. 그 후 ROTC 장교로 임관했고 신한은행에서 지점장과 본부부장을 지냈다. 모범적으로 사회생활을 하여 신망도 꽤 높았다. 그렇게 훌륭한 사람을 놓칠 수 없다는 생각에 나중에 법무법인 세종의 사무국장 자리에 모셨다. 동생인 이근웅 변호사는 한때 대법관 물망에 오르기도 했는데 사법연수원장을 지낸 후에 역시 법무법인 세종의 식구가 되었다.

이근태가 서울로 올라오기까지 디딤돌이 되어준 황의명 선배는 성균관대 법대 출신으로 당시 사법시험을 준비하기 위해 명륜동에 방 한 칸을 얻어놓고 자취생활을 했다. 황 선배와 이근태가 그 방에서 함께 숙식할 무렵 나도 약 한 달 동안 그곳에서 지낸 적이 있다. 1961년으로 서울고등학교에 다닐 때였는데, 마침 그 방에서 5·16 군사정변이 발발하는 생생한 소리를 접했다. 일련의 총소리가 지금도 귀에 생생하다.

순성초등학교를 졸업한 나는 대전중학교에 진학했다. 입학할 당시에는 둘째 형님이 대전고등학교 3학년이었고, 둘째 누님도 대전여자고등학교 3학년에 재학 중이었다. 사글셋방 한 칸을 얻어 3남매가 자취했는데, 1학년이 끝날 무렵 둘째 형님이 대학에 진학하기 위해 서울로 갔다. 함께 졸업한 둘째 누님도 시골집으로 돌아가면서 갑자기 혼자 남는 신세가 되었다. 그러자 부모님은 '대전의 사촌 형 댁에서 살면서 통학하는 게 어떻겠느냐'고 내게 물었다. 그럴 자신이 없으면 고향으로 돌아오라는 이야기도 덧붙였다. 어린 나이였던 탓일까. 나는 사촌 형님 댁에 가서 눈칫밥을 먹는 일이 별로 달갑지 않았다. 결국 집으로 돌아오는 길을 선택했다.

대전중학교를 떠나 집 인근의 면천중학교로 전학 오게 되었다. 학교까지는 4㎞ 정도로 1시간을 걸으면 도착하는 거리였다. 면천중학교로 돌아와 보니 같은 학년은 역시 120명이었고 2개 반으로 나누어져 있었다.

걸어서 가야 하는 1시간의 통학길이 간단하지는 않았다. 가끔은 놀이도 했고 허기가 지면 길가의 밭에서 무를 뽑아 먹기도 했다. 지금 와서 보면 그렇게 통학한 것이 신체를 단련하는 데 큰 도움이 되지 않았나 싶다. 전학 온 첫해에는 교내에서 열린 8㎞ 마라톤 대회에서 3㎞를 겨우 뛰고 나머지 구간은 걸어서 들어왔다. 그런데 1년 후인 3학년 때에는 같은 대회에서 30등 이내의 성적으로 골인할 수 있었다.

백지동맹과 다양한 시골친구

면천중학교를 다니던 시절, 특별히 기억나는 사건이 하나 있다. 전학을 오고 2학년이 되어 새로운 학기가 막 시작되었을 때였다. 국어 선생님이 새로 부임했는데 가르치는 내용이 너무 재미가 없었다. 국어 시간만 되면 동급생들은 지루한 표정을 지었다. 당연히 선생님 인기도 바닥이었다.

중간고사를 앞두고 몇몇이 모여 이야기를 나누며 궁리했다. 문제의 선생님을 다른 학교로 전근시켜야 한다는 데 의견이 모였다. 논의한 끝에 방법도 결론을 냈다. 국어 시험시간에 '백지동맹'을 하자는 것이었다. 같은 반 학생들이 모여 굳게 결의했다. 갓 전학을 온 나로서는 그저 따라갈 수밖에 다른 방법이 없었다.

시험시간이 되었다. 감독 선생님은 학생 사이를 오가며 감시했

면천중학교 졸업 당시의 필자

다. 시험이 끝날 무렵 나는 애초의 결의에 따라 답안지를 '백지'로 냈다. 잠시 후 훈육담당 선생님이 나를 불렀다. 백지답안을 냈다는 이유였다. 나만 부르는 것이 이상했다. 알고 보니 다른 친구들은 모두 답을 써냈다는 것이었다. 어떤 압력을 받은 것인지 영문을 알 수 없었다.

아무튼 그날 나는 훈육담당 선생님에게 엄청난 체벌을 받았다. 셀 수 없을 정도로 뺨을 맞았다. 중이염을 앓던 터라 뺨을 맞으니 무척 아프기도 했고 후유증도 심했다. 동네에 꽤 커다란 둠벙(웅덩이의 방언)이 있었는데 수영을 하려고 그곳에서 놀 때마다 귀의 염증이 터져 고생했던 기억이 있다. 어린 시절의 치기 어린 행동이었다.

작은 학교지만 면천중학교에서도 좋은 친구를 많이 사귀었다.

오래도록 인연이 이어진 친구도 있다. 우선 오광길吳光吉이라는 친구가 있다. 내가 고교입시에 재수하는 바람에 나보다 먼저 서울고등학교에 입학하여 1년 선배가 된 친구이다. 성균관대 약대를 나와 약사가 되었고 물리학과 세상의 이치를 깊이 연구하여 책을 여러 권 냈다. 친구들에 대한 배려심도 남달랐다.

모범생으로 대전고등학교에 진학하여 나중에 LG그룹 임원까지 지낸 한기만韓基萬도 있다. 장석관張錫寬, 최영락崔永洛, 김종웅金鐘雄 등 공주사범학교에 진학한 친구도 서너 명 있었다. 그들은 졸업한 후 충남 초등교육계에서 교장이나 교육장을 역임했다. 신현옥申鉉玉, 황동연黃東淵도 당진의 교육계에서 오랫동안 봉사했다. 장석관은 초등학교 교사로 지내다가 연세대 법대에 진학한 후 고등학교 교사가 되었다.

학업보다는 사회생활에서 더 큰 성공을 이룬 구윤회, 현춘원, 정하영도 있다. 현춘원은 노래 솜씨가 프로급이었고, 정하영은 매사에 솔선수범하여 친구들의 인기를 독차지했다. 순성면 출신인 모범생 허희만許熙萬, 사교적이고 활동적인 이만의李萬儀도 있었다. 이만의는 서울 관악구에서 4선의 구의원을 하면서 구의장도 역임했다.

임종국林鐘國이라는 친구도 있었다. 공주교대를 나온 그는 당진 교육장을 마지막으로 현직에서 은퇴했다. 얼마 전 바른사회운동연합 당진지회가 창립되었는데 바로 이 친구가 중심역할을 해준 덕분이었다. 생각이 깊고 추진력도 대단하다.

조성달趙成達이라는 친구도 기억에 많이 남는다. 중학생 시절 학비를 내지 못할 정도로 집안 형편이 어려웠지만 집념이 강했다. 한번 맡은 일은 꼭 이루어내고야 마는 성실성과 끈기의 소유자였다. 서울에 올라온 후 공사판 일용직부터 시작해 온갖 고생을 다 했지만 결국 상하수도 공사를 전문으로 하는 건설회사에서 기반을 잡아 크게 성공했다. 친구 가운데 돈을 가장 많이 벌었고 뜻깊은 일도 많이 한다.

재산을 어느 정도 모은 이후에는 "사람에 대한 투자가 가장 가치 있는 투자"라며 일찍이 '조준장학재단'을 설립했다. 이를 통해 재능 있고 똑똑하지만 경제적으로는 어려운 젊은이가 마음 놓고 공부할 수 있도록 지원한다. 벌써 20년 넘게 장학 사업을 지속하면서 학계·의료계·경제계 등 곳곳에서 크게 활약하는, 소금과 같은 인재를 키워냈다. 모교인 면천중학교에도 가장 큰 규모의 장학금을 지원한다.

최근에는 '미국의 월가를 알고 이를 이겨낼 인재를 키워야 한다'며 하버드대학 경영대학원이나 펜실베이니아대학 와튼스쿨로 유학하는 학생 가운데 국가관과 공익관이 투철한 사람을 엄선하여 학비와 체재비 일부를 지원한다. 여기에는 특이하면서도 의미 있는 점이 하나 있다. 이 학생들이 훗날 50세가 되면 그동안 사회생활로 벌어들인 돈의 5%를 장학재단에 기부하라는 조건을 붙인 것이다. 모험심도 남달라 일찍부터 자주 외국에 왕래하면서 여러 가지 에피소드를 들려주곤 했는데 장학사업 또한 남다른 면을 보여준다.

서울 유학길에 오르다

고3이 되어 문과를 택한 후 진로를 본격적으로 고민하게 되었다.
상대로 진학하여 기업 쪽에서 일하기보다는 법조인이 되어
사회정의를 위해 일하는 것이 보람이 크겠다고 판단했다.
그렇다면 법대를 선택하는 게 좋겠다는 생각이 들었다.

평생 농사만 지을 생각이냐?

면천중학교에서는 한 학년에서 한 명 정도가 대전고등학교로
진학했다. 성적이 좋은 사람은 사범학교로 진학하기도 했다. 나
는 1959년에 중학교를 졸업했는데 그해 2월 경복고등학교에 지원
해 입학시험을 치렀다. 결과는 낙방이었다. 풀이 꺾였다. 그런
내 모습을 보며 큰형님이 말했다.

"가정 형편도 어렵고 형제도 많은데 오히려 잘 되었구나."

큰형님의 입장에서는 일종의 위로였다. 하지만 나에게는 전혀
위로가 되지 못했다. 큰형님은 부모님에게도 말했다.

"이제 막냇동생은 농사나 짓게 하지요."

큰형님의 의견 때문인지 나는 그때부터 집에서 노는 신세가 되

었다. 당시 집에는 나보다 세 살 정도 나이가 많은 머슴이 있었
는데 죽이 잘 맞았다. 우리 둘은 농사를 돕는다면서 여기저기 돌
아다니며 놀았다. 신문지로 엽초를 말아 피우기도 했다. 물론 실
제로 농사도 도왔다.

그렇게 봄, 여름이 지나고 가을이 되었다. 추수도 끝난 11월
초순의 어느 날이었다. 서울대 사범대를 다니던 둘째 형님이 일
때문에 집에 잠시 내려왔다. 아무런 생각 없이 지내는 나에게 영
범 형님이 한마디를 던졌다.

"너는 평생 농사만 지으면서 살 생각이냐?"

어린 막냇동생이 시골에 처박혀 세월을 허송하는 모습이 안타
까웠던 것이다. 나는 무언가로 머리를 얻어맞은 느낌이었다. 둘
째 형님은 부모님에게도 고언을 했다.

"막내 영무는 그냥 농사꾼으로 만드실 작정이세요?"

나는 둘째 형님의 이야기에 크게 자극받았다. 이제 공부하겠다
고 결심하고는 부모님의 지원을 받아 서울에 사는 작은고모님 댁
으로 올라왔다. 앞서 이야기한 신창현 씨가 작은고모부였는데,
당시 경기고등학교의 영어교사였다. 작은고모님 댁은 정릉에 있
었다. 부모님은 나를 쌀 한 가마니와 함께 그곳으로 보냈다. 한
때 가족들이 피란 내려와 우리 집에 머물며 지낸 적도 있던 터라
고모님 댁에서는 나를 반갑게 맞아주었다.

고모님의 큰아들인 신세길(전 삼성물산 사장) 씨는 나보다 여섯
살 위로 당시 서울대 경제학과를 다녔다. 그리고 나와 동갑인 큰

딸 신경자申慶子 씨가 있었고, 그 밑으로 두 살 아래인 신은철申殷澈(전 대한생명 부회장) 씨가 경기중학교에 재학 중이었다. 그 밑으로 딸 셋이 더 있었다. 제법 대가족이었다.

서울에 올라온 때가 겨울이었는데, 두 형제가 쓰던 국민주택의 2층 방에 나도 함께 지내게 되었다. 예상보다 추웠다. 모두 가난하던 시절이었다. 제대로 된 난방을 기대하기 어려웠다. 유단포(탕파湯婆, 즉 더운물을 넣어서 몸을 덥히는 데 쓰던 물통)를 배에다 붙들어 매고는 잠을 청했다. 그러다가 날이 더 추워지자 연탄난로를 하나 들여놓았다. 입시까지 석 달밖에 남지 않은 시점이었다.

그때부터 종로에 있는 서울학원에 다니기 시작했다. 목표는 신흥 명문으로 불리는 서울고등학교였다. 두어 달 정도 학원에 다니던 중, 고모님의 건강이 좋지 않아 작은아버지 댁으로 거처를 옮겼다.

공교롭게도 작은아버지의 이름 역시 신창현辛昌鉉이었다. 양정고등보통학교를 졸업한 후 교직에 있었는데, 당시 광희중학교의 미술교사였다. 작은아버지 댁에서 당시 군 복무 중인 둘째 영상永常 형님과 함께 기거하게 되었다. 영상 형님은 그림 그리기를 좋아해 어릴 때부터 특이한 일화가 많은 걸물이었다. 나중에 서울대 미대 교수가 되었는데 지금은 손꼽히는 한국 화가이다.

어느덧 입시일이 임박해 학원 수강이 마무리될 즈음이었다. 학원 선생님이 조언을 했다. 각자 지원한 학교에서 최근 치러진 모의고사 시험지를 확보하라는 것이었다. 그걸 참고하면 큰 도움이 된다는 이야기였다. 당시 고등학교 입시는 전체 인원 가운데 60명만 다른 중학교 출신을 합격시키는 방식이었다. 문제는 모의고사 시험지를 확보하는 방법이었다. 서울중학교에 다니는 학생을 알 수 있는 방법이 없었다. 불가능에 가까운 일이었다.

나는 서울중학교 교문 앞으로 찾아갔다. 그곳에서 수업이 끝나기를 기다려 하교하는 학생들을 붙잡고는 중3인지를 물었다. 다행히 한 친구를 만날 수 있었다. 나는 사정을 말했다.

"서울고등학교 입시를 치려고 원서를 냈는데 상의를 좀 했으면 좋겠다."

나는 그 친구를 가까운 빵집으로 데리고 가서 자초지종을 이야기하며 최근 모의고사에 나온 문제들을 알려달라고 부탁했다. 이름이 조한중趙漢重이었던 그 친구는 선뜻 부탁을 들어주었다. 모의고사에 나온 문제 중 몇 개는 입시에 참고가 되었다. 우연히 만난 조한중은 그해 입시에서 수석합격을 했고 덕분에 나도 좋은 성적으로 합격했다.

다정했던 고등학교 친구들

조금은 설레는 마음과 새로운 기대로 고등학교 입학식을 치렀다. 다음 날, 같은 반이 된 60여 명이 운동장 한편 정구장에서 키 순서대로 줄을 길게 섰고 차례로 번호가 주어졌다. 나는 20번이었다. 이건영李建榮(18번)과 민경호閔庚豪(19번)가 내 앞에 있었고, 김선옥金善玉(21번)과 이종신李種臣(22번)이 뒤를 이었다.

시골에서 갓 올라온 탓에 모든 것이 낯설고 어색하던 시절이었다. 다행스럽게도 뒷번호의 두 친구와 서로 뜻이 잘 맞았다. 그 덕분에 서울에서의 첫 유학생활에 쉽게 적응할 수 있었다. 우리는 함께 역도반에 가입하여 틈틈이 체력단련을 했다. 봄이 한창일 무렵에는 북한산 백운대에 함께 오르는 등 조금 먼 곳까지 나들이를 가기도 했다.

21번 김선옥은 대전중학교를 졸업하고 서울고등학교에 들어온 친구였다. 나처럼 타 중학교 출신이어서 마음이 더욱 잘 통했다. 이종신은 같은 또래였는데도 본받을 점이 무척 많았다. 타 중학교 출신을 각별히 챙겨주기도 했고, 어떻게 배웠는지 다양한 분야에 걸쳐 많은 지식을 지녔다. 어떤 주제라도 자신의 생각을 막힘없이 논리정연하게 전개하는 친구였다. 그의 머릿속은 참신한 아이디어가 끊임없이 솟아나는 샘이었다.

그는 운동도 남달리 잘했다. 역도를 특히 잘했는데 우리 3명 가운데 가장 열심이었다. 요즘 말로 '식스팩' 복근의 소유자였다. 여름이 되면 자신 있게 윗옷을 벗어 멋진 근육을 자랑하곤 했다.

여름방학이 끝날 무렵, 나는 역도반 이외의 다른 모임에도 관심을 두기 시작했다. 그즈음 민경호의 주선으로 미군 상병인 애봇Allen S. Abott을 선생님으로 모시고 도상철, 윤진호와 함께 영어회화를 배웠다. 오래가지 못하고 몇 달 만에 끝나긴 했지만 현지인에게 생활영어를 배우는 기회여서 소중한 경험이 되었다.

이 모임을 계기로 2학년 때에는 이화여고 학생들과 함께하는 '코알라 클럽'Koala Club에도 나가게 되었다. 영어실력이 대단한 친구가 많았다. 나는 이래저래 뒷전에 앉아있는 경우가 많았다. 원래 숫기도 없던 데다 여학생과 하는 모임이다 보니 자꾸만 뒤로 빠게 되었다. 자연히 모임에 관심도 줄고 잘 나가지 않게 되었다. 참여가 줄면서 성과도 그만큼 적어지고 말았다.

'바위모임'도 있었다. 전화성田化成, 최용崔鏞, 김병성金炳城, 장기제張基濟, 박원준朴元濬, 심재강沈載剛 등 10명이 넘는 우수한 모범생 친구가 참여한 모임이었다. 당시에는 모두 큰 이상을 품고 뜻깊은 일을 하고자 하였다. 강원도 영월의 산골마을을 찾아가 봉사활동을 하기도 했다. 최근 오랜만에 이 모임에 나가게 되었다. 친구들의 얼굴에는 지나간 세월의 흔적이 아로새겨져 있었지만 가슴 깊은 곳으로부터 고등학교 시절의 모습이 새록새록 되살아났다.

이건영과 김선옥은 3학년에서도 다시 같은 반이 되었다. 황상현黃相顯, 장기제, 강대신姜大信, 유수남柳秀男, 이성준李成俊, 이창호李彰浩, 김원택金元澤, 송경宋㷀, 심재강 등도 같은 반이었다. 훗날 유명 법조인이 된 박용상朴容相, 홍일표洪日杓, 김광정金光正은 다른 반이었다. 고3 때에는 김수용金秀勇, 조명재趙明載, 최영성崔永成과도 가깝게 지냈다. 뭐니 뭐니 해도 역시 친구였다. 친구와 어울리다 보면 수험생활도 그리 힘겹지 않았다. 오히려 재미있는 시간이었다.

42

주말이나 휴일이면 항상 어울렸는데 때로는 통인동에 있는 이건영의 집에서 하루를 지내기도 했다. 이건영의 어머님이 맛있는 음식을 만들어주면 배불리 먹고 난 후 다양한 주제를 놓고 열띤 토론을 벌였다. 가끔 몇몇 친구와 중국음식점에 가서 고량주를 마시고 화투도 치면서 스트레스를 풀기도 했다. 휴양지로 여행을 떠나기도 했고 산행도 다녔다.

인생의 큰 고비를 함께 지낸 친구들이어서 그런 것일까? 세월이 흘러 각자가 가정을 꾸린 이후에도 우리는 가족동반 여행을 같이하면서 두터운 정을 나눈다. 이 모임이 계기가 되어 고교동기 20여 명이 회원인 '청우회'淸友會가 만들어졌다.

많은 친구가 여전히 기억에 남는다. 그중에는 모범생도 있지만 놀기를 좋아하던 친구도 적지 않다. 틈만 나면 광화문 '세종당구장'으로 달려가던 친구도 있었다. 후에 외교관이 된 이창호는 고3 때 나를 자기 집에 데리고 가서는 아버지에게 "면천 촌놈 왔어요!" 하며 짓궂게 소개하기도 했다. 그의 아버지도 충청도 출신으로 한때 나의 부친과도 안면이 있는 사이였고, 당시는 크라운 맥주회사의 임원이었다. 덕분에 나는 처음으로 맥주의 씁쌀한 맛을 접할 수 있었다.

대구 동화사의 결투

3학년 여름방학 때의 일이다. 같은 반 친구인 이동철李東哲, 권오륭權五隆과 함께 대구 근교의 '동화사'에 내려갔다. 그곳에서 공부할 작정이었다. 당시 나는 담임 선생님의 주선으로 4월 무렵부터 이동철의 집에서 기숙하며 공부했다. 그의 아버지는 코오롱그룹 공동창업자 가운데 한 분이었다. 이동철은 머리는 좋았지만 공부보다는 친구와 어울려 놀기를 좋아했다. 그런 그가 마음잡고 공부에 전념할 수 있도록 부모가 조용한 절에 공간을 마련한 것이다.

하지만 안타깝게도 동화사는 공부에 전념하기 어려울 만큼 아름다운 곳이었다. 여름휴가를 이용해 그곳을 찾아오는 사람이 적지 않았다. 덩달아 수험생의 마음도 싱숭생숭할 수밖에 없었다. 관람객 속에 여학생이 섞여 있기라도 하면 책 속의 글자가 눈에 들어오지 않았다.

그렇지 않아도 놀고 싶은 이동철이었다. 진득하게 앉아 공부할 상황이 아니었다. 그러던 어느 날이었다. 점심 무렵, 서울에서 이동철의 어머니가 내려왔다. 손에는 통닭을 들고 있었다. 절에서 공부하는 아들 일행을 격려하기 위해 직접 찾아온 것이다. '가는 날이 장날'이었다. 마침 이동철은 가까운 친구들과 놀러 나가고 없었다.

혼자 남아있는 나를 보며 그의 어머니는 낙담한 표정을 지었다. 산사에서 힘겹게 공부에 열중할 아들을 생각하며 찾아온 먼

길이었다. 오후 늦게 나타난 이동철을 보며 그의 어머니는 불같이 화를 내며 꾸짖었다.

일은 그것으로 끝난 게 아니었다. 어머니가 서울로 올라간 후 조금 황당한 일이 벌어졌다. 사건의 불똥이 나에게 튄 것이다. 이동철이 나에게 말했다.

"왜, 적당히 둘러대면 될 것을 사실대로 고자질하고 그러냐?"

어이가 없기는 나도 마찬가지였다. 나와 이동철은 한참 동안 말싸움을 벌인 끝에 결투하기로 합의했다. 절 앞으로 펼쳐지는 산자락에 평지가 한군데 있었다. 승부를 내기 위해 그곳으로 자리를 옮겼는데 주먹다짐하는 시늉만 잔뜩 잡다가 결국 흐지부지 끝나고 말았다. 싸움이랄 것도 없었다. 지금 생각해도 웃음이 나오는 장면이다.

그해 여름방학 이후 이동철은 공부에 관심을 쏟기 시작했다. 두뇌도 뛰어난 데다 저력도 있고 사나이다운 면모까지 갖춘 친구였다. 그는 연세대 경제학과에 무난히 합격하였다. 합격 소식을 들은 날 우리는 함께 영화 세 편을 보았다. 그렇게 그동안의 스트레스를 맘껏 풀었다.

내가 왜 너에게 책을 줘야 하냐?

서울고등학교에 입학한 해가 1960년이었다. 재수하지 않았다면 2학년이 되어 있을 터였다. 하지만 동급생은 대부분 나와 같은 1944년생이었다. 초등학교와 중학교에 다닐 때만 해도 동급생 대부분은 나보다 나이가 많았다. 이미 장가간 친구도 있었다. 나이 차이가 대여섯 살인 경우도 적지 않았다.

갓 입학했을 무렵에는 하숙을 했다. 그 후 비용을 감당하기 어려워 입주과외를 했다. 마포의 당진학사에 들어간 적도 있었고, 불광동에서 자취한 적도 있었다. 고생이긴 했지만 버틸 만했다.

당시 전교 1등을 하던 친구가 우리 반에 있었다. 지금도 여전히 절친한 관계를 유지하는 이건영이다. 집중력이 정말 대단했다. 기발한 아이디어도 곧잘 내놓고 해서 친구인 나도 존경하는 마음이 들 정도였다. 그는 서울대 법대에 입학했다가 휴학한 후 다시 시험을 쳐서 이듬해에 서울대 공대 건축과에 입학했다.

나는 그가 천재라고 생각했다. 그는 소설도 잘 썼다. 대학교에 들어간 후 〈한국일보〉가 주관한 장편소설 공모에서 〈회전목마〉라는 작품으로 당선되었다. 당시로는 큰돈인 일백만 원을 상금으로 받아 우리에게 크게 한턱낸 일이 기억에 또렷하다. 나중에는 미국 노스웨스턴대학에서 도시설계학을 전공하여 박사학위를 받았다. 귀국 후에는 국토개발연구원장, 건교부차관을 역임하기도 했다.

명문고교지만 그래도 불량한 학생은 더러 있었다. 입학하고 나서 얼마 안 되었을 때였다. 어떤 동급생이 나에게 책을 내놓으라고 협박했다. 사실상 돈을 달라는 요구였다. 나는 '내가 왜 너에게 책을 줘야 하냐'고 거절했다. 그러자 녀석은 힘으로 책가방을 빼앗아가려 했다. 나는 끝내 버티었다. 그것으로 끝이 아니었다. 얼마 후에는 나를 방송실로 올라가는 3층 계단으로 불러서는 그곳에 앉으라고 하더니 갑자기 발로 턱을 걸어차는 것이었다. 그러고는 주먹질을 해대기 시작했다. 꼼짝도 못 한 채 당해야 했다.

입학 초기에는 이렇게 다른 중학교 출신이라는 이유로 부당한 폭력이나 압박에 시달리는 경우가 적지 않았다. 반대로 타교 출신 중에서 주먹을 제법 쓰다가 결국 징계를 당한 친구도 있었다.

고3이 되어 문과를 택한 후 진로를 본격적으로 고민하게 되었다. 상대商大로 진학하여 기업 쪽에서 일하기보다는 법조인이 되어 사회정의를 위해 일하는 것이 보람이 크겠다고 판단했다. 그렇다면 법대를 선택하는 게 좋겠다는 생각이 들었다.

1963년에 서울대 법학과에 입학했다. 입학할 당시 서울대 법대 정원은 160명이었다. 두 해 전 입시 때만 해도 3백 명이던 정원이 크게 줄어있었다. 5·16 군사정변 이후에 군사정부가 각 학교의 법대 정원을 줄인 탓이었다.

아버지나 어머니는 사법시험에 대한 기대를 특별히 내비치지 않았다. 오히려 뒷바라지를 제대로 해주지 못하는 형편을 미안해했다. 등록금이 부족하면 어머니가 이웃에 돈을 빌리러 다니기도 했다.

언젠가 한 번은 우리 집에서 머슴으로 살다가 나간 사람에게 부탁한 적도 있었다고 한다. 그 사람은 혼자서 살 만큼 기반을 꾸려 독립한 후 부지런히 가축을 키우며 살았다. 마침 돼지를 판 돈을 가지고 있다기에 어머니가 꿔달라고 청했던 것이다. 그런데 뜻밖에도 그쪽에서 거절했고 어머니는 자존심이 크게 상하고 말았다. 그때를 생각하면 지금도 안타까움과 우울함이 교차한다.

그런 아픈 기억 때문이었을까? 어머니가 돌아가셨을 때 작은 장학재단을 만들어 부모님을 기억하는 기념사업을 하자는 것으로 의견을 모았다. 장학재단의 명칭은 아버님 함자 가운데 두루 '주'자와 어머님 함자 가운데 성스러울 '성'자를 따서 주성周聖장학재단으로 했다. 규모도 작은데 금리마저 낮아진 상황이라 앞으로의 운영방향을 고민 중이다.

혼란기의 대학생활

일주일에 한 번 정도 모여 공부하는데 주로 형사판례를
읽고 함께 토론했다. 나보다 훨씬 실력이 좋고 많이 공부했음을
곧바로 깨달을 수 있었다. 그것이 사법시험 공부의 시작이었다.

학생회 활동과 한일 국교정상화 반대시위

대학에 들어가자 해방감 같은 것이 밀려왔다. 그런 기분으로
열심히 놀았다. 서클에도 가입해 적극적으로 활동했다. 1학년 때
부터 사법시험을 준비하는 학생은 매우 드물었다. 그래도 몇몇
친구는 도서관에서 하루를 보내며 공부를 시작했다. 방학이 되면
절에 들어가는 친구도 있었다. 나는 3학년 2학기 무렵에야 고시
를 준비하기 시작했다. 늦게 발동이 걸린 셈이었다.

1학년 때부터 대의원으로 선출되면서 학생회 활동에 관여하게
되었다. 대의원은 학년당 네 명씩 선출되었다. 2학년 때인 1964년
3월 하순 무렵, 한일 국교정상화 반대 시위가 시작되었고 나도 여
기에 적극적으로 가담했다.

시위 초기에는 서울대 문리대 학생들이 주도했다. 이 반대시위는 6월 3일 비상계엄령이 선포되면서 저지되었다. 당시 시위는 한마디로 '저자세 외교를 하지 말라'는 목소리였다. 시위를 통해 협상력을 높여주자는 취지였다. 즉, 한일회담을 하는 당국의 협상능력*leverage*을 올려주려는 명분이었다. 그래서 '굴욕외교 반대'를 구호로 내걸었다.

시위가 한창일 때에는 서울대 문리대 학생들의 주도로 김종필金鍾泌 공화당 당의장을 초청하여 이른바 '4대 의혹 사건'(5·16 군사정변 후 군정기간 중 중앙정보부가 공화당의 정치자금을 확보하기 위해 일으킨 횡령의혹사건으로, 구체적으로는 증권파동, 워커힐, 새나라자동차, 회전당구 사건을 말한다) 등에 대해 문답을 주고받고 토론을 벌인 적도 있었다. 나도 뒤늦게 자리에 참석하여 지켜보았다. 김종필 씨의 대답은 남다른 구석이 있어 학생들을 논리적으로 압도했다. 그러나 모든 학생을 설득하기에는 역부족이었다. 시위는 계속되었고 학원가는 점차 혼란 속으로 빠져들었다.

이듬해인 1965년 4월 3일, 한일 양국은 '청구권 및 경제협력 관련 합의사항' 등 이른바 '3대 현안'에 가조인했다. 이에 서울대 법대 학생회는 즉각 성토대회를 열어 반대시위를 전개했다. 36년 강점기 동안의 억압과 생명선인 '평화선' 철폐의 대가가 고작 3억 달러라는 사실에 굴욕외교의 강행을 성토하는 목소리가 고조되었다.

이때부터 서울대 법대가 시위를 주도하기 시작했다. 당국은 시위에 강력하게 대처하며 탄압으로 일관했다. 시위에 가담한 학생 가운데 일부를 구속기소하고 이들에게 징계처분을 내렸다. 이는 한일회담 반대운동의 기폭제가 되었다.

5월 초에는 법대 학생회장 선거가 치러졌다. 예상을 뒤엎고 장명봉張明奉(전 국민대 교수)이 당선되었다. 그는 끈질긴 투지와 집념의 소유자로 이후 이른바 '6·3 한일회담 반대운동'의 주역이 되었다. 이어서 학생회는 '학원자유수호 궐기대회'의 이름으로 총회를 개최한 후 정부와 학교당국에 '학원사찰 중지', '언론·집회·결사의 자유 보장', '징계학생 구제'를 요구하며 3일간의 동맹휴학을 벌였다.

이에 대해 학교당국은 이헌재(전 경제부총리), 임종률(전 국민대 교수) 2명을 무기정학시키는 등 모두 35명에게 징계처분을 내렸다. 장명봉은 6개월 정학을 받았고, 나를 포함한 12명은 '근신 3월'의 경미한 처벌을 받았다.

이에 반발하여 학생회는 유기천劉基天 학장의 사퇴를 요구하며 무기한 동맹휴학에 돌입했다. 사태가 심각해지자 동창회가 중재에 나섰고 학교당국은 징계처분을 전면 해제했다. 그러나 장명봉 회장은 한일회담 반대시위를 더욱 적극적으로 주도해 결국 구속되기에 이르렀고 이후 가담자도 처벌되었다. 이를 계기로 6월 중순에는 학생회 간부들이 단식투쟁을 벌이기도 했다. 그러던 중인 6월 20일, 학교당국은 갑작스레 8월 20일까지의 조기방학을 결정했다.

그리고 6월 22일에 한일협정은 비로소 정식으로 조인되었다. 14년 동안 계속된 국교정상화 교섭이 마무리되고 국회의 비준절차만 남게 된 것이다. 장명봉은 6월 말에 보석으로 석방된 후 다시 각 대학의 연합체를 구성하여 비준반대운동을 전개했다.

방학 중이었음에도 불구하고 비준에 반대하는 시위와 운동은 확산되었다. 그러나 8월 14일 공화당만의 단독처리로 비준동의안이 결국 통과되었다. 그러자 법대 학생회는 개학과 동시에 '한일협정 비준 무효화 투쟁'을 전개하기 시작했다.

시위가 격화되자 학교당국은 장명봉에게 퇴학처분을 내렸다. 이에 법대 학생회는 8월 23일 유기천 학장의 사퇴를 다시 요구하면서 1학기 기말시험을 보이콧하고 무기한 동맹휴학에 돌입했다. 당국은 위수령을 발동하는 한편, 8월 27일 신태환申泰煥 총장을 해임하고 그 자리에 유기천 학장을 임명했다. 당국의 징계처분과 이에 대한 강경저항이 이어지는 격동의 소용돌이였다.

그로부터 한 달 후인 9월 22일에 학생총회가 열렸다. 총회는 이 자리에서 '학생들의 요구사항을 충분히 고려한다'는 학교당국의 약속을 받아들였다. 결국, 동맹휴학을 벌인 지 한 달 만인 9월 23일에 학교가 정상화되었다. 곧바로 1학기 기말시험이 가까스로 치러졌다. 이로써 굴욕적 한일회담에 반대했던 6·3 한일회담 반대운동이 비로소 막을 내리게 되었다.

퇴학처분을 받았던 장명봉 회장은 이듬해 6월, 처분이 취소되면서 복학할 수 있게 되었다. 모든 사태가 일단락되었고 학교도 정상으로 돌아갔다. 그 후 나는 검찰에 출두하여 조사받기도 했으나 마침내 학생 본연의 자세로 되돌아올 수 있었다.

한일회담 반대로 시작된 6·3학생운동은 적지 않은 희생을 치르긴 했지만 이후 대학생의 반독재민주화투쟁에 큰 영향을 미친, 의미 있는 사건이었다.

본격적으로 사법시험을 준비하다

그해 여름방학이 지나고 추가시험을 치른 후였다. 김평우金平祐가 나에게 스터디그룹을 하자고 제안했다. 사법시험을 같이 준비하자는 것이었다. 그는 작가 김동리金東里 씨의 아들이었다. 경기고등학교를 나온 그는 나중에 법대를 수석으로 졸업했다. 나는 선뜻 제안을 받아들였다. 스터디그룹에 참여해 보니 구성원은 이미 상당히 수준 높은 공부를 하고 있었다. 나는 적이 당황했다. 최경원崔慶元(전 법무부장관), 이상원李尙遠(변호사), 이규홍李揆弘(전 대법관), 송인준宋寅準(전 헌재재판관), 이유영李瑜榮(변호사) 등이 그 멤버였다.

일주일에 한 번 정도 모여 공부하는데 주로 형사판례를 읽고 함께 토론했다. 나보다 훨씬 실력이 좋고 많이 공부했음을 곧바로 깨달을 수 있었다. 그것이 사법시험 공부의 시작이었다. 그해 겨울방학 때 스터디그룹 멤버는 모두 사법시험 1차에 합격했다. 우리 멤버 중에는 곧바로 2차 시험까지 치른 친구도 있었다.

2~3월 무렵 합격자를 발표했는데 이상원이 총점에서 조금 부

서울법대 재학 시절

족해 차석으로 낙방했다. 당시 합격자는 20명 안쪽이었다. 절대
평가에 과락이 없어야 했기 때문에 말이 '차석 낙방'이지 사실 대
단한 일이었다. 우리 모두에게 큰 자극이 되었다. 그것이 6회 시
험이었다.

그동안 학생회 대의원직을 맡기도 했고, '휴머니스트 학생회'라
는 서클 활동을 하기도 했다. 또 하나 주요한 활동이 있었다. 1학
년 때부터 〈피데스〉 *Fides* (성실과 정직을 신격화한 로마의 여신이라는
뜻)라는 법대 학보를 편집하는 보조위원을 했던 일이다. 〈피데
스〉는 지금도 발행된다고 한다. 당시에는 재학 중에 고시에 합격

한 사람들이 편집위원 역할을 맡았다. 강구진姜求眞, 변재승邊在承 선배가 편집위원이었다. 그들은 내가 입학했을 때 4학년이었는데 이미 사법시험에 합격한 후였다. 윤호일尹鎬一, 신승남愼承男, 김평우, 박용상, 강신욱姜信旭 등도 〈피데스〉의 일원이었다.

3학년 2학기가 끝나 방학이 되었을 때의 일이다. 송인준과 나는 서산군 해미면에서 방학을 보냈다. 우리 외가가 있는 곳이었는데 일종의 피신이었다. 3학년 때 시위를 주도한 사람을 검찰이 불러 조사했기 때문이다. 외가인 평산 신 씨의 종가가 휴암리에 있었다. 외삼촌은 우리를 매우 반갑게 맞아주며 귀여워했다. 어느 날에는 불을 켜놓고 공부하다가 둘 다 잠이 들어버리는 바람에 나무로 만든 재떨이를 태워 먹기도 했다.

스터디그룹의 일곱 멤버는 저녁식사를 한 후 가끔 극장에도 갔고 술 한잔을 나누기도 했다. 김평우나 이규홍은 그래도 여윳돈이 있는 편이었다. 이규홍의 형님인 이규성李揆成(전 재경부장관) 씨가 당시 재무부 서기관이었는데, 이따금 우리를 찾아와 불고기를 사주며 격려했다. 이규홍의 부모님은 논산에서 수확이 끝나면 아들에게 돈을 보내주었다. 우리는 그 돈을 '향토장학금'이라 불렀다. 돈이 오면 이규홍과 우리 일행은 중국음식점에 가서 요리를 시켜먹으며 술 한잔을 하거나 영화를 보러 갔다.

4학년 새로운 학기가 시작되었을 때였다. 김평우가 영화를 같이 보자고 제안해 우리는 광화문 사거리에 있는 국제극장을 찾았다.

〈예라이샹〉夜來香이라는 한국영화였다. 줄거리는 대강 이러했다.

법대생인 주인공(신성일)은 4·19 혁명 당시 데모에 가담했다가 쫓기는 신세가 된다. 그러던 중 어느 집에 우연히 숨어들었는데, 그곳에서 어떤 여자(문정숙)를 만나고 자신을 따뜻하게 보살펴주는 그녀에게 마음이 끌린다. 두 사람 사이에는 사랑이 싹트지만 주인공은 당국에 붙잡히게 된다.

교도소로 면회 온 그녀의 손을 잡고 주인공이 이야기하는 장면이 마지막이었는데 그 멋진 대사에 깊이 매료되었다. "나는 너로 인해 사랑을 알고 인생을 알게 되었다. 이제 내가 출소하면 열심히 공부해서 사법시험에 합격하고 훌륭한 법관이 되어 사회정의를 실현하는 데 앞장서겠다"라는 것이었다.

가슴을 뜨겁게 만드는 그 무엇이 있었다. 우리 둘은 그 대사에 깊이 자극받았다. 영화를 보고 나서 우리는 빵집에 마주 앉아 감동을 나누며 탄식했다. 영화의 주인공에 비하면 우리 인생이 너무도 별 볼 일 없어 보였다.

"우린 지금 뭐하는 거냐?", "이래서 사법시험에 합격하면 뭐하나? 인생을 알아야지!"로 시작된 탄식은 결국 "우리도 연애를 한 번 해 봐야 하는 것 아니냐?"라는 결론으로 이어졌다. 둘은 그 자리에서 각자 한 달 안에 데이트 상대를 구하기로 합의했다.

첫 데이트

하루는 버스를 탔는데 앞의 여자가 다른 곳에는 시선을 전혀 두지 않은 채 참한 모습으로 서 있었다. 조심스러운 눈길로 살펴보자 인물도 괜찮았다. 신분을 정확히 알 방법은 없었지만 막연히 대학생일 것으로 짐작했다. 그녀가 버스에서 내렸고 나도 얼른 따라서 내렸다. 그녀는 언덕길을 따라 높은 곳의 주택가로 향했다. 비로소 멈춰선 그녀가 집으로 들어가려는 순간, 나는 말을 건네었다.

"잠깐 봤으면 합니다."

그녀는 깜짝 놀라는 표정이었다. 나는 자초지종을 이야기했다. '사실은 버스에서 지켜보다가 이렇게 뒤따라오게 되었다'고 말했다. 법대생이라고는 했지만 어느 대학교인지는 밝히지 않았다. 이야기를 나눠보고 싶다고 청하자 반응이 있었다. 아무튼, 그렇게 대화가 시작되었다. 그 후 나의 신분도 정확히 밝히고 데이트를 시작했다.

그렇게 나름의 데이트를 경험한 후 김평우와 나는 공부하기 위해 산속으로 들어갔다. 3월이 되어 개학한 직후였다. 도봉산 자락의 초입에 자현암이라는 암자에 작은 방 하나를 각각 구해놓고 공부에 열중했다. 나는 데이트를 위해 일주일에 한 차례 주말마다 외출을 했다. 문제는 김평우였다. 암자에 혼자 남게 되니 답답함과 무료함을 이길 수 없었던 것이다. 외출이 잦은 나로서는 미안한 마음이 들 수밖에 없었다. 결국, 내가 결심하고 이야기했다.

"이대로는 안 되겠어. 우리 그만 내려가자!"

그도 동의했고, 우리는 결국 한 달 만에 암자에서 철수했다.

사실 말이 데이트였을 뿐 만나서 무미건조하게 이야기를 나누다가 헤어지는 만남이었다. 당시 나는 상대방의 손을 잡아볼 엄두조차 내지 않았다. 여자의 손목을 잡으면 반드시 책임을 져야 한다는 생각 때문이었다. 그 정도로 남녀관계에 보수적이었다.

문제는 그녀 집안의 분위기였다. 4학년으로 졸업을 앞두다 보니 부모님이 선을 보라고 자꾸 권한다고 했다. 그런 분위기를 나에게 전하는 것 자체가 내 입장을 떠보려는 의도로 느껴지기도 했다. 그러나 나는 상대방을 잘 알지 못하는 상태였다. 그렇다고 만남을 계속 이어갈 수 있는 처지도 아니었다.

그러다가 여름방학을 맞았고 나는 시골집에 내려가 공부에 열중하게 되었다. 그 계기에 내 입장을 분명히 밝히는 게 좋겠다고 생각했다. 그래서 펜을 들어 그녀에게 편지 한 통을 썼다. '이제 나는 고시공부에 전념할 것이며 더는 연락을 하지 않겠다'는 내용이었다. 그렇게 정리했다.

세 차례 사법시험 도전

최선을 다하고 나서도 안 된다면 그때 가서 '이것은 나와
인연이 아닌가 보다' 해야 마땅했다. 아무리 생각해도
그때까지의 나는 최선을 다했다고 보기 어려웠다.

8회 시험 합격의 예감

대학을 졸업하는 해에 제 7회 사법시험 2차에 도전했다. 예상
보다 점수가 잘 나왔다. 108등이었던 것으로 기억한다. '민사소
송법'은 거의 최고점수를 받았다. 김평우도 함께 시험을 치렀는
데 그는 첫 시간에 답안을 잘못 쓰는 실수를 범했다. '헌법'에 관
해 두 문제가 출제되어 각각 다른 답안지에 써야 하는 것을 그만
한군데에 몰아서 썼다. 결국 둘 다 고배를 들었다. 합격자는 5명
에 불과했다.

이때 합격자가 지나치게 적었던 탓에 논란이 많았다. 결국 그해
여름 제 8회 사법시험이 서둘러 실시되었다. 군법무관 시험도 다
시 치러졌다. 합격자가 5명에 불과하여 임명할 법무관이나 판·검

사가 부족했기 때문이었다. 수급에 차질이 생기자 조기에 시험공
고가 나붙었다.

시험을 앞두고 이규홍과 함께 독서실에서 공부했다. '청수장'이
라는 독서실로 정릉에 있었다. 답답한 분위기는 그곳도 다를 바
가 없었다. 독서실 주인에게는 인물 좋은 여동생이 한 명 있었는
데 우리에게 신경을 많이 써주었다. 시험이 20여 일 앞으로 다가
왔을 때였다. 막걸리를 마시고 나서 독서실 2층에 앉아 담소를
나누던 중 조금 황당한 일이 벌어졌다. 이규홍이 먼저 2층에서
뛰어내릴 수 있다고 큰소리쳤다. 주인 여동생은 그 말을 듣다가
'그럼 한번 뛰어보라'고 농을 건넸다. 그런데 이규홍이 실제로 뛰
어내린 것이었다. 큰일이 벌어졌다. 시험이 임박해있는 마당에
다리를 삐고 만 것이었다.

어처구니없는 일이었다. 이규홍은 지인의 소개로 몇 차례 침을
맞고 다행스럽게도 회복되었다. 그렇게 제8회 시험을 치렀다.

시험을 보고 난 후의 느낌은 한마디로 '괜찮게 쳤다'였다. 그리
고 '합격' 예감에 사로잡혔다. 나는 집에 내려가 소식을 기다리기
로 했다. 그때 이규홍이 편지를 보내왔다. 그도 고향인 논산에
내려가 있었는데 답답한 마음을 편지에 담은 것이었다. 나도 위
로의 마음을 담아 답장을 보냈다.

무척 초조하다느니, 불안한 상황이니 하는 것은 아직 세속의 영역을 조금
도 벗어나지 못한 때문 …. 쉬는 동안은 편안한 자세로 … 발표 때까지

아무런 구속이나 부담 없이 내면적·심리적 자아가 충분한 자유를 만끽하니 그야말로 풍류인생. 8월 말 발표 때까지의 유한인 것이 유감….

이렇게 써서 보냈다(이 편지는 이규홍이 자신의 "아버님이 보관하다가 보내주신 것"이라며 수년 전 나에게 다시 보내주었다). 지금 와서 보면 내가 당연히 합격할 것이라는 전제에서 쓴 것처럼 생각될 수도 있기 때문에 친구에게 큰 결례를 범했던 게 아닌가 싶다.

기대가 무색하게 제8회 시험에서도 나는 낙방의 고배를 들었다. 전체 합격자 수는 83명이었다. 같이 시험을 치른 7명의 친구 가운데 4명이 합격했다. 김평우, 이규홍, 최경원, 그리고 이상원이었다. 나는 7회 시험과 비슷한 순위로 떨어졌다. 과락도 없었지만 결과는 불합격이었다.

8회 시험의 낙방을 확인하던 기억은 지금도 생생하다. 그때만 해도 합격자 명단을 벽보로 만들어 중앙청 앞에 붙였다. 합격의 기대를 안은 채 벽보를 살폈지만 내 이름은 없었다. 같이 시험을 치른 친구의 이름은 줄줄이 눈에 띄었다. 기대가 컸던 만큼 실망도 컸다.

나도 모르게 무작정 걷기 시작했다. 중앙청 저편 인왕산 쪽으로 갔다가 다시 돌아와서는 남산을 향해 걸었다. 그러다가 다시 종로를 걸었는데 거기서 고등학교 동기인 최영성 군을 우연히 만났다. 그는 나를 보자마자 깜짝 놀라는 표정으로 합격 여부를 물었다. 풀이 죽은 목소리로 '떨어졌다'고 하자 그는 나를 신촌으로 데리고 가 위로의 술을 사주었다. 그렇게 술에 취해 아침까지 내쳐 잠이 들었다. 그러고는 며칠을 앓았다.

이런저런 이유로 몸이 무척 쇠약해졌다. 감기도 자주 걸렸다. 그대로 서울에 머물러 있을 수 없었다. 그때 고교 동기인 김광정이 '강원도 치악산 밑의 조용한 민가에서 법대 친구가 싼값으로 하숙하며 시험을 준비한다'고 알려주었다. 박종규朴鐘圭라는 친구였다. 고등학교 졸업 후에는 서울대 문리대 정치학과에 입학했다가 이듬해에 다시 법대로 들어온 친구였다.

1967년 10월 22일로 기억한다. 나는 그가 머무는 구룡사 밑의 민박집을 찾아갔다. 단풍이 들고 낙엽도 떨어져 풍광이 무척 아름답던 시절이었다. 관광객이 붐비기는 그곳도 마찬가지였다. 민박에서의 식사는 단출했다. 쌀밥에 뭇국, 그리고 소금에 절인 무 김치가 전부였다.

운명의 여신은 이번에도

그곳에서는 가끔 절에 잠깐 올라갔다 오는 일이 몇 차례 있었다. 한번은 암자의 스님과 밥을 같이 먹었는데 처음 보는 미꾸라지 요리였다. 맛이 기가 막혀 오래도록 기억에 남았다.

그러던 중 독한 감기몸살에 걸렸다. 도대체 나을 기미가 없었다. 결국 보따리를 싸서 그곳을 떠나 서울로 다시 올라왔다. 당시 중앙청 옆 내자동에서 6촌 형님이 내과 의사를 했다. 종가의 둘째인 신영익辛永益 형님으로 세브란스의대를 나와 병원을 운영했다. 마침 그 집의 막냇동생인 신영세辛永世 씨도 인근에서 약국을 개업했다. 내가 찾아가자 영익 형님이 특별히 주사를 놓아주었다. 가까스로 몸을 추스를 수 있었다. 기운을 회복한 나는 다시 짐을 싸들고 정릉의 독서실로 갔다. 시험을 한 달 앞둔 시점이었다.

8회 시험에 떨어졌을 때는 이런 일도 있었다. 당시 교직에 있던 영범 형님이 나에게 이렇게 말했다.

"영무야. 법대 나와서 꼭 고시만 치란 법 있냐? 취직해도 좋은 것 아니냐? 취직을 해라."

아쉬움이 있었다. 최선을 다하고 나서도 안 된다면 그때 가서 '이것은 나와 인연이 아닌가 보다' 해야 마땅했다. 아무리 생각해도 그때까지의 나는 최선을 다했다고 보기 어려웠다. 그래서 큰누님과 상의하기도 했다. 그러던 어느 날, 큰누님은 나에게 슬쩍 물어보았다.

"근처에 유명한 점쟁이가 있다고 하는데 한번 가보지 않으련? 관상을 그렇게 잘 본다고 하던데…."

학생 시절부터 각별히 신경 쓰며 나를 보살펴준 누님이었다. 시험공부를 할 때도 행여나 영양실조에 걸릴까 봐 고기나 간을 사서 요리해주었고 여름이면 토마토 같은 제철과일을 챙겨주기도 했다. 나는 큰누님의 청을 받아들여 함께 점집을 찾았다.

그곳에 도착하자 점쟁이가 버선발로 뛰어나왔다. 그러면서 나에게 '축하한다'며 인사를 건네었다. 순간 나는 당황하여 "왜 이러십니까?" 하고 물었다. 점쟁이는 "이번에 고시에 합격하지 않았습니까?" 하고 되물었다. 나는 시무룩하게 대답했다.

"아닙니다. 사실은 떨어져서 여기에 온 겁니다."

내 말을 들은 그녀는 매우 의아해하며 말했다.

"그것참, 이상한 일이네요. 제가 보기엔 꼭 될 운이에요. 될 상인데 안 되었다니…. 정말 이해할 수 없는 일이네요. 반드시 될 거예요. 다시 해 보세요. 틀림없이 될 겁니다."

무슨 근거가 있는 것은 아니었지만 그 말 한마디가 나에게 힘을 주었다. 나중에 시험에 합격한 후 인사하러 갔더니 양복을 맞춰주기도 했다. 또 그때 막내딸을 가르칠 가정교사가 필요하다고 해서 내가 김선옥, 송인준 두 친구를 소개해주기도 했다.

다시 9회 사법시험에 도전했다. 시험을 20여 일 앞두고 아버님이 회갑을 맞으셨다. 고향에 잠깐 다녀온 후 시험을 치렀다. 첫날은 비교적 잘 보았는데 두 번째 날은 쉽지 않았다. '형법'에서 '문서의 위조·변조·동행사에 대해 논하라'는 문제가 나왔는데, 내가 약간 착각을 했다. '동행사'가 문제에 포함되어있다는 사실을 깜빡 잊고 그 대목을 정확하게 답하지 못했다. 독서실에 돌아오면 삼삼오오 모여 그날의 문제에 관해 이야기하는데 그때야 비로소 답을 잘못 썼음을 깨달았다. '상법' 등 3일째 시험을 준비해야 하는데 기운이 꽉 꺾이고 말았다. 그날 밤 '운명의 여신은 이 번에도 나를 비껴가는구나'라고 속으로 낙심하면서 절망의 한숨을 내쉬었다. 그러나 결과는 합격이었다. 37명이 합격했고, 나는 거의 바닥 수준이었다.

군법무관 시절, 결혼하다

결국 내가 생각한 결론과는 다른 취지로 판결문을 쓸 수밖에 없었다.
그러고는 판결문에 도장을 거꾸로 찍었다. 그런 방법으로나마
나의 뜻을 상급심에 보여줄 수 있다는 생각으로 스스로를 위로했다.

휴머니스트 학생회와 청년회

법대생 시절, '휴머니스트 학생회'는 내 생활에서 큰 비중을 차
지했다. 갓 입학했을 때인 1963년 4월 무렵의 일이었다. 학생과
앞에서 안내문을 읽던 나를 보고 어떤 분이 잠깐 이야기를 나누
자고 청했다. 자리를 마주하자 그분은 나에게 열변을 토하기 시
작했다. 휴머니즘에 관한 이야기였다. 그러면서 휴머니스트 학생
회를 소개하고 가입을 설득했다. '법학 전공자에게 가장 중요한
것이 휴머니즘'이라는 취지였다.

그분은 휴머니스트 회를 이끄는 두 분의 이름도 알려주었다.
문리대 철학과의 두 거두인 최재희崔載喜, 김태길金泰吉 교수였다.
이 두 분과 함께 산하의 학생회를 지도하는 송상용宋相庸 교수도

있었는데 당시 문리대 대학원에서 과학철학을 전공했다. 나의 가입을 설득한 분은 오윤덕吳允德 씨로 법대 2년 선배였다. 오윤덕 선배와 함께 서클의 중심으로 휴머니스트 학생회장을 맡았던 사람은 이경호李暻浩 씨로 나에게는 서울고등학교 선배였다. 두 분의 설득에 마음이 움직여 모임에 가입하게 되었다.

이규홍, 송인준, 이건영, 김선옥, 조명재, 김수용, 김삼훈金三勳, 이근태 등의 친구도 함께 가입했다. 친구를 끌어들이는 데에는 내가 큰 역할을 했다. 주축은 서울대 문리대와 법대였지만 연세대, 고려대, 동국대, 중앙대, 이화여대, 숙명여대, 성균관대 등 여러 대학교의 학생 백여 명이 회원으로 가입해 있었다. 구성으로 보면 서울보다는 지방 출신이 압도적으로 많았다.

문리대 안의 함춘원이나 강의실에서 모임을 열었다. 교수님을 모시고 세미나를 했고, 여러 곳의 대학을 옮겨 다니며 행사를 열었다. 나는 매우 적극적으로 활동했다. 그래서 3학년 때에는 휴머니스트 학생회장을 한 차례 맡기도 했다. 4학년이 되어서는 고시를 준비하느라 바빴지만 그 와중에도 서클 행사에는 자주 참석했다. 그렇게 열심이었지만 고시에 합격하거나 학교를 졸업하면, 군에 입대하거나 직장을 찾아 하나둘씩 뿔뿔이 흩어질 수밖에 없었다.

그러던 1968년, 나는 사법시험에 합격하고 나서 '휴머니스트 청년회'를 직접 만들었다. 학생회 출신 졸업생이 주축이었다. 초대 회장을 내가 맡았다. 이 청년회에도 많은 사람이 참여하여 활동했다. 동국대 출신 조중근曹重根, 중앙대 출신 홍준식洪俊植, 차재능車在能 등이 모임에 크게 기여한 대표적 인물이다. 그 밖에도 유록상柳祿相 변호사 등 나와 사법대학원을 같이 다니던 친구들이 있었다.

그중에서도 당시 회계사이던 조중근은 누구보다 뜨거운 열정으로 휴머니스트 회 활동을 했다. 그는 강릉의 학마을 출신이었는데, 동국대에 다닐 때 경상대 학생회장을 하는 등 리더십이 탁월했다. 비교적 일찍 공인회계사 시험에 합격한 후 미국계 회계 법인에서 근무하기도 했다. 그는 오윤덕 변호사와 함께 휴머니스트 회의 발전에 크게 기여하면서 사실상 모임을 이끌었다. 대인관계도 뛰어났고 조직에도 남다른 능력을 보였다. 글솜씨도 무척 좋았다. 휴머니스트 학생회가 청년회로 확장되고 나중에는 교수 모임까지 통합하여 발전하게 되기까지 그의 역할이 컸다.

1963년에 탄생한 휴머니스트는 지난 2013년에 50주년을 맞았다. 그때 《휴머니스트 50년》이라는 책을 출간하게 되었는데 그가 모든 작업을 도맡았다. 1천여 쪽이 넘는 책이었다. 회원의 글은 물론 그동안의 활동상황이 담겼다. 나름대로의 명작을 만들어낸, 보배와도 같은 사람이다. 지금도 바른사회운동연합의 일을 비롯해 나에게 커다란 힘을 보태주고 있다.

아내와의 첫 만남

휴머니스트 회 멤버인 홍준식의 용산고등학교 동기 가운데 김유채金裕采라는 친구가 있었다. 그는 서울대 공대 기계공학과를 졸업했지만 행정시험에 합격한 후 상공부를 거쳐 공업진흥청장 등을 지냈다. 뛰어난 업무능력과 판단력의 소유자였다. 경제적으로 꽤 안정된 편이었는데 자신의 결혼문제에 대해서는 소극적이었다. 이 친구의 형님이 김영채金英采 씨였는데 나에게는 법대 2년 선배이자 사법시험 합격 동기로 나중에 검사를 지냈다. 그러다 보니 그 형제와 가깝게 어울리게 되었다.

하루는 함께 대화를 나누던 중 배지 이야기가 나왔다. 휴머니스트 청년회 활동을 위해서 배지를 만들기로 한 것이다. 배지를 디자인하면서 이를 김유채에게 짝을 찾아주는 기회로 삼자는 계획을 세웠다. 회장인 내가 총대를 메고 서울대 미대를 찾아갔다. 그렇게 디자인을 부탁하여 완성되면 답례로 김유채가 저녁식사를 사기로 했다. 그때 디자인을 부탁하려고 미대를 찾아갔다가 우연히 만난 미대생이 바로 지금의 아내이다.

배지 디자인을 받고 나서 김유채와 나는 여학생 둘과 근사하게 저녁식사를 한 뒤 헤어졌다. 얼마 후 김유채로부터 이야기를 들었다. 자신은 여학생에게 전혀 관심이 없다는 것이었다. 순수하고 멋진 개성의 소유자로 보였는데 그때의 만남은 이어지는 인연 없이 그렇게 마무리되었다.

당시 사법시험에 합격한 동기들은 의무적으로 2년간 사법대학원에 다녔다. 지방 출신은 대부분 사법대학원 기숙사에서 생활했다. 기숙사는 서울대 의대 내부, 지금의 치과대학 병원이 위치한 곳에 있었다. 원생들은 그 기숙사의 담장에 만들어진 쪽문을 통해 미대 안의 운동장을 지나 법대 구내에 위치한 사법대학원에 다녔다. 미대 교정을 지나가는 셈인데 그것이 인연이 되어 아내를 다시 만났다.

내가 사법대학원 2년생이었을 때 아내는 학부 4학년으로 졸업반이었다. 함께 차 한잔을 마시기도 했다. 한번은 교내 축제가 있어서 일부러 찾아보기도 했는데 어디를 갔다고 해서 만나지는 못했다. 거기까지가 처음의 인연이었다.

사법대학원을 마친 후 군에 입대했다. 법무장교가 되는 훈련이었다. 전반기에는 논산훈련소에 입소하여 8주간 신병훈련을 받은 다음 광주보병학교에 입교하여 장교훈련을 마치는 과정이 있었다. 법무관 요원도 논산훈련소에 입소하게 된 것은 법무장교가 사병의 고충을 알아야 한다는 취지였다. 우리 때부터 적용된 방침이었다.

그곳에서 훈련받을 당시 작은 소동이 한차례 있었다. 함께 육군법무관으로 간 사람 중에 서울대 법대 7년 선배인 우영제禹英濟 씨가 있었다. 나이가 서른이 넘어 맏형 노릇을 하던 선배였다. 함경도에서 살다가 월남한 집안의 장남으로 생활력이 무척 강했다. 아르바이트로 8~9명 식구의 집안 살림을 돕고 형제의 뒷바라지를 하면서 자신도 사법시험 공부를 한 사람이었다. 임관을 하지 않고 직접 변호사로 나가 성공을 거두기도 했는데 안타깝게도 얼마 전 유명을 달리했다.

계속된 고된 훈련
그리고 끈끈한 동기애

아무튼 우영제 선배가 함께 입대했는데 훈련병으로 생활하기는 쉽지 않은 일이었다. 결국 유격장에서 사달이 나고 말았다. 유격훈련은 특별히 군기가 세다. 우리도 예외는 아니었다. 군기를 잡기 위해 장교가 직접 사전정신교육을 하면서 겁을 잔뜩 주었다. "차렷!" 등의 구령에 따라 신속하게 움직여야 했다. 굼뜬 사람이 있으면 집어내어 기합을 주거나 때리며 야단을 쳤다.

우 선배가 거기에 걸리고 말았다. 동작이 느려 어쩔 수 없었다. 불려 나간 선배에게 다시 "차렷!" 구령이 떨어졌으나 자세가 제대로 잡히지 않았다. 기분이 언짢아진 장교가 손을 들어 때리려는 순간, 우 선배가 용케 피했다. 서글픈 광경이었다. 장교는 계속 때리려고 했고, 우 선배는 맞지 않으려고 피해 다녔다. 그때 우리가 이심전심으로 서로를 쿡쿡 찌르며 말했다.

"아무래도 안 되겠다. 우리가 나가자."

사시 합격 동기로 논산훈련소에 같이 입소한 20명 정도가 대열을 이탈해 옆으로 나와 섰다. 그중에 고려대 출신 김종호라는 분이 있었다. 우리보다 나이가 많은 편이었다. 그분이 대표로 이야기했는데 매우 조리가 있고 논리적이었다.

이 훈련은 20대 초반의 장정을 대상으로 하는 것입니다. 서른 살이 넘은 사람이 이런 훈련을 감당하기는 쉽지 않습니다. 여기에는 나이가 든 훈련생이 여럿 있습니다. 그런데 이렇게 똑같이 취급하면 감당할 수 없으니 훈련을 포기하겠습니다.

우리는 열외를 자청하여 훈련을 거부하고 항의했다. 훈련장은 난리가 났다. 당황한 것은 훈련소 측이었다. 적극적으로 우리를 설득하기 시작했다. 훈련강도를 약하게 하는 한편, '법무'라는 표지를 별도로 부착하여 상응한 대우를 해준다는 것이었다. 그렇게 사태가 수습되어 우리는 유격훈련을 받았다. 약속한 대로 저강도의 훈련이었다.

논산훈련소 입소일은 3월 10일이었다. 논산 벌판에는 그때까지 한기가 남아 있었다. 삭발까지 한 터라 추위가 살갗을 파고 들어왔다. 조그만 공간에 사물함을 하나 놓고 살았다. 자기 옷과 모포를 잘 개어놓고는 그곳에서 잠을 자야 했다. 그때만 해도 지금과 달라서 훈련소 식사가 정말 엉망이었다.

식사가 부실하다 보니 어쩌다 한번 외부에서 단무지 같은 것을 조달받아 먹기도 했다. 순번으로 식사 당번을 하면서 조달한 부식을 배분했는데 그것이 공정하지 않다며 항의하는 동료도 더러 있었다.

군법무관은 전반부와 후반부의 근무지가 달랐다. 전반부를 후방에서 근무하면 후반부는 전방으로 가야 했다. 전반부에는 나이 어린 친구가 주로 전방에 배치되었다. 나는 양평 32사단에 부임하게 되었다. 당시 나는 석사학위 논문을 미처 마무리하지 못한 상태였다. 때마침 아는 분을 만난 기회에 서울 근교에 부임하면 논문을 마칠 수 있다고 말했는데 그분이 어느 장군에게 이야기해 준 결과였다. 편한 곳에 부임해서 좋긴 했지만 동기를 대하는 속마음은 미안함으로 가득했다.

양평 32사단은 그 후 현리로 옮겨갔다. 그곳도 서울과 가까웠다. 덕분에 무사히 논문을 마무리할 수 있었다. 그 대신 후반부의 임지는 멀고 험한 화천 7사단이 되었다. 내가 7사단에서 근무하던 시절에는 차규헌車圭憲 장군(1979년 12·12 쿠데타의 주역 가운데 한 사람)이 사단장을 했다. 그곳에서는 북한 땅에 인접한 최전방 GP에 들어가 교육을 하기도 했다. 일개 소대 병력이 대상이었다. 사실 그들을 상대로 법을 이야기할 형편은 아니었다. 그저 위로의 이야기를 전할 뿐이었다. 그곳에서의 법무관 생활이었다.

징계위원회에서 파면처분을 받다

7사단에 근무할 때의 일이다. 중학교 미술교사인 신창현 숙부에게 인사하러 갈 일이 있었다. 당시 숙부의 큰아들은 고등학교 영어교사였고, 둘째 아들은 서울대 미대 교수였다. 인사를 드렸더니 숙부는 "자네는 이제 몇 살인가?" 하고 물었다. 흔히 세는 나이로 스물일곱일 때였다. 그렇게 대답했더니, 불쑥 "그럼 장가를 가야지!"라고 말했다. 내가 "경제적 기반도 없는데 어떻게 장가갈 수 있습니까?"라고 대답하자 정색하며 이렇게 이야기했다.

"이 녀석아, 장가는 젊을 때 가야 돼. 셋방살이하면 어떠냐? 젊을 때 해서 살림을 늘려가야지."

이야기를 듣고 곰곰이 생각해 보니 틀린 구석이 없는 말씀이었다. 제대한 후에 판·검사로 임용되어도 제대로 자립하려면 시간이 꽤 걸릴 것이고, 결국 30대 중반 무렵이 넘어야 비로소 자립능력이 생길 터였다.

'셋방살이하면 뭐가 어때!'

그런 생각이 들었다. 오히려 가정을 꾸리는 쪽이 더 안정적인 생활이 될 수도 있었다. 혼자 지내다 보니 군대생활 중에도 매일 술판에 끼거나 고스톱을 쳤다. 생활이 건전하지 못한 편이었다. 건강하고 성실한 삶을 도모할 필요가 있었다. 결혼할 필요성을 절감했다. 곰곰이 생각하면서 그동안 내가 알고 지낸 여자들을 눈앞에 떠올렸다. 지금의 아내가 가장 먼저 떠올랐다.

연락을 취해 보았더니 전화번호가 바뀌어 있었다. 그래서 숙부님 댁의 영상 형님에게 전화를 걸었다.

"형님, 저 영무입니다. 미대 졸업생 가운데 김현실金賢實의 전화번호가 필요한데 혹시 알 수 있는 방법이 있습니까?"

아내는 대학 시절 성적이 좋은 모범생이었다. 그래서 미대 교수인 형님도 분명하게 기억했다.

"왜, 너 교제하려고 그러니? 그럴 심산이어서 묻는 거라면 가르쳐주마. 이실직고해 봐. 정말로 사귀어볼 마음이 있다면 알려줄 테니까."

나는 "사귀어볼 생각이 있어서 그럽니다" 하고 당당하게 이야기했다. 그러자 형님이 전화번호를 알려주었다.

나는 곧바로 그녀에게 전화를 걸었다. 만남이 이루어지고 그렇게 인연이 되어 우리는 데이트를 시작했다. 결혼 후, 아내는 그때의 인상을 이렇게 솔직하게 고백하기도 했다. '처음 만났을 때 너무 나이가 들어보여서 '애가 둘쯤 있는 남자'가 아닌가 생각했다'는 것이다. 실제로 장모님은 고향인 당진까지 오셔서 우리 집안의 내력 등을 직접 은밀하게 조사하고 가셨다고 한다.

시간이 흘러 양가 부모에게도 인사를 했다. 토요일이었고 부모님이 시골에서 올라오셨다. 그렇게 주말을 보내고 월요일까지 데이트를 하며 화천 7사단에 돌아가지 않고 있었다. 그때 전통傳通이 왔다. 빨리 귀대하라는 내용이었다. 군무이탈로 문제가 되었다는 것이다. 급히 서둘러 화요일에 귀대했다.

신혼 시절 고향집 뒷동산에서 아내와 함께

그때만 해도 군법무관은 전방이든 후방이든 상관없이 일주일에 세 번 정도 얼굴을 내밀면서 적당히 일해도 큰 문제가 없었다. 물론 좋은 관행은 아니었다. 하지만 그런 관행에서 내가 크게 일탈한 것은 아니었다. 그런데 느닷없이 군무이탈을 이유로 징계위원회에 회부되는 일이 벌어졌다. 이어서 징계위원회는 나에게 파면처분을 내렸다. 사실 사태가 이렇게 된 데에는 내가 잘 모르던 배경이 있었다. 그 사연은 다음과 같았다.

내가 부임하기 전에 법대 선배인 손양孫亮 대위와 나의 동기생 김 모 중위가 법무관으로 있었다. 김 중위는 화끈하고 활달한 성격이었다. 김 중위가 근무할 당시 부사단장인 대령 집에서 변사 사건이 있었다. 병사 한 명이 죽은 사건이었는데, 현장검증 과정에서 법무관이 부사단장인 대령 부인을 조사하게 되었다. 치정癡情 관련으로 의심되는 정황이 있어 그런 내용으로 압박하니 대령 입장에서는 크게 수치심을 느꼈다.

그 부사단장은 마침 차규헌 사단장과 육사 8기 동기였다. 그렇지 않아도 자신은 승진을 못 해 자존심이 상해 있었는데 법무관인 육군 중위한테 모멸감을 느낄 정도로 수모를 당한 것이었다.

이 사건을 계기로 부사단장은 군법무관의 근무에 대해 엄격한 잣대를 들이대기 시작했다. 출퇴근도 정확하게 점검하는 등 철저하게 원칙을 적용하여 지휘했다. 그런데 마침 법무관 측방교체 시기가 되어 내가 그곳에 부임하게 되었다. 언젠가 한 번은 손양 선배와 나에게 백암산을 다녀오라는 부사단장의 지시가 내려졌다. 일종의 벌이었다. 직접 다녀와 보고하자 부사단장은 우리에게 이렇게 물었다.

"거기 하얀 바위도 봤습니까?"

사실 그곳에는 하얀 바위가 전혀 없었다. 우리가 실제로 다녀왔는지 확인하려는 것이었다. 아무튼 그런 분위기였다.

정통으로 찔렀구먼!

그러던 중 내가 늦게 귀대하는 사건이 벌어지자 '이참에 한번 손보자'는 방침이 선 것이었다. 지휘부는 나를 징계위원회에 덜컥 회부했다. 징계위원회 위원장은 대령인 참모장이었다. 이를 계기로 법무관에 대한 사단 지휘부의 부정적 인식이 여과 없이 드러났다.

"너희는 특권의식을 가진 집단이다."

"왜 너희만 특별대접을 받아야 하는가?"

"너희 같은 친구들은 장교 자격이 없다."

그런 이야기였다. 징계위원회는 예상보다 길어져 한 시간 남짓 걸렸다. 마치고 나오자 대기하던 법무참모인 박 모 소령이 내게 다가왔다. '걱정하지 말라'는 것이었다. 그러면서 '잘 이야기해 놓을 터이니 먼저 저녁 먹는 장소로 가서 기다리라'고 말했다. 걱정할 필요가 전혀 없다는 이야기였다. 무거웠던 마음이 가벼워졌다.

그러나 이튿날 받아든 결과는 정반대였다. 파면처분을 받은 것이었다. 기가 막힌 상황이었다.

다툴 여지는 남아 있었다. 나중에 국방부에 문제를 제기할 수도 있었다. 하지만 쉬운 선택은 아니었다. 사안도 그렇고 상황도 그랬다. 당시의 관행에 비추어 보면 아무리 생각해도 하루 이틀 늦게 귀대했다고 파면처분을 내리는 것은 감정적 처사였다.

다른 방법을 찾지 못해 나는 곧바로 사단장실로 찾아갔다. 직접 면담해야 한다고 판단했다. 파면처분은 사단장이 서명해야 비로소 확정되기 때문이었다. 사단장실 전속부관은 얼마 전까지 국회의장을 지낸 강창희姜昌熙 중위였다. 강창희 중위는 부관의 입장에서 사정을 설명했다.

신 중위님, 사정이 딱하긴 하지만 만나고 싶다 해서 사단장님이 만나주실 것 같지는 않습니다. 설사 만나게 되어 말씀드린다 해도 들어주지 않을 겁니다. 이런 일이 있습니다. 사단장님 여동생 남편이 중령으로 어느 부대에 근무하다가 징계를 받았습니다. 그때 여동생이 사단장님에게 부탁하려고 관사 밖에서 4시간을 울며 기다렸는데 끝까지 만나주지 않았습니다. 그렇게 철저한 분입니다.

사단장의 품성에 대해 이야기를 들으니 막막해졌다.

"아, 그래요? 그렇다면 정말 큰일이로군요."

나는 무거운 톤으로 고개를 끄덕였다. 그러자 조금 안되었다는 마음이 들었는지 강창희 중위가 한 가지를 귀띔해주었다.

"사단장님이 아주 각별하게 지내는 사람은 딱 네 분뿐입니다."

"그게 누구입니까?"

정색하고 묻자 그가 대답해주었다.

"김종필, 윤필용尹必鏞, 진종채陳鍾埰, 유학성兪學聖입니다. 서울에 가도 사단장님은 그 네 분만 만나고 옵니다. 그중 누구 한 분에게라도 도움을 청할 수 있다면 해결의 길이 열릴 수도 있습니다."

집에 돌아와 곰곰이 궁리해 보았지만 연이 닿는 사람이 없었다. 수소문하던 중, 고교 동기 가운데 일찍이 근화제약 사장이 된 김덕기金德基의 조언으로 〈한국일보〉의 장강재張康在를 만나 상의하게 되었다. 장강재는 당시 종합기조실장 같은 중요 직책에 있었다. 자초지종을 말하자, '우리 회사 이종만李鍾萬 이사가 윤필용 씨와 가깝다'며 소개해주었다.

이종만 이사는 광고국장 출신으로 윤필용 수경사령관 등 군의 핵심과 잘 어울리며 지내는 사람이었다. 그런 열성과 인간관계를 바탕으로 나중에는 한국문화인쇄주식회사 사장직에도 올랐다.

그날 나는 이종만 이사와 함께 사단장 관사에 들어가게 되었다. 관사에 도착했을 때가 밤 12시였다. 사단장에게 사복차림인 내가 "법무부관 신 중위입니다"라며 인사했으나 아무런 대답이 없었다.

이종만 이사는 나에게 강창희 부관의 방에 가 있으라고 한 뒤 사단장과 술을 마시기 시작했다. 나중에 들은 이 이사의 이야기로는 차규헌 사단장이 "정통으로 찔렀구먼!" 하고 바로 술자리로 들어갔다고 한다. 술자리는 새벽 3시까지 이어졌다.

이 이사가 중간에 나와 '아침에 조치가 취해질 것이니 걱정하지 말라'고 이야기했다. 비로소 한숨 돌릴 수 있었다. 다음 날 아침 1군사령부로 보냈던 문제의 전통이 회수되었다. 파면조치는 취소되었다. 그 사건으로 나는 군법무관 사회에서 유명해졌다. 이종만 사장과는 그때 일이 인연이 되어 사회생활을 하면서도 가끔 만나며 지냈다.

미국 텍사스의 SMU 여름학교에 가다

사법대학원에 다닐 무렵 '중앙국제특허법률사무소'에 관심을 갖게 되었다. 서울대 문리대 정치학과를 나온 이병호李丙昊 씨가 소장이었는데 판사로 재직하다가 변호사 사무소를 개업한 분이었다. 그는 일찍부터 특허법과 지적재산권 분야에 관심을 갖고 특허법률사무소를 차렸다. 얼마 후 그의 사무실은 우리나라에서 가장 큰 특허법률사무소로 발돋움했다.

나는 변호사 실무를 수습하는 과정에서 이 사무실에서 잠시 특허업무에 관한 경험을 하게 되었다. 이때의 인연으로 군법무관 시절 운이 좋게도 미국 생활을 경험할 기회를 얻게 되었다.

어느 날, 이 소장은 나에게 자신이 다녀온 'SMU 여름학교'Southern Methodist University Summer Academy에 다녀오지 않겠느냐며 제안했다. SMU는 미국 텍사스 주 댈러스에 위치한 대학으로 우리나라 법조인이 많이 다녀온 곳이었다. 그 대학 산하에 있는 '사우스웨스턴 리걸 파운데이션'Southwestern Legal Foundation은 해마다 7주에 걸쳐 여름학교를 열었다. 5월 중순부터 시작이었다. 3월에 결혼하여 신혼 시절이었지만 경험도 쌓을 겸해서 제안을 받아들여 다녀왔다.

그때는 정말 영어가 짧아 아무것도 알아들을 수 없었다. 하지만 이 7주간의 미국 경험이 훗날 예일대학에서 생활하는 데 커다란 도움이 되었다.

갓 결혼한 부부가 떨어져 지내기는 쉽지 않았다. 마음은 항상 서울에 있는 아내에 대한 걱정뿐이었다. 연애 시절보다 더 자주 편지를 주고받았다. 다행히 막내 여동생인 영혜永惠가 그 기간 동안 신혼집에 와서 함께 생활했다. 착한 동생의 마음 씀씀이 덕분에 아내는 외로움을 이겨낼 수 있었고 나 또한 걱정을 덜 수 있었다.

SMU에 머물 당시 커다란 어려움이 한 가지 더 있었다. 한식과 김치 생각이었다. 기숙사에서는 미국식 식사가 제공되었고, 처음 몇 끼는 그런대로 견디었으나 날이 갈수록 김치 생각이 간절해졌다. 때마침 고등학교 선배인 이번송李繁松 박사와 이재웅李在雄 박사를 만나 문제가 해결되었다.

이번송 선배는 서울대 법대 재학 시절 학생회장을 지낼 만큼 활동적인 분으로 SMU에서 경제학부 박사과정을 마칠 무렵이었다. 이재웅 선배는 서울대 경제학과 출신으로 역시 SMU에서 경제학부 박사과정을 밟았다. 두 분 모두 신혼 때였는데 나를 자신의 집에 수차례 초대해주어 함께 식사를 하면서 환담을 나누었다. 그때 먹었던 김치는 지금까지 잊히지 않을 정도로 맛있었다.

내가 나중에 뉴욕의 변호사 사무실에서 일할 무렵, JP 모건JP Morgan에 근무하던 이재웅 박사를 다시 만날 수 있었다. 그는 귀국한 후에 성균관대 교수로 부임했다. 이번송 선배는 미국의 여러 대학에서 교수 생활을 했다. 주목받는 논문을 여러 편 발표하면서 명성을 쌓았다. 이 선배가 네브래스카대학University of Nebraska-Lincoln에서 교수로 재직할 당시에는 그의 가족과 우리 가족이 자동차를 타고 미국 서부까지 함께 여행을 가기도 했다. '옐로스톤

국립공원'Yellow Stone National Park에서의 며칠은 지금도 머릿속에 생생할 만큼 인상이 깊었다.

SMU에서의 7주 과정을 마치고 귀국하는 길에 뉴욕과 시카고를 들렀다. 뉴욕대학New York University에서 MBA 과정을 밟고 있던 이동철이 라과디아 공항으로 마중을 나왔다. 그는 이틀 동안 나와 함께 지내며 뉴욕 시내를 안내했다.

시카고에는 고등학교 때부터 친하게 지내온 이승훈李承勳이 노스웨스턴대학Northwestern University 박사과정에 있었고, 또 서울대 법대 동기인 김삼훈이 총영사관에서 근무했다.

친구들과 윤호일 선배를 만나다

이승훈과는 인연이 각별하다. 고등학교 2학년 때 나는 '에코 클럽'Echo Club이라는 영어회화 클럽에도 참여하였는데 당시 클럽의 회장이 그였다.

그때 그는 경기고등학교 2학년이었다. 인물도 사내답게 잘생긴 데다 영어도 잘했고 사회를 보는 솜씨도 훌륭했다. 고향은 경상북도인데 아버지가 한국전력 공무원이라 전국 곳곳을 옮겨 다니며 성장했다. 그래서 초등학교는 대전에서, 중학교는 광주에서 다니다가 경남중학교를 거쳐 경기고등학교에 들어갔다. 그 후 서울대 전자공학과를 나왔다.

그는 스스로를 "만날 2등"이라고 표현했다. 경기고등학교에 입학할 때에도, 또 졸업할 때에도 2등이었다. 서울대 입학 시에도 체능점수를 기본점수만 받고서도 2등을 했다는 것이다. 아무튼 그때는 이공계의 성적우수자가 거의 예외 없이 금성사에 취직하던 시절이었다. 그는 서울대 공대 전자공학과를 졸업했지만 금성사에 취직할 수 없었다. 이유가 있었다.

그는 대학교에 입학한 후 군에 입대하여 월남전에 다녀왔다. 복학했을 때는 마침 3선 개헌 반대시위가 한창이었다. 어느 날 시위현장에서 후배들의 요청으로 선언문을 낭독하게 되었는데 그 과정에서 자신의 감정도 고조되어 한참 동안 열변을 토하게 되었다. 그 일로 그는 중앙정보부의 리스트에 올라 취업이 봉쇄되고 말았던 것이다. 상심한 그는 문리대 도서관에서 시간을 보내던 중 우연히 위인전을 읽다가 하나의 교훈을 깨달았다.

'큰일을 한 위인의 공통점은 대부분 어린 시절에 커다란 역경을 겪었다는 것'이었다. 그는 이 교훈으로 마음에 위안을 얻었다. 그러고는 자신의 인생에 '코페르니쿠스적 전환'을 시도했다. 경제학 공부를 시작하여 미국 시카고의 노스웨스턴대학으로 유학을 떠난 것이다.

내가 시카고에 도착한 때는 이승훈이 박사과정 시험을 통과했을 무렵이었다. 그는 나를 위해 그곳의 유학생을 모아놓고 직접 불고기 파티를 열어주었다. 다음 날에는 총영사관에 근무하는 김삼훈(전 유엔대사)을 만나 그의 집에서 하룻밤을 묵었다.

김삼훈은 인디애나 주 노터데임대학University of Notre Dame에 유학 중이던 윤호일 변호사가 '꼭 들러가라'고 했다는 말을 우리에게 전했다. 윤 변호사는 서울대 법대 2년 선배로 서울지방법원 판사를 잠시 하다가 유학을 떠난 분이었다. 대전고등학교를 나와 서울대 법대를 우수한 성적으로 졸업한 수재였다.

김삼훈의 차로 우리는 윤호일 선배가 있는 노터데임대학 기숙사를 찾아갔다. 윤호일 선배의 안내로 대학교의 교정도 둘러보고 저녁까지 근사하게 얻어먹었다. 그때 그의 부인이 한 가지 일화를 말해주었다. 윤 선배가 "노터데임대학 로스쿨 1학년 때 수석을 해 미국 학생이 모두 놀랐고, 공부를 너무 열심히 한 나머지 얼굴에 반점이 생겼다"라는 것이었다.

저녁식사 후에는 윤 선배의 제안으로 포커를 하다가 잠이 들었다. 그는 메인 침실을 우리에게 배려해주고는 아이와 함께 작은 방에서 잠을 잤다. 다음 날 아침에 눈을 뜨니 그는 이미 출근한 뒤였다. 여름방학 동안 세계적 로펌*law firm*인 '베이커 앤 매켄지' Baker & McKenzie에서 인턴으로 일하기 때문이었다.

우리 일행은 윤 선배의 부인이 정성스레 준비해준 아침을 먹고 나서 그의 시카고 사무실을 방문했다. 처음으로 미국의 로펌 사무실을 구경하는 기회였다. 그때 윤 선배가 후배들을 위해 배려를 아끼지 않던 모습은 지금까지도 가슴을 울리는 찡한 기억으로 남아있다. 윤 변호사는 나보다 2년 선배이지만 여전히 법무법인 '화우'에서 공정거래 분야를 주로 담당하며 젊은이처럼 열정적으로 일한다.

이승훈은 몇 년 후 노스웨스턴대학에서 박사과정을 마치고 내가 있던 뉴헤이븐New Haven에 찾아왔다. 그때 예일대학에 유학 중이던 한국학생들과 식사하는 자리를 가졌다. 그러고 나서 함께 뉴욕으로 가 컬럼비아대학 조교수로 있던 정운찬鄭雲燦 전 총리도 만났다. 그 직후 이승훈은 서울대 경제학과 교수로 임명되어 귀국했다. 그는 리더십이 있고 배려심도 남다른 사람이다. 우리나라의 선진화를 위한 활동에도 늘 관심을 가져 나라발전연구회의 초기 활동에도 함께 참여했다.

짧았지만 깨우침 많았던 판사 시절

1973년 4월 1일, 대전지방법원 판사로 임관했다. 임관할 무렵, 판사를 지원한 동기들은 판결문 작성에 관해 2주 동안 실무연수를 받았다. 곧 법무관에서 전역할 즈음이었다. 서울지방법원 부장판사 두 분이 해당 연수를 담당했다. 이회창李會昌 전 총리와 오성환吳成煥 전 대법관이었다.

사법대학원을 다니는 2년 동안에는 실무를 연수할 기회가 많지 않았다. 유기천 초대 사법대학원 원장의 교육이념이 반영된 듯싶다. 그는 법조 관련 실무능력을 키우기보다는 더 넓은 안목으로 세상을 경험하도록 하는 데 초점을 맞추었다. 그래서 교양과목에 상대적으로 더 큰 비중을 두었다. 그러다 보니 기록을 검토하며 판결문을 쓰는 훈련은 받은 기억이 별로 없었다. 그러다가 임관을 앞두고 짧게나마 연수를 받게 된 것인데 그 후 판사 생활을 하는 데 매우 유용했다.

그 후로는 사법연수원이 설립되어 법원이나 검찰에서 필요로 하는 실무를 체계적으로 교육하게 되었다. 관련하여 한 가지 아쉬운 점이 있다. 이처럼 연수와 관련한 노하우를 오랫동안 축적해온 전문 교육기관이 이제 로스쿨의 도입으로 사라질 처지라는 점이다.

현재 로스쿨 출신은 변호사 시험에 합격하면 6개월에 걸쳐 다양한 방식으로 실무수습을 해야 한다. 하지만 6개월의 연수로는 신입 법조인에게 필요하고도 충분한 실무교육이 제대로 이루어질 수 없다. 그런 점을 감안하여 이들이 사법연수원 교육을 1년 정도 의무적으로 받는 방안을 강구할 필요가 있다. 그렇게 되면 향후 법조 생활을 하는 데 반드시 필요한 실무를 어느 정도는 익힐 수 있을 것이다.

아무튼 그렇게 대전에서의 생활이 시작되었다. 가장 큰 과제는 기록을 효율적으로 검토하면서 판결문을 잘 쓰도록 실력을 키우는 일이었다. 초임 시절에는 형사부의 이영구李英求 부장판사에게 배정되었다. 이 부장판사로부터 많은 것을 배울 수 있었다. 법대 동기인 차광웅車光雄 판사가 우배석이었다. 차 판사와도 잘 어울려 큰 어려움 없이 편히 지낼 수 있었다. 법관의 기본자세가 어떠해야 하는지 고민도 하고 또 배우기도 하던 시절이었다. 법률 실력도 중요하지만 무엇보다 사심 없는 자세로 판단하는 것이 가장 중요하다는 사실을 깨달았다.

대전지방법원에 근무할 당시의 일이었다. 폭력행위 등에 관한 형사 사건이 있었는데 내가 주심이었다. 이 사건의 경우 증거불충분으로 피고인에게 무죄를 선고하게 되었다. 그러자 법대 동기인 담당검사 B 씨가 크게 화를 내며 나에게 항의했다. 사전에 증거를 추가로 제출할 기회를 자신에게 안 주었다는 것이다. 무죄선고를 받으면 내부 평가에서 나쁜 평점을 받게 된다는 것이 그 이유였다.

그러나 추가로 증인을 신청하거나 증거를 제출하도록 하는 결정은 재판장인 부장의 몫이었다. 더욱이 사전에 검찰에 무죄심증을 알려주는 것이 올바른 것인지도 의문이었다.

1년 후에는 관례에 따라 지원支院으로 전근을 했다. 내가 발령받은 홍성지원에는 서철모徐轍模 지원장, 정덕장鄭德藏, 이강국李康國 판사가 근무했다. 고향인 당진도 합의사건의 관할구역이어서 나는 더욱 조심스럽게 처신해야 했다. 당시에는 지원에 근무하는 판·검사가 현지 기관장은 물론 지역유지와도 가끔 어울리는 것이 오랜 관행이었기 때문이다.

얼마 후에는 사법대학원 동기인 동상홍董祥洪 판사가 그곳에 부임했다. 나와 이강국, 동상홍 세 사람이 한방을 쓰게 되었다.

동상홍 판사는 대학 시절은 물론 대학원에서도 수석을 도맡았던 수재였다. 인품도 훌륭해서 자세를 흩뜨리는 경우가 없었다. 내가 맡은 사건을 검토하다가 의문이 생겨 '참고할 만한 판례가 있냐'고 물으면 그는 이렇게 조심스럽게 대답할 뿐이었다.

"어디 어디에 이런 판례가 있었던 것 같긴 한데…."

그가 말한 곳을 찾아보면 어김없이 내가 찾던 사항이 있었다.

당시 홍성지청에는 법대 선배인 정기호鄭璣浩 검사가 근무했다. 그는 동상홍 판사와 나를 무척 아껴주었다. 우리가 퇴근하여 집에 와있으면 가끔 차를 보내 불러내어 저녁식사를 함께했다. 술을 잘 못 하는 나였지만 때로는 술자리도 함께했다. 매우 꼿꼿한 성격에 정의감이 투철한 선배였다.

얼마 후 정기호 선배는 개인사정으로 퇴임한 후 고향인 청주에서 변호사를 개업했다. 검찰에 오래 재직했으면 크게 기여했을 분이라 일찍 퇴임하게 된 것을 모두 안타깝게 생각했다.

법원에는 참으로 다양한 사건이 제기된다. 크든 작든 사건마다 당사자로서는 각각의 사연이 있고 커다란 이해관계가 달려있다. 그런 만큼 어떤 결론을 내리는가가 매우 중요한 문제이다. 그런 점을 고려하여 3심제도가 있는 것이지만 그래도 각 심급마다 담당판사는 말 그대로 '사심 없는 판단'을 내려야 한다.

내가 주심으로 관여했던 합의사건 가운데에는 큰 재산을 놓고 다툰 소송이 있었다. 그런데 합의하는 과정에서 주심인 나의 의견이 소수의견이 되었다. 결국 내가 생각한 결론과는 다른 취지로 판결문을 쓸 수밖에 없었다. 그러고는 판결문에 도장을 거꾸로 찍었다. 그런 방법으로나마 나의 뜻을 상급심에 보여줄 수 있다는 생각으로 스스로를 위로했다.

첫 법정 구속의 기억

홍성지원에 근무하던 시절, 지금도 쉽게 잊히지 않는 사건이 하나 있다. 형사단독사건의 재판장을 맡을 당시의 일이다. 큰 규모의 재산분쟁 소송이 있었는데 그 재판에 증인으로 출석하여 거짓증언을 한 사람이 있었다. 충남 광천읍에 살던 유지였다. 사업에도 성공했고 사립학교재단도 설립하여 이사장직을 맡아 지역사회에서 꽤 활발하게 활동하는 사람이었다. 아무튼 그는 위증죄僞證罪로 불구속기소 되었고 내가 1심 재판을 담당하게 되었다.

그런데 법정에 선 그는 심문에 답하면서 이렇게 말했다.

"판사님, 한번 잘 봐주십시오. 크게 사례하겠습니다."

순간 나의 귀를 의심하지 않을 수 없었다. 상식적으로 도저히 납득할 수 없는 말이었다. 나는 이 피고인의 머릿속에 '돈이면 안 되는 일이 없다'는 사고가 굳게 박혀있음을 직감했다. 나는 곧바로 피고인을 법정 구속했다. 그러자 다음 날부터 예상치 못한 일이 벌어졌다. 지역 출신 정치인을 비롯하여 유지들이 나에게 피고인의 석방을 청탁하는 것이었다.

그러던 어느 날, 이 지역 출신으로 당시 서울 남부지원에 있던 장석화張石和 판사가 나를 찾아왔다. 구속된 피고인의 아들과 중학교 동창이다 보니 어쩔 수 없이 내려오게 되었다면서 함께 저녁식사나 하자는 것이었다. 장 판사는 법대 1년 후배였는데 대학 시절부터 잘 아는 사이였다. 나는 그를 집으로 데리고 와 저녁식사를 함께 했다. 오랜만에 회포도 풀었다. 다시 서울로 올라갈 시간이 되자 그는 나에게 이렇게 말했다.

"형님, 이 사건은 신경 쓰지 말고 소신껏 하세요."

참으로 솔직하고도 의연한 자세였다. 잔잔한 감동과 함께 잠시 마음도 흔들렸다. 그러나 다른 선택을 할 명분은 없었다. 최종 선고일, 나는 피고인을 실형에 처하면서 그 사유를 특별히 강조해 밝혔다.

"그동안 지역사회를 위해 봉사한 훌륭한 점도 있지만, 돈이면 세상을 다 움직일 수 있다는 생각을 가져 부득이 실형에 처한다."

더 넓은 세상으로

유학의 뜻을 품다

내가 예일대학을 선택하면 풀브라이트로서는 지급해야 할
장학금이 그만큼 절약되며, 그 돈으로 다른 학생에게 장학금을
줄 수 있다는 취지였다. 그렇다면 선택을 미룰 이유가 없었다.
곧바로 예일대학 로스쿨로 결정했다.

풀브라이트 장학생이 되다

군법무관 시절에 결혼하고 살림을 차렸다. 신혼집 전세금을 마
련하기 위해 큰누님의 배려로 계를 들어 앞번호를 받았다. 중위
나 대위 월급으로 생활을 꾸려나가야 했지만 곗돈을 넣고 나면
남는 돈이 거의 없었다. 아르바이트를 겸하기로 마음먹고 삼일로
빌딩에 있던 김진억金鎭億 변호사 사무실을 찾아갔다. 얼마 후 사
무실의 이름이 '김신앤유'로 바뀌었는데 지금은 법무법인 화우와
합병되었다.

김진억 변호사는 고등고시 사법과 10회에 수석 합격한 판사 출
신으로 법대 8년 선배였다. 유학을 다녀온 후 판사 생활을 접고
변호사로 진출해 성공을 거둔 사람이었다. 당시 변호사 업계는

김진억 변호사와 김흥한金興漢 변호사가 쌍벽을 이뤘다.

나는 아르바이트를 하게 해달라고 청하여 일거리를 맡았다. 별로 도움이 되지 않았을 터인데 고맙게도 한 달에 5만 원을 받을 수 있었다. 당시 내가 받던 군인 월급의 2배였다. 주로 영어를 우리말로 번역하는 일이었고, 내용은 대부분 차관이나 기술도입에 관한 것이었다.

아르바이트를 하던 중 훗날 '김앤장'을 설립한 김영무金永旼 변호사도 사무실에서 만날 수 있었다. 그는 서울대 법대 3년 선배였다. 고시에 합격하여 사법대학원을 마치자마자 바로 미국으로 유학을 떠난 사람이었다. 그 후 시카고대학에서 석사학위를 받은 다음 하버드대학 로스쿨에서 3년을 공부하여 법무박사학위J. D.를 취득했다. 졸업 후에는 시카고에 위치한 로펌인 베이커 앤 매켄지에서 일했고, 이어서 일리노이 주 변호사 자격을 취득했다.

귀국하여 군법무관으로 복무한 뒤 김진억 변호사 사무실에 합류한 것이다. '합류'라고는 했지만 사무실 내부의 방 하나를 별도로 사용하는 독립된 체제였고, 김진억 변호사와의 동업은 아니었다.

김영무 변호사는 가끔, 식사자리에 나를 불러 도움이 될 만한 이야기를 많이 하면서 격려해주었다. 미국 유학 시절의 이야기도 있었고 시카고 변호사 사무실에서 일할 때 경험한 미국 로펌에 대한 이야기도 있었다. 따뜻하게 대해준 김 선배의 인간미에 나는 큰 감동을 받았고 존경심을 느꼈다. 당시 나는 김신앤유 사무실에서 기존 송무 중심의 업무와는 전혀 다른 '법률자문'이라는 새로운 분야를 조금씩 알게 되었다.

그런데 김영무 변호사로부터 미국 로스쿨 이야기를 구체적으로 듣자 그것이 자극이 되었다. 또 다른 소망이 생겼다. '젊은 나이에 서둘러 임관하기보다는 한 번 더 공부를 하고 오는 게 좋지 않을까?' 하는 생각이었다. 제대가 얼마 남지 않은 시점이었다.

유학을 염두에 두고 미국 로스쿨에 원서를 보냈다. 장학금을 받지 않으면 유학길에 오르기가 쉽지 않은 시절이었다. 미시시피 로스쿨로부터 수업료 면제 *tuition waiver* 조건으로 입학허가서를 받았는데 그것으로는 부족했다. 더 좋은 조건이라야 가능했다. 결국 계획을 포기하고 임관을 신청했다.

1973년 4월에 판사로 임관했다. 첫 임지는 대전지방법원이었다. 고향에서 가까운 곳이었다. 그러던 중 우연한 기회에 충남대 법경대학 시간강사를 겸하게 되어 강의하러 다니기 시작했다. 그러면서 풀브라이트 Fulbright 장학재단에 주목하게 되었다. 대학 강사나 조교, 즉 가르치는 일 *teaching*에 종사하는 사람이 풀브라이트 장학금 수혜자가 되기 때문이었다.

그래서 그로부터 1년 후 홍성지원에서 근무할 때에도 나는 시간강사 일을 놓지 않다가 풀브라이트 장학금에 지원했다. 조순趙淳 서울대 교수와 같은 분들이 선발위원회 *selection committee* 위원을 맡았다. 내가 제출한 스터디 플랜은 '〈외자도입법〉을 중심으로 외국투자 관계법을 연구해서 학위논문을 쓰겠다'는 것이었다.

필기시험은 없었다. 토플 점수와 학업계획서 등 서류를 제출한 후 구두시험을 치르는 과정이었다. 8명으로 구성된 선발위원회는 간단한 몇 가지 질문을 나에게 던졌다. 영어로 된 문답이었다. 그것이 구두시험이었다. 절차를 마치고 기다리는데 어찌 된 영문인지 통보가 오지 않았다.

의아해하던 차에 한미교육위원단Korean American Educational Commission의 라이트Ed Wright 단장이 홍성지원에 있는 나에게 전화를 걸었다. 가슴이 두근두근했다. 전화를 받자 애타게 기다린 결과는 이야기하지 않고 '서울에 올라와 면담을 한번 했으면 좋겠다'고 요청했다. 면담을 하자는 것으로 보아 나쁜 일은 아니라는 감感이 들었다. 가슴이 설레기 시작했다.

며칠 후 서울에 올라와 풀브라이트 사무실을 찾아갔다. 라이트 단장은 자상하고 친절한 사람이었다. 그의 이야기는 다음과 같았다.

"당신 때문에 사실은 논란이 많았다. 그래서 조건부로 선발해 놓았는데 물음에 진실하게 답변해주면 좋겠다."

문제는 내가 유학을 다녀온 후에도 가르치는 일을 계속할 것인지의 여부였다. 그것이 가능한지 묻는 것이었다. 나는 '파트타임 티칭'도 괜찮으냐고 물었다. '문제없다'는 대답이었다. 그러고는 '판사직은 사표를 낼 것인가?' 하고 물어왔다. 당시 판사에게는 최대 1년만 휴직이 허용됐다. 미국으로 장기유학을 떠나면 판사직은 당연히 사표를 내야 할 처지였다. 그렇게 대답했더니 단장은 '돌아가서 기다려 달라'면서 면담을 마무리했다.

얼마 후 나는 풀브라이트 장학생으로 선발되었다는 소식을 받았다. 기쁘기 그지없었다. 1974년 가을의 일이었다.

　조건이 몇 가지 있었다. 이듬해 3월 말까지 판사직 사표를 내라는 것, 그리고 7월 말을 전후해서 유학을 떠나라는 것이었다. 인생의 항로가 바뀌는 순간이었다. 오랜 시간 열과 성을 다해 사법시험에 합격했던 터라 판사직을 그만둔다는 것이 무척 아쉬웠다. 형제를 비롯한 주변의 만류도 많았다. 그러나 주저하지 않고 사표를 낸 뒤 유학을 준비하기 시작했다.

　한편 풀브라이트 교육위원단은 나에 관한 자료를 내가 희망한 대학으로 보냈다. 하버드대학과 예일대학 등 몇 군데를 지원했다. 가장 먼저 회신을 보내온 곳이 예일대학 로스쿨이었다. 그전에는 잘 몰랐는데 예일대학의 경우 석사과정 학생 모두에게 수업료를 면제해주는 장학제도가 있었다. 수업료만큼의 장학금이 있는 셈이었다. 풀브라이트 측은 나에게 선택을 요청했다. 예일대학 로스쿨로 갈 것인지, 아니면 다른 곳을 더 기다릴지 선택해야 했다.

　내가 '하버드대학 로스쿨의 회신을 기다린다'고 답하자, 풀브라이트 측은 사정을 설명했다. 내가 예일대학을 선택하면 풀브라이트로서는 지급해야 할 장학금이 그만큼 절약되며, 그 돈으로 다른 학생에게 장학금을 줄 수 있다는 취지였다. 그렇다면 선택을 미룰 이유가 없었다. 곧바로 예일대학 로스쿨로 결정했다.

낙제할 수도 있다는 두려움

그때까지만 해도 나는 하버드대학 로스쿨이 최고인 줄 알았다. 예일대학 로스쿨도 그에 못지않게 좋은 학교임을 전혀 몰랐다. 지금도 그렇게 아는 사람이 많다. 그런데 당시에도 미국에서는 학교평가를 하면 법학에 관한 한 예일대학이 오랫동안 계속 1위를 달리면서 명성이 자자했다.

그때 예일대학 로스쿨의 석사과정은 정원이 20명에 불과했다. 일부는 미국 로스쿨 출신으로 향후 교수가 되기 위해 준비 중인 학생이었고, 나머지 10~15명은 유럽과 아프리카 등 세계 각국에서 유학 온 사람이었다.

1975년 3월 31일 자로 판사직 사표가 수리되었다. 정확히 2년을 근무한 셈이었다. 유학을 떠날 때까지 시간적 여유가 생겼다. 그래서 김영무 변호사가 1973년에 법대 동기인 장수길張秀吉 변호사와 함께 설립한 김앤장 법률사무소에서 일하게 되었다.

장수길 변호사는 동기 중에서 가장 먼저 고시에 합격한 수재였다. 유신독재 시절 나름대로 독립성을 발휘한 판사로 학생운동 사건 관련자에게 관대한 처벌을 내리곤 했다. 그런 판결 때문에 결국은 재임용에서 탈락되었다. 실력과 신망을 두루 갖춘 사무실에 합류하게 된 것은 나로서는 큰 영광이었다.

판사직을 그만둘 무렵 김영무 변호사에게 '미국 유학을 떠나게 되었다'고 인사하러 갔다. 그러자 김 변호사가 '개업신고를 하고 사무실에서 같이 일하자'고 제안했다. 그래서 1975년 4월부터 유학을 위해 출국한 7월 31일까지 김앤장에서 넉 달 동안 일했다. 개업초기였기 때문에 김앤장도 수임사건이 그리 많지 않았다. 나에게 맡길 만한 자문사건이 별로 없었다. 다행스럽게도 나는 지인들이 의뢰한 9건의 소송을 맡아 수행할 수 있었다.

출국이 임박하자 이래저래 걱정이 앞섰다. 그동안 한국에서 영어 공부를 어설프게 했다는 자책감이 들었고, 미국 유학 과정을 성공적으로 마칠 수 있을지 우려되었다.

미국 로스쿨의 대학원 프로그램graduate program은 석·박사 과정이 법학석사LL. M.와 법학박사J. S. D. 과정으로 이루어진다. 로스쿨의 일반 정규학위 과정은 원래 법학사LL. B.였는데, 의과대학 졸업생이 의학박사Medical Doctor를 받는 것에 맞추어 이른바 J. D., 즉 법무박사Juris Doctor 3년 과정이 되었다. 그래서 법무박사학위를 받은 후 대학원 과정을 밟게 되어 있었다.

먼저 유학을 다녀온 선배들로부터 예일대학의 석·박사과정이 쉽지 않다는 이야기를 익히 들었다. 잘못하면 예일대학 로스쿨에서 낙제할 수도 있다는 으름장에 겁을 먹기도 했다.

고생과 보람이 교차하던 유학 시절

"이제 당신도 새 학기부터는 학교에 다니면 돼!"
나는 사실 결혼할 당시부터 그때까지 줄곧, 외국에서 공부할 기회를
아내에게 마련해주겠다고 마음속으로 다짐하고 있었다.

'맥도날드' 해프닝

1975년 7월 말 미국 예일대학 로스쿨로 유학길에 올랐다. 마침
중앙대 영문과 교수인 홍기창 선배와 동행했다. 우리는 비행기에
함께 오르며 다짐했다. 각자가 목표한 꿈을 반드시 이루자는 다
짐이었다. 그날 비행기에 오를 때 나는 우선 담배부터 끊겠다고
홍 선배와 굳게 약속했다. 결심은 오래가지 못했다. 가는 도중에
들른 LA 공항에 내 짐이 도착하지 않는 사태가 생기자 나는 안절
부절못한 채 결국 담배를 입에 물고 말았다. 하루도 지키지 못한
약속이었다.

뉴욕 라과디아 공항에 도착하여 서울고등학교 동기 두 사람을
만났다. 이건영과 김재욱金載旭이었다. 당시 이건영 박사(전 건설

부차관, 중부대학 총장)는 오하이오 주립대에서 건축학 석사를 취득한 뒤 설계사무소에서 근무하고 있었다. 김재욱은 서울대 의대 출신으로 내가 군법무관이던 시절 양평에서 군의관으로 함께 근무해 가까운 사이였는데 병원에서 레지던트로 일했다.

두 사람을 만나 오랜만에 회포를 풀며 미국 생활에 대해 조언을 들었다. 다음 날 두 사람이 직접 차를 몰아 예일대학이 있는 뉴헤이븐에 나를 데려다주었다. 이때 기억나는 일화가 있다.

호텔에 도착해 체크인 한 후 일행은 가볍게 점심식사를 하기로 했다. 김재욱 박사가 호텔 종업원에게 주변에 맥도날드 햄버거집이 있냐고 물었다. 하지만 그는 '맥도날드'라는 말을 도무지 알아듣지 못했다. 우리는 한참 동안 같은 말만 되풀이했다. 그러던 중 마침내 종업원이 "오, 맥다-날드!"라고 외치며 말뜻을 알아차렸다. 영어 발음의 사소한 차이가 의사소통에 얼마나 큰 영향을 주는지 알게 된 사건이었다.

아내와 큰딸 지영知嶸은 한 달 후에 미국으로 왔다. 신영수申英秀 박사가 뉴욕의 케네디 공항까지 운전을 해주었다. 그는 서울대 의대를 나와 예일대학에서 병원경영학hospital administration 박사를 취득한 사람으로 지금은 WHO 아시아태평양 담당 사무차장이다.

미국에서의 첫 한 달 동안 워싱턴 D. C. 의 조지타운 로스쿨에서 오리엔테이션을 받았다. 4주간의 교육으로 미국 법에 관한 입문introduction to American law 과정이었다. 함께 이수한 동기 가운데에는 서울에서 온 법조계 사람이 많이 있었다. 풀브라이트 장학생은 나 혼자였다.

법원 쪽에서는 이재후李載厚(김앤장 대표 변호사), 정만조鄭萬朝, 진성규陳成奎 판사 등 세 사람이 있었고, 검찰에서는 김경한金慶漢 (전 법무부장관), 신창언申昌彦(전 헌법재판소 재판관) 검사가 있었다. 그 밖에 하버드대학 로스쿨에 들어갈 예정인 이상면李相冕(서울대 법대 교수), 6년 후배이면서 나와 함께 예일대학 로스쿨 석사과정을 밟을 조대연趙大衍(현 김앤장 변호사) 등이 있었다.

모두 조지타운 로스쿨의 여름 4주 교육기간 동안 만난 사람이었다. 4주간의 교육과정은 나중에 예일대학에서 공부하는 데 큰 도움이 되었다.

유학 시절 살게 된 집은 프로스펙트 애비뉴Prospect Avenue의 화이트홀White Hall에 있었다. 학교 아파트로 방이 2개였다. 기혼자 학생으로 자녀가 하나 있어서 방이 2개인 아파트를 써야 했다. 월세는 200달러였다. 풀브라이트가 제공하는 생활비가 한 달에 382달러였으니 절반 이상을 집세로 내야 했다. 그 외에 교재구입비 보조가 약간 있었다. 집 안에 들어가 보니 방에는 아무것도 없었다.

그때 누군가 아내에게 '저기 가면 누가 안 쓰는 매트리스를 내놓은 게 있다'고 알려주었다. 우리는 그것을 가지고 와서 사용하기로 했다. 그렇지 않아도 돈이 없는 형편이라 한국에서 이불과 요를 모두 가지고 갔던 터였다. 그렇게 이불과 요를 깔아놓고 세 식구가 잠을 잤다.

남는 생활비가 182달러에 불과했다. 무척 빠듯했지만 버티며 살았다. 아내가 일주일마다 식품점을 다녀오는데 한 번 갈 때마다 20~25달러 정도를 썼다. 한 달이면 100달러였다. 당시 한국에서는 〈외국환관리법〉을 통해 출국자 1인의 환전 한도를 200달러 이내로 규정했다. 또 출국 이후에는 일체의 송금을 허용하지 않았다. 그런 상황이었지만 이런저런 돈을 챙겨 대략 600~700달러를 가지고 갔다. 비상금인 셈이었다.

그 돈으로 우선 코로나 타자기를 한 대 구입했다. 150달러 정도를 주고 흑백TV도 한 대 들여놓았다. 간단치 않은 미국 유학 생활이 그렇게 시작되었다.

당시 내가 살던 아파트에는 한국에서 건너와 예일대학에서 공부하거나 가르치던 사람들이 몇몇 있었다. 그 가운데 한 분이 정종욱鄭鍾旭 현 통일준비위원회 부위원장(전 외교안보수석, 전 중국대사)이었다. 그는 일찍이 예일대학에 와서 정치학 박사학위과정까지 마친 상태였다. 중국 전공이었는데 마침 담당 교수가 휴가여서 그를 대신해 대학원 학생을 상대로 강의했다. 흰 머리가 적당히 섞여있고 풍채도 좋았다.

정 박사의 집에는 소니 컬러TV가 있었다. 그 집에 가서 TV를 보면 화면이 그렇게 예쁘게 보였다. 우리 집에 돌아와 흑백을 켜놓으면 보고 싶은 생각이 들지 않는다고 아내가 말했다. 그때 컬러TV를 샀으면 아내는 자신의 영어실력이 많이 늘었을 것이라고 농담을 하곤 한다.

정 박사에게는 폭스바겐Volkswagen 래빗 중고차가 한 대 있었다. 그래서 부인이 차를 몰고 마트에 나갈 때면 아내도 같이 따라나서곤 했다. 그렇게 식품점도 가고 쇼핑도 했다. 같은 아파트에 살던 다른 한 분은 유성은柳聖殷 씨로 서울대 화학과를 나온 아주 우수한 과학도였다. 모두 부부가 함께 살았는데 우리 식구가 현지에 정착하는 데 여러모로 큰 도움을 주었다.

스튜던트 론 제도

로스쿨을 다니는 한국인 유학생은 나와 조대연, 둘뿐이었다. 그런데 우리보다 앞서서 예일대학 로스쿨 과정을 다닌 선배가 더러 있었다. 먼저 앞에서도 이야기한 신웅식申雄湜 선배로 그는 김영무 변호사와 동기인데 1967년 즈음 예일대학에서 공부했다. 엇비슷한 시기에 강신옥姜信玉 변호사도 이곳에서 공부했다.

신웅식 선배의 경우 예일대학에서는 석사과정만 이수하고 박사학위는 버지니아대학에서 받았다. 귀국한 후에는 김신앤유의 김진억 씨 사무실에서 변호사를 개업했다. 변호사로서는 드물게 사업 감각이 무척 좋은 사람이었다. 1970년대 초·중반 한국 건설업체가 많이 진출하던 중동에까지 사업 영역을 넓혀 부지런히 왕래하곤 했다.

내가 유학길에 오를 무렵 예일대학에 관해 조언을 들으려고 일부러 찾아가 만난 적도 있었다. 그때 여러 이야기를 들을 수 있었는데, 특히 예일대학에서 1년 만에 석사학위를 마친 것에 대해 자부심이 대단했다.

그 사람들보다 먼저 예일대학 로스쿨을 다닌 사람으로는 유기천 박사, 함병춘咸秉春 전 청와대 비서실장과 김진金辰 전 서울대 법대 교수가 있었다. 또 나보다 5년 선배로 서울대 교수였던 김석조金碩祚 씨는 석사과정만 이수했다. 결국 신웅식 박사가 다녀간 후 거의 7년 만에 나와 조대연이 예일대학 로스쿨에 유학 온 것이었다. 로스쿨의 경우 예일대학을 나온 사람은 하버드대학과 비교하면 손꼽을 정도로 적었다.

내가 유학 중일 때에는 예일대학 전체에서도 한국인 유학생이 적은 편이었다. 이과대나 공대 쪽을 합해도 10명이 채 안 되었다. 그중에는 앞에서 말했지만 의대를 다니며 병원경영을 전공한 신영수 박사가 있었다. 나와 학번이 같은데 1년 먼저 예일대학에 와 있었다. 그를 비롯해 7~8명이 가깝게 지냈다. 화학을 전공한 유성은 박사, 의대에 홍성일洪性一 박사, 공대에 이일항李一恒 박사, 경영대학에 박재하朴在夏 박사 등이 있었다. 정종욱 박사가 가장 나이가 많아 유학생 그룹의 리더 역할을 하면서 사람들을 따뜻하게 배려해주었다.

주말이 되면 우리는 각자 한 가지씩 요리를 한 다음 어느 한 집에 모여 나누어 먹었다. 서울대 건축과 출신으로 현지에서 일찍 자리를 잡은 민병훈 씨 집에 특히 자주 모였다. 낮에는 테니스를 하기도 했다. 저녁식사를 마치면 여자들은 도란도란 이야기꽃을 피웠고, 남자들은 가볍게 포커를 하며 시간을 즐겼다. 휴식을 하면서 활력을 재충전하는 게임이었다. 10센트짜리 내기였는데 많으면 10~20달러를 잃기도 했다.

겨울방학이 될 무렵 이 모임을 통해 중요한 정보를 하나 얻었다. 정종욱 박사 등의 이야기를 통해 한국유학생 일부가 일종의 학생 대여장학금인 '스튜던트 론'*student loan*을 학교로부터 받아서 쓰고 있음을 알게 된 것이다.

"아, 그런데 그 돈을 외국인 학생에게도 빌려줍니까?"

내가 그렇게 묻자 여러 사람이 받았고 자신도 받았다고 답했다. 그러면서 '로스쿨도 가능하지 않겠냐'며 한번 알아볼 것을 권했다. 나는 용기를 얻어 예일대학 로스쿨의 파이낸스 담당 학장보를 찾아가 만났다. 그 자리에서 먼저 나의 처지를 이렇게 설명했다.

딸을 포함한 가족이 있는데 생활비로 382달러를 받아 집세로 200달러를 내고 나면 생활하기가 정말 어렵습니다. 중고차라도 하나 있으면 좋겠고 그 밖에도 불편함이 큽니다. 대여장학금 제도가 있다는데 저 같은 사람도 혜택을 받을 수 있습니까?

나는 한국의 외환관리제도에 대해서도 설명했다. 한국에 돈이 있어도 규제 때문에 미국으로 가져올 수 없다는 이야기였다. '언제쯤 빌린 돈을 갚을 수 있냐'고 그가 물었다. 나는 '외환송금 규제가 풀리면 갚을 수 있다'고 답했다. 그러자 '언제쯤 규제가 풀릴 것 같으냐'고 다시 물었다. 나는 '정부의 정책이므로 언제 규제가 풀릴지 전혀 예상할 수 없다'고 솔직하게 대답했다.

그러자 학장은 학기마다 2천5백 달러 한도 내에서 스튜던트 론을 활용할 수 있다면서 필요한 만큼 활용하도록 허가해주었다. 내가 "언제 갚을지도 모르는데 괜찮습니까?" 하고 묻자, 그는 "이 제도 자체가 바로 당신처럼 경제적 도움이 필요한 사람을 위한 것"이라고 보충설명까지 했다.

나는 학기마다 2천 달러를 빌려 쓰기로 했다. 그래서 여름방학까지 포함하여 1년에 3차례, 과정을 이수할 때까지 모두 5차례에 걸쳐 대여장학금을 받았다. 처음 2천 달러를 받았을 때는 기분이 날아갈 듯했다. 우선 700달러를 주고 중고차를 한 대 샀다. 캐나다 학생이 자신이 타고 온 도요타 왜건을 판다고 해서 그것을 샀다. 캐나다는 눈이 많은 곳이다 보니 염화칼슘 접촉이 많아서 차가 삭아있는 편이었다. 나는 아내에게 말했다.

"이제 당신도 새 학기부터는 학교에 다니면 돼!"

나는 사실 결혼할 당시부터 그때까지 줄곧, 외국에서 공부할 기회를 아내에게 마련해주겠다고 마음속으로 다짐하고 있었다.

아내는 나와의 결혼을 위해 이탈리아 유학 기회를 포기한 상태였다. 그래서 여유가 되면 가장 먼저 아내에게 공부할 기회를 만들어주자고 마음먹었다. 내가 학교에 다닐 것을 권하자 아내는 우선 예일대학을 찾아갔다. 아내의 작품을 본 미대 측은 '파트타임 학생을 받는 제도는 없으니 스페셜 스튜던트*special student*로 받아주겠다'고 했다. 정식학생은 아니고 일종의 청강생이었는데 특별히 인정해준 것이었다. 그래서 아내는 예일대학 아트스쿨Art School의 스페셜 스튜던트가 되었다.

그 후 코네티컷대학University of Connecticut에 파트타임으로 등록해서 미술 공부를 계속할 수 있었다. 다시 시간이 흘러 내가 뉴욕에 진출할 무렵에는 브루클린에 있는 프랫대학Pratt Institute으로 옮겨서 정식으로 석사과정을 마칠 수 있었다.

첫 겨울방학이 시작될 무렵, 눈이 내리던 날이었다. 코넬대학에 유학 중이던 후배 박세일朴世逸이 눈 속을 뚫고 그레이하운드 버스 편으로 나를 찾아왔다. 일찍부터 국가와 사회의 발전에 큰 관심을 두던 사람이었다. 어려운 여건이었지만 서울대 법대를 졸업한 후 도쿄에서 유학하다가 코넬대학으로 와서 노동경제 관련 법을 전공하고 있었다. 우리는 오랜만에 회포를 풀며 밤새 이야기를 나누었다.

열심히 공부하여 학위를 받은 뒤 귀국하여 보람 있는 일을 해보자는 결의도 다졌다. 비록 무일푼으로 유학을 왔지만 젊은이답게 당장의 생활보다는 나라의 발전과 선진화에 더 많은 관심을 가졌다.

자동차 운전과의 씨름

예일대학에 있는 동안 나를 비롯한 유학생은 인근에 정착한 선배나 교포로부터 많은 도움을 받았다. 지금도 기억나는 분이 많다. 민병훈 선생(건축가) 부부, 오태희 박사(예일대학 의대 교수), 이홍만 선배(당시 한인회장, 사업가), 임용성·홍성휘 박사(유니로열 근무), 박병윤 선생 부부, 손평식 선생 부부 등이다.

이홍만 씨는 서울고 선배였는데 뉴헤이븐 교외에 있는 자신의 집에 우리를 초대하기도 했다. 그 집에 갔을 때 얻어먹은 김치 맛이 인상적이었다. 오태희 박사 역시 서울고 출신으로 예일대학 병원에서 일했는데, 미국에서의 첫 번째 크리스마스이브를 그의 집에서 같이 보냈다.

당시 고광림高光林·전혜성全惠星 박사 부부는 동암연구소East Rock Institute를 설립해 운영하면서 한국의 문화와 역사를 미국 사회와 교포 자녀에게 알리는 데 열정을 쏟았다. 박사 후 연구과정 post doc을 하던 강제모姜濟模(프린스턴 바이오메디테크 코퍼레이션 창업 운영) 박사 부부와 정성기鄭盛基(전 포항공대 총장) 박사 부부와도 유익한 시간을 가졌다. 이때 알게 된 사람들과는 지금도 대부분 끈끈한 친분을 유지한다.

중고차를 구입하긴 했지만 운전하는 일은 쉽지 않았다. 주행경험이 충분치 않았기 때문이다. 그럴 만한 이유가 있었다. 솔직히

112

한국에서는 현직 판사 프리미엄으로 운전면허를 비교적 쉽게 취득했기 때문이다. 이젠 그 대가를 치러야 할 상황이었다.

아파트 주차장에 있는 빨간색 도요타 왜건에 올라 운전대를 잡아보았다. 수동변속기를 어떻게 조작해야 하는 것인지 정신이 멍해졌다. 금세 운전할 자신감을 잃었다. 한참 동안 씨름한 끝에야 겨우 시동을 걸었다. 그리고 조금 움직여 앞으로 나갔나 싶었는데 변속 중에 시동이 꺼져 멈춰 서고 말았다. 황당한 일이었다.

얼마 후에는 주차장에 세워둔 차를 누군가가 들이받아 사고가 났다. 그래서 보험금으로 400달러를 받아 망가진 곳을 수리했다. 그러고도 돈이 남았다. 그 후에도 몇 차례 접촉사고 등으로 보험금을 받는 일이 생겼다. 그때마다 우리는 차는 수리하지 않고 이를 생활비로 소중하게 사용하였다. 그러자 주변의 유학생들이 '누가 내 차도 좀 들이받아 주었으면 좋겠다'며 농담 반 진담을 하기도 했다.

아무튼 나는 뉴헤이븐에서 '배드 드라이버'*bad driver*로 소문이 날 지경이었다. 무난히 주행하다가 갑자기 인도로 올라서는가 하면 눈 내리는 날엔 사거리에서 차체가 180도 회전하기도 했다. 아내의 말에 따르면 학교에서 수업을 마친 자신을 내가 픽업하러 올 때마다 '이 차가 제대로 오긴 하는 걸까?' 하며 항상 걱정했다고 한다.

운전을 다시 배우는 수밖에 다른 방법이 없었다. 나는 신영수 박사에게 운전교습을 청했다. 언덕 출발 요령도 배웠고 주행연습도 충분히 했다. 코네티컷 주 운전면허도 취득했다. 얼마 후 운전에 어느 정도 자신감이 붙었다.

그 무렵 코네티컷의 주도州都인 북부 하트퍼드Hartford에서 한인 학생 운동회 겸 가족 야유회가 열려 우리 가족도 참석하기로 했다. 처음으로 고속도로 운전을 하게 되었다. 자신은 없었지만 도전하기로 했다. 다만 신영수 박사의 차를 내내 따라갈 심산이었다. 그래서 도착지 주소도 따로 챙기지 않았다.

그런데 하트퍼드 인터체인지 부근에서 사달이 나고 말았다. 신영수 박사가 한꺼번에 여러 차선을 바꾸어 출구로 빠져나간 것이었다. 그도 초행길이어서 미리 방향지시등으로 나에게 알려줄 겨를이 없었다. 나는 크게 당황했다. 목적지 주소도 모르던 터라 마음이 급해져 허둥지둥 차선을 바꾸려고 했다. 그때 뒤쪽에서 차들이 고속으로 달려오는 바람에 그만 급브레이크를 밟고 말았다. 급정차를 한 것이다. 등에선 식은땀이 흘러내렸다. 천만다행으로 뒤에서 오던 차들이 우리 차를 배려하여 서행했다. 가까스로 대형 사고를 면할 수 있었다. 정말 아찔한 경험이었다.

예일대학에서는 운전과 관련한 해프닝이 많았다. 이듬해의 일이었다. 우리는 월세가 비교적 저렴한 신학대학Divinity School 기숙사로 이주했다. 그곳으로 옮기고 얼마 후인 1977년 6월에 둘째 딸 서영瑞嶸이를 낳았다. 가족의 생활은 더욱 분주해졌다.

그해 가을이었다. 아내가 학교에 파트타임으로 나가 있어서 내가 갓난아이를 뒷자리 카시트에 앉힌 채 6살 큰딸을 픽업해서 집으로 돌아오는 길이었다. 큰딸이 갓난아이를 카시트에서 꺼내려고 하는가 싶어 염려하는 마음에 뒤돌아보는 순간, 그만 신학대학의 정문을 순간적으로 들이받았다. 시속 15마일로 비교적 느린 속도였는데도 정문은 맥없이 주저앉았다. 차도 폐차해야 할 지경이었다.

그로부터 한참 세월이 지난 후 사람들 사이에 도는 소문이라며 막내딸이 전해준 이야기가 있었다. '옛날에 한국에서 온 유학생이 예일대학 신학대의 정문을 들이받았다더라'는 것이었다. 그 이야기를 듣고는 한참 동안 웃음을 멈출 수 없었다.

유학생 생활은 단출하기 그지없었다. 어찌 보면 소꿉장난과도 같았다. 그러다가 식구가 한 명 더 늘어나자 정신없이 바빠졌다. 둘째가 태어날 무렵 출산을 돕기 위해 장모님이 오셨다. 출산 예정일을 보름 앞둔 시점이었는데 공교롭게도 바로 다음 날 아내가 아이를 낳았다. 장모님이 도착하신 날 마침 보스턴에서 친구 몇명이 집으로 놀러 왔다. 나는 예일대학 유학생도 몇 명 불러 그들과 포커를 치던 중이었다. 딸은 만삭인데 사위는 그렇게 놀고 있었으니 장모님 눈에 얼마나 밉게 보였을까.

둘째가 태어난 후 3개월이 될 때까지 장모님은 미국에 머물며 아이들을 돌봐주었다. 귀국할 날이 가까워오자 장모님은 둘째 서영이를 한국으로 데려가 키워주시겠다고 하셨다. 우리 부부의 어려운 처지를 조금이라도 덜어주려는 마음이었다. 하지만 아내는 몇 년 후 서울에 돌아와 딸을 만났을 때를 상상하며, 끝내 그 제안을 받아들이지 않았다.

홍성일 박사 부부와의
특별한 인연

공부와 육아를 겸하는 것이 좀처럼 쉽지는 않았다. 그 어려움을 옆에서 덜어준 사람들이 있었다. 함께 유학 중이던 홍성일 박사 부부였다. 홍 박사는 세브란스의대를 졸업하고 병리학을 전공한 박사로 도쿄대에 있다가 뉴헤이븐으로 왔다. 그 집은 두 아들을 키웠는데 둘째 민기가 첫째인 지영이와 동갑으로 같은 유치원에 다녔다. 유학생 가족이 모여 저녁식사를 함께하면 그 집의 두 아들이 서로 큰딸 지영이 옆에 앉으려고 다투기도 했다.

둘째인 서영이를 낳은 후 아이를 잠깐 봐달라고 부탁하면 홍 박사의 부인은 밝은 표정을 지으며 친자식처럼 대해주었다. 감사의 표시로 약간의 사례를 하려고 하면 언제나 손사래를 치며 거절했다.

그 후 우리는 뉴욕으로 옮겨가 그곳에 살다가 귀국했다. 홍 박사 부부도 나중에 뉴욕으로 이주했는데 귀국하지 않고 그곳에 정착했다. 그 후로는 다시 만나기 어려울 것으로 생각했는데 인연이란 참 묘했다. 20년 동안 연락이 서로 없다가 뉴욕에서 홍 박사 부부를 만나게 된 것이다.

안식년을 맞은 아내가 둘째 서영이와 뉴욕에 머물게 되었는데 그때 홍 박사 부부를 꼭 만나보고 싶다고 했다. 세브란스의대를 나온 친구를 통해 수소문한 끝에 만남이 이루어졌다. 마침 추수감사절 때라 홍 박사 가족이 집으로 저녁 초대를 했다.

휴가를 맞아 사위들과. 왼쪽부터 둘째 사위 이정용, 큰사위 홍민기, 막내 사위 케빈슈

　그 만남이 계기가 되어 홍 박사의 둘째 아들 민기와 우리 큰딸 지영이가 다시 만났고 이듬해 결혼했다. 20년 전에 뉴헤이븐 유치원을 함께 다닌 동기가 사실은 결혼하게 될 인연이었던 것이다. 사람의 앞날은 정말 알 수가 없었다.

　큰사위 민기는 브라운대학Brown University을 졸업한 후 뉴욕의 JP 모건 등 투자은행에서 근무하다가 JP 모건의 홍콩을 거쳐 한국 지점에서 일했다. 지금은 사모주식투자회사인 CVC에서 일한다. 큰사위는 쉰 살이 되면 은퇴한 후 편안하게 취미 생활을 하며 지내는 것이 꿈이었다. 그러나 셋째 아이를 본 후에는 이야기가 달라졌다. '자녀교육에 책임을 다하려면 이제 조기은퇴는 물 건너갔다'는 것이었다. 열정과 헌신으로 회사 일을 더욱 열심히 하였다.

기특한 일은 이제 건강에도 신경을 쓴다는 점이다. 전에 하지 않던 운동도 열심히 하며 허리둘레를 줄이려고 노력한다. 다섯째를 낳을 무렵에는 회사에서 파트너로 승진했다. 경사가 겹쳤다.

큰딸 지영이는 결혼할 때 아이는 다섯을 낳겠다고 하였는데, 그 말대로 실행한 셈이다. 기가 막힌 일은 첫 아이를 낳을 때 잘 못되어 제왕절개 수술을 하였는데, 똑같은 수술을 다섯 번이나 한 점이다. 뜻을 세우면 위험을 무릅쓰고라도 실천하고 마는 기질이 엿보인다.

아내는 어린 손주들을 잘 돌보고 놀아주기도 하는 데 비해 나는 그런 재주나 소통능력이 없다. 어느 날 위 두 아이, 진우와 제나와 우연히 카드놀이를 함께 하면서 어울리게 되었다. 게임을 하면서 손자, 손녀와 서로 자연스럽게 대화도 하고 가까워졌다. 일종의 스킨십 같은 게 생긴 것이다.

때로는 친구같이 느껴질 때도 있다. 손주들도 내 말을 잘 듣게 되어 함께 게임을 하기 위해 숙제도 부리나케 끝내버리곤 한다. 태백산, 소백산에 등산하러 내가 새벽 4시 반에 일어나 집을 나설 때, 나와 동행을 하기도 한다. 때로는 셋째 진기와 막 6살이 된 넷째 진무도 함께 따라나선다. 이제 제법 산행의 맛을 알게 된 것 같다. 깊은 산속의 맑은 공기를 느끼고, 아름다운 산천을 보며 5~6시간 산행을 하면서 인내심도 키우고 한국인의 정체성 *identity*을 느껴 가리라 믿는다. 손주들과 함께 게임도 하고 어울려 줄 때 진정으로 소통이 되고 친근해질 수 있음을 깨닫게 되었다.

진우도 어느덧 중3이 되어 미국 대선 예비선거에서 생긴 샌더스Bernie Sanders 후보의 돌풍에 대하여도 제법 일가견을 편다. 이들이 건전하게 사고하고 자기가 좋아하는 것을 찾아 열심히 노력하는 것을 보면서 대견하게 생각한다.

골프를 배우다

유학 생활 중에 골프를 배웠다. 조금 분에 넘치는 일이기도 했지만 정종욱 박사의 권유로 시작하게 되었다. 석사과정이 끝나고 1976년 여름방학이 되었을 때였다. 5월 중순부터 9월 학기가 시작될 때까지 방학이 꽤 길었다. 그 시간을 이용해 한국에 잠시 들어가 박사과정에 활용할 자료를 챙겨보았다. 그리고 8월쯤 미국에 돌아왔더니 정종욱 박사가 골프를 치자고 제안하는 것이었다.

"신 판사, 우리 골프 한번 쳐볼까?"

"골프요? 무슨 돈으로 골프를 칩니까?"

갑작스러운 제안에 나는 이렇게 대답했다. 그러자 정 박사는 '하루 종일 쳐도 2달러면 충분하다'고 말했다. 당시 예일대학의 골프코스는 미국에서 상위 50위권 안에 들어가는 명문 프라이빗private 클럽이었다. 학생이 이용할 경우 그린피green fee가 2달러였다. 그리고 18홀을 마친 후에도 추가요금 없이 더 이용할 수 있었다. 정 박사는 '서울에서 골프를 배우려면 큰돈을 들여야 한다'

며 이렇게 적은 비용으로 칠 수 있을 때 배워두라고 말했다. 또 '스트레스도 풀고 아이디어도 구상하는 일석이조의 효과가 있다'며 적극적으로 권했다.

그러고는 유니로열에 근무하던 재미교포인 홍성휘 박사에게 부탁해 중고 골프채 세트도 빌리고 골프화도 사주었다. 그때까지 나의 골프 경력은 예일대학 실내체육관에서 두어 번 레슨을 받으며 연습스윙을 해 본 것이 전부였다.

필드에 처음 나가는 날 신영수 박사도 동행했다. 신 박사는 동방유량 신덕균申德均 회장 집안의 둘째 아들이었다. 부잣집 아들이라 서울에 있을 때부터 일찍 골프를 배운 터였다. 정 박사는 유학을 온 후 골프를 접하기 시작했는데 함께할 사람이 없다 보니 나를 끌어들인 것이었다.

두 사람은 내기골프를 제안했다. 1타당 쿼터(25센트)가 걸린 스트로크 플레이였다. 나는 첫 라운딩부터 내기골프를 경험하게 되었다. 그날 퍼팅에서 후하게 기브give를 받고서도 나의 스코어는 140타를 넘었다. 신영수 박사는 110타, 정 박사가 115타 정도였다. 푸른 초원에서 첫 라운딩을 하며 나는 커다란 즐거움을 맛보았다.

그때부터 우리는 일주일에 한 번꼴로 라운딩을 하며 머리도 식히고 스트레스도 풀었다. 석 달 정도 치자 실력이 비슷해졌다. 그러나 근본적 실력은 늘지 않았다. 아무런 기초도 갖추지 않은 상태에서 성급하게 필드에 나간 탓이었다. 또 적은 돈이긴 하지만 내기를 하면서 라운딩을 한 탓이었다. 100타 아래로 내려오는 데 2년 이상의 시간이 걸렸다. 지금도 나는 여전히 내기를 즐긴다. 하지만 기본이 없는 스윙 폼과 부정확한 샷 때문에 주로 잃는 편이다. 그래서인지 친구들에게는 제법 인기(?) 있는 골프 파트너이기도 하다.

첫 학기가 시작되고 나서 얼마 안 되었을 1975년 9월 중순 무렵이었다. 그해 11월 하순에 예일대학 축구장Yale Bowl에서는 흥미진진한 시합이 벌어질 예정이었다. 숙명의 라이벌인 예일대학과 하버드대학 간의 미식축구American football 경기였다. 너도나도 표를 예매하려고 아우성이었다.

예일대학에 있는 동안에도 쉽게 접하기 어려운 경기라 나도 가족과 함께 관람하기 위해 오전 9시에 매표소로 향했다. 체육관 바깥에 매표소가 있었는데 표를 사려는 행렬이 제법 길었다. 대부분 책이나 신문을 펴들고는 조용한 모습으로 느긋하게 기다렸다. 반면 강의시간이 임박했던 나는 마냥 기다릴 수 없었다. 10여 분 정도면 표를 구입할 것으로 짐작하고 온 내가 잘못이었다. 줄 뒤에서 어림해 보니 차례가 되려면 30분 이상을 더 기다려야 할 듯싶었다. 참다못해 옆의 학생에게 물었다.

"왜 매표창구를 더 만들지 않나요? 그렇게 해야 바쁜 사람의 편의를 봐주는 게 아닌가요?"

내가 불평을 쏟아내자 그 학생은 곧바로 대답했다.

"그것이 서구식 인내심을 배우는 방법입니다(That's the way of learning western patience)."

정종욱 박사는 1977년 여름, 워싱턴 D. C. 에 있는 아메리칸대학American University의 조교수로 임명되어 정들었던 뉴헤이븐을 떠나게 되었다. 정 박사는 그동안 부부의 발이 되어준 중고 폭스바겐을 처분한 뒤 포드Ford의 새 차를 구입했다. 정 박사의 폭스바겐은 뉴헤이븐에 사는 예일대학의 유학생에게 큰 도움을 준 차였다. 앞에서도 말했지만 아내는 유학 초기에 식품점에 갈 일이 있으면 정 박사 부인의 차를 얻어 타곤 했다. 그 작은 차에 유학생 가족 8명이 탑승한 적도 있었다.

8월 중순, 정종욱 박사가 워싱턴 D. C. 로 이주할 때 우리 가족도 동행했다. 민병훈 선생도 큰딸 타냐를 데리고 따라나섰다. 일행은 오전 9시경 뉴헤이븐을 출발해 고속도로를 달렸다. 민 선생과 내가 큰 이삿짐 트럭을 교대로 운전했고, 오후 늦게야 워싱턴 D. C. 에 도착했다.

정종욱 박사의 이삿짐을 내린 후 우리 가족은 당시 한국대사관에 근무하는 법대 동기인 김석우金錫友의 집을 찾아갔다. 나중에 통일부차관을 지내기도 한 친구였다. 그의 집에서 이틀 밤을 묵으면서 워싱턴 시내의 주요 박물관과 기념관을 둘러보았다. 미국은 200년 정도의 짧은 역사를 가진 나라지만 자유민주주의와 시장경제의 힘이 위대하다는 사실을 느낄 수 있었다.

학업에 몰두하다

방에 파묻혀 생활하는 일상이었다. 강의를 들을 때만 바깥에 나왔다.
오로지 공부였다. 아침 9시부터 저녁까지 학교에서 강의를 듣고
공부하는 시간의 연속이었다.

증권법을 전공하기로 마음먹다

예일대학에서는 도서관에서 늦도록 공부하다 집에 오는 경우가
많았다. 그럴 때면 아내는 칼국수를 끓여주었다. 칼질이 빠른 편
이었다. 멸치로 국물을 우려냈는데 맛이 좋았다. 그때는 돈이 없
어서 김치를 담글 형편이 못 되었다. '차이니스 캐비지'*Chinese cabbage*
로 불리는 중국배추도 살 여력이 없었다. 대신 양배추 김치나 피클
을 만들어 먹었다. '터닙'*turnip*이라는 딱딱한 무로 깍두기를 담가
먹기도 했다.

가끔 김치를 먹는 일이 있기는 했다. 같은 아파트에 살던 유성
은 박사 덕분이었다. 그 집은 경제적으로 여유가 있는 편이었다.
그래도 외환규제 때문에 풍족하게 돈을 쓰지는 못했는데 가끔 한

국에서 청바지 속에 100달러 지폐 한 장을 꿰매어 보내곤 했다. 그 집에 소포가 도착하는 날이면 식품점에서 배추를 사다가 김치를 담갔다. 그때가 김치 맛을 볼 수 있는 기회였다.

처음에는 그릇도 변변한 게 없어서 태그세일 *tag sale* (중고 가정용품 세일)하는 곳을 찾아가 2~5센트짜리 물건을 구입했다. 한번은 그곳에서 식탁을 구입했는데 너무 오래되어 칠이 다 벗겨진 상태였다. 아내는 사포 *sandpaper* 를 구해 칠을 다 벗겨냈다. 저녁식사를 하는 도중에 식탁 다리 하나가 부러지는 해프닝도 있었다.

오래도록 뜻깊게 기억하는 일이 하나 있다. 예일대학에서 열린 국제문화축제인 '인터내셔널 페어' International Fair 행사에 참여했던 일이다. 유학생 가족은 한마음이 되어 집에 있는 쓸 만한 것들을 모아 그럴듯하게 한국관을 만들고는 우리 고유의 문화를 소개했다.

예일대학의 첫 학기. 나는 본격적으로 강의를 듣기 시작했다. 처음 몇 주 동안은 이곳저곳을 다니며 강의쇼핑을 할 수 있었다. 그러다가 자기에게 맞는, 그리고 자신이 원하는 강의를 선택하면 되었다. 로스쿨 1학년 첫 학기에 신입생은 기초과목을 무조건 들어야 하는데 나처럼 석사과정에 있는 사람은 선택이 자유로웠다.

당시 내가 수강한 과목은 국제법과 기업금융 *corporate finance* 이었다. 증권법을 전공할 터여서 가장 유사한 과목을 찾았다. 기업금융은 회사법 기초를 공부한 후에 선택해야 했지만 증권법을 전공하는 데 큰 도움이 되는 중요한 과목이었다. 회사법도 찾아보았는데 1학기 때에는 적당한 과목이 없어 '토츠' *torts* (불법행위)를 선택했다. 이 과목도 여러 명의 교수가 강의했다.

그 가운데 한 강의실에 들어가 보았다. 수강생이 많지는 않았고 교수가 칠판에 다이어그램을 그리면서 설명하는 중이었다. 그 방식으로 설명을 듣자 쉽게 이해되었다. 그래서 그냥 그 자리에 앉아 강의를 계속 듣기로 했다. 강의하던 사람은 나중에 내 지도교수가 된 클라크 Robert C. Clark 교수였다. 원래는 경제학을 전공하여 경제학박사까지 취득한 후 하버드대학 로스쿨을 다닌 사람이었다. 그래서 경제법 관련 분야, 즉 회사법, 증권법, 불법행위 등에 탁월한 실력을 갖췄다.

1학기가 끝날 무렵 클라크 교수에게 프로스펙터스 *prospectus*, 즉 앞으로의 연구계획서를 제출했다. 박사과정에 진학할 사람은 이렇게 학위논문 작성계획을 제출하여 지도교수의 승인을 받아야 했다. 그래야 다음 해에 박사과정에 들어갈 수 있었다. 그는 나의 계획서에 대해 매우 친절하게 조언했다.

내가 작성한 '한국의 증권법에 관한 연구계획서'에는 매우 광범위한 주제를 담았다. 즉, '한국·일본·미국 세 나라의 증권법과 관계법 등을 비교하고 연구해서 우리나라 〈증권거래법〉의 제반 문제점을 확인하고 개혁하는 방향으로 의견을 개진하겠다'는 계획이었다. 계획서 하나에 중요한 주제를 모두 나열한 셈이었다.

예를 들어 '내부자 거래'라는 주제 하나로도 충분히 박사논문이 될 수 있었다. 그런데 나는 발행시장과 유통시장에 관련된 모든 것, 게다가 규제 전반에 대해서도 다루겠다는 계획서를 작성한 것이다. 클라크 교수는 "하하, 이건 책이로군요"라고 반응했다. 그러고는 이렇게 말했다.

"의욕이 너무 많군요(You are too ambitious)."

나는 이렇게 대답했다.

한국에는 지금 증권법을 강의하는 대학이 없습니다. 변호사도 그렇고 판사, 검사, 대학교수에 이르기까지 증권법을 전공한 사람이 아무도 없습니다. 그런데 여기 와서 보니 증권법이 얼마나 중요한지 피부로 느낍니다. 회사법에서 가장 중요한 핵심입니다. 우리나라에서는 회사법을 가르칠 때 증권법을 생략합니다. 그래서 회사법 강의에 큰 오류가 생깁니다. 사실상 잘못된 회사법 이론을 가르치는 셈입니다. 이런 상황을 감안했습니다. 학위를 받아 한국에 돌아가면 증권법 책을 내고 강의도 할 계획입니다. 제가 증권법 전반을 공부해서 책을 내면 그다음엔 후배들이 여러 소주제에 관해 깊은 연구를 할 수 있게 됩니다.

설명을 들은 클라크 교수는 고개를 끄덕이며 '그렇다면 한번 해보자'고 격려했다. 그렇게 함께할 지도교수를 만나 박사과정에 들어갔다.

당시 우리나라의 증권시장은 걸음마 단계였다. 1960년대 말, 박정희 대통령은 서강대 경제학과의 남덕우南悳祐 교수를 발탁해 재무부장관에 임명했다. 남 장관이 추진한 일 가운데 하나는 자본시장의 육성이었다. 한국경제를 발전시킬 핵심과제로 본 것이다.

그러나 당시 자본시장은 그야말로 빈약했다. 기업은 금융기관 차입이나 사채私債에 의존해서 자금을 조달했다. 그런 구조로는 체질이 강화되는 데 한계가 있다. 차입에 의존해 기업을 경영하면 이자를 내는 데 급급하게 되어 경쟁력이 약화될 수밖에 없다.

그래서 자본시장을 육성하려고 했는데 기업 측에서 오히려 상장을 회피하는 경향을 보였다. 상장기업은 수십 개에 불과했다. 한전이나 대한중석 같은 국영기업체가 중심이었다. 상장기업의 수가 적다 보니 시세조종 등 잘못된 범죄행위가 되풀이되기도 했다.

5·16 군사정변 이후 김종필 씨가 중앙정보부장으로 있던 시절에도 증시에서 시세 조종으로 큰 자금을 마련했다는 의혹이 제기된 바 있다. 이런 상황에서는 개인투자자의 손실이 거듭될 수밖에 없었다. 그렇게 투자 위험도가 높은 만큼 증권시장에 대한 일반인의 참여와 신뢰도는 극히 낮았다.

그러다가 강제로 기업공개를 촉진하는 법, 즉 공개명령을 할 수 있는 법이 생겼다. 〈기업공개촉진법〉이었다. 이 법은 기존의 〈자본시장육성법〉보다 더 강력한 수단인 공개명령을 내릴 수 있는 제도를 포함했다. 사채를 동결한 1972년 8·3 조치로 기업에 혜택을 주었으니 그 대신 우량기업의 오너에게 기업공개명령을 내릴 수 있는 제도를 채택한 것이다. 정부가 지정한 시점까지 공개하지 않으면 명령으로 강제하는 제도였다. 사실상 강제로 공개하는 것이었다.

학업에 몰두하다

내가 제출한 연구계획서에는 국내의 이런 상황을 반영했다. 당시 우리나라에는 외국으로부터의 자금도입 문제가 중요했다. 법대 4년 선배인 김찬진金贊鎭 검사는 미국 시애틀에 있는 워싱턴대학University of Washington에서 〈외자도입법〉을 전공하여 박사학위를 받은 바 있었다. 귀국한 후에는 경제기획원에 파견되어 외자도입심의관으로 일했다. 외자계약에 대해 심사하는 일이었다. 유학을 떠나기 전 김찬진 선배를 찾아갔다.

"이번에 풀브라이트 장학금으로 공부하러 가게 되었습니다. 조언을 부탁합니다."

그랬더니 김 선배는 '작은 나라에서 나이 차이도 얼마 되지 않는데 똑같은 것을 공부하면 낭비가 아니냐?'고 반문했다. "그러면 어떤 분야를 공부하는 게 좋겠습니까?" 하고 물었더니 자신의 견해로는 미국의 증권관계법이 유망할 것 같다고 대답했다. 곰곰이 살펴보니 그 말이 틀리지 않는다는 판단이 들었다. 그래서 고맙다는 인사를 하고 돌아왔다.

유학길에 오르기 전, 나는 재무부 증권국에 과장으로 있던 안공혁安恭爀 선배를 비롯해 관련 분야 사람을 많이 만났다. 당시에는 증권감독원 같은 기구가 없었고 그 대신 한국투자공사가 있었다. 그곳에서 법제를 담당하던 안문택安文宅 씨를 만나 이야기를 나누기도 했다. 그렇게 조언을 듣고 자료도 모으면서 연구하니 나름대로 재미도 있었고 의미도 있었다. 그런 과정을 거친 끝에 연구계획서의 방향을 잡은 것이다.

연구계획서 내용 중에는 학교에서 배운 것보다 한 걸음 더 나간 대목도 있었다. 미국에는 2개의 연방 증권규제법이 있다. 1930년 대 미국 대공황 당시에 만들어진 법으로 발행시장에 관한 증권법 Securities Act of 1933과 유통시장에 관한 증권거래법 Securities Exchange Act of 1934이다. 이 2개 법의 기저를 관통하는 정신은 '증권시장에 완전경쟁 perfect competition이 이루어지도록 하는 것'이다. 미국 연방 증권규제법의 골조는 이 토대 위에 서 있다. 완전경쟁이 이루어져 야 가장 효율적인 시장이 된다. 그것이 이상적 목표이다.

'경제원론'에는 완전경쟁을 이루기 위해 갖추어야 할 조건이 제 시된다. 우선 다수의 시장참여자가 있어야 한다. 아울러 공급되 는 다양한 상품과 그의 균질성이 보장되어야 한다. 그래야 선택 이 가능하다. 나아가 가격이 공정 fair하게 형성되어야 한다. 이를 위해서는 가격과 관련된 중요한 모든 정보가 적시에 자유롭게 활 용 freely available될 수 있어야 한다. 그래야 완전경쟁이 이루어진다.

미국 증권규제법의 핵심은 바로 여기에 있다. 주식가격과 관련 된 중요한 정보를 적시에 공개하게 하여 일반투자자가 가격을 제 대로 평가할 수 있도록 초점을 맞추는 것이다. 그래서 유가증권 을 상장하여 일반투자자에게 판매할 경우에는 반드시 증권거래관 리위원회에 유가증권발행신고서를 내도록 되어있다. 이 신고서는 유가증권의 가치평가 및 발행자와 관련한 중요 정보를 모두 기재하도록 규정한다.

신고서를 검토하고 위원회가 허가해주어야 비로소 투자자에게 알릴 기회를 얻게 되고 인수인이 판매할 수 있도록 해놓았다. 이것이 핵심이다.

만일 신고서의 내용 중 중요한 사항에 대하여 허위로 기재하거나 중요정보를 누락*omission*한 것이 있으면 사기죄가 성립된다. 누락도 '부작위不作爲에 의한 사기'로 처벌이 가능하고 손해배상 책임을 지게 된다. 이런 방법으로 정보를 공개하도록 강제하면서 완전경쟁을 유도하는 것이다. 말하자면 정보의 공개를 위한 간접 강제인 셈이다. 이것이 발행시장과 관련된 규정이다.

유통시장과 관련해서도 마찬가지이다. 주식에 관한 정보가 수시로 미연방 증권거래위원회SEC (The United States Securities and Exchange Commission)에 수집·축적되면서 적시에 거래소에 공시되도록 만들어놓았다. 유통시장에서도 내부자거래, 시세조종행위와 사기행위 등은 민사상 손해배상 책임, 나아가 형사 책임을 지도록 해놓았다.

논문의 제목은 "한국의 증권법"(*Securities Regulations in Korea*)인데 부제를 '효율적으로 작동하는 증권시장을 위해'(*Toward an efficiently functioning security market*)로 붙였다. 한편에서는 랜덤워크 이론*random walk theory*이 등장한다. 증권시장은 제멋대로 움직이며 주가는 예측할 수 없다는 이야기이다. 그런 이론을 함께 서론에 담아 체계를 잡아놓으니 그럴듯해 보였다.

지도교수인 클라크는 나를 인정해주고 격려도 해주었다. 그는 내 논문이 완성되고 통과된 후에 하버드대학 로스쿨에 교환교수로 갔다. 거기서 테뉴어*tenure*(대학에서 연구실적과 강의능력 평가를 통해 교수의 직장을 평생 동안 보장해주는 제도)를 받아 정착했고, 나중에는 로스쿨 학장이 되었다. 이 무렵 하버드대학 로스쿨로 유학을 떠난 김평우, 홍일표 두 판사에게도 소개해 클라크 교수의 지도를 받도록 하기도 했다. 오랜 기간 학장을 역임했는데 홀륭한 저작도 많이 낸 유명한 학자였다.

또 한 사람의 지도교수가 있었다. 첫 학기에 강의쇼핑을 하고 다닐 무렵의 지도교수인 리스먼*Michael Reisman*이다. 이스라엘대학*University of Israel*을 나온 유태인으로 예일대학 로스쿨에서 2년 반 만에 석·박사 학위를 취득한 국제법 학자였다. 이분이 나의 학사지도교수*academic advisor*로 사전에 지정되었다. 국제법 분야에 엄청난 저술을 남긴 석학이었다.

첫 학기 초의 어느 날 리스먼 지도교수가 나를 보자고 해서 찾아갔다. 교수의 말은 '학장의 지시인데 한국에서 온 학생이 영어가 많이 부족하니 별도로 어학원*language school*에 보내라고 했다'는 것이었다. 그러면서 어학원을 함께 다니라고 강권했다. 청천벽력 같은 이야기였다. 그 자리에서 나는 이렇게 대답했다.

지금 제가 듣는 강의는 모두 영어로 진행됩니다. 그 강의만 열심히 들어도 어학원 다니는 것 못지않게 영어를 공부하는 셈입니다. 지금 그렇게 강의를 듣는 것만으로도 버거운데 추가로 어학원까지 다녀야 한다면 저는 정말 낙제할 수밖에 없습니다.

물론 영어로 된 강의를 이해하기가 쉽지는 않았다. 그래서 더욱 교재를 열심히 읽으면서 이해를 넓혀나가야 했다. 그렇게 예습과 복습을 철저히 해야 강의를 따라갈 수 있었다. 그런데 어학원까지 다니게 되면 예습·복습조차 할 수 없는 처지가 되고 만다. 낙제는 불을 보듯 명확했다. 내가 강력하게 주장하자 교수도 수긍하는 눈치였다. 내 말에 일리가 있다는 반응이었다.

'스트레이트 아너'를 받다

리스먼 교수는 타협안을 내놓았다. '랩에 가서 영어 테스트를 받고 그 결과에 따라 결정하겠다'는 것이었다. 주문대로 나는 랩에서 영어시험을 치렀고 결과가 곧바로 나왔다. 다른 항목은 모두 합격점이었는데 작문*writing*이 문제였다. '당신 나라의 자랑거리를 쓰시오'가 주제였다. 나에게는 한국말로 써도 쉽지 않은 주제이다. 그것을 영어로 쓰려니 여간 힘들지 않았다. 그때만 해도 나는 단락을 지어 글을 쓰지 못했다. 그냥 한 문장을 쓰고 다시 행을 바꾸어 한 문장을 쓰는 수준이었다. 아니나 다를까 작문은 점수가 형편없었다.

결과를 받아든 교수는 나에게 '다른 건 다 괜찮으니 작문 수업만 들을 것'을 요청했다. 교수의 지시를 받은 후에 알아보니 일주일에 한 번 하는 작문 수업이 있었다. 저녁 7시부터 9시까지였다. 로스쿨에서 개인교수 한 분을 모셔놓고 진행하는 수업이었다. 그 강의를 신청해 10번 이상 들었다. 예정에 없던 것이었지만 결과적으로 그 수업은 나에게 정말 큰 도움이 되었다.

강의는 단락*paragraph*을 짓는 법부터 가르쳤다. 먼저 주제*topic*에 해당하는 아이디어를 적은 다음 그 아이디어를 발전시키면서 하나의 단락을 마무리한 후 다음 단락으로 자연스럽게 연결해서 넘어가는 것이 작문의 기초가 아닐까? 나는 그 수업을 통해 그런 방법을 처음으로 접하게 되었다. 숙제도 있었다. 주제를 정해주고 써오라는 과제를 주었는데 그다음 시간에는 나의 작문을 놓고 지도를 받았다. 그런 과정을 거치다 보니 나도 모르는 사이에 작문 실력이 향상되었다.

1학기에 시험을 쳤다. '토츠'같은 기본과목들은 패스페일*pass or fail* (성적을 매기지 않고 합격·불합격만 판정하는 것) 이었고, 국제법*international law*과 기업금융은 4학점으로 성적을 매기는 과목이었다. 국제법의 경우 절반은 '아너'*honor* (A에 해당하는 성적), 나머지 절반은 '하이패스'*high pass* (B⁺) 를 받았다. 기업금융도 '하이패스'(B⁺) 를 받았다.

당시 나는 기업금융 과목을 공부하는 데 학습시간의 3분의 2를 할애했다. 어렵기도 했지만 중요하다는 판단도 있었다. 장차 박사과정에서 본격적으로 연구할 과제이기도 해서 많은 공력을 들였는데 B$^+$에 그쳤다. 나는 크게 실망했다. 공부방법이나 답안작성에 문제가 있는 것은 아닌지 걱정되기도 했다.

내가 유학 중일 때, 로스쿨은 물론 대학원 과정에도 일본에서 온 학생이 없었다. 하버드대학은 달랐다. 학급의 규모가 크다 보니 적지 않은 숫자가 있었다. 예일대학 석사과정의 경우 한국인이 둘 있었고 일본인이나 중국인은 없었다. 그 밖에 아프리카에서 온 유학생이 5명쯤 되었고, 유럽에서 온 학생도 몇몇 있었다. 2학기부터는 영어도 조금 수월해지면서 한결 나아졌다.

2학기에는 스트레이트 아너(A)를 받았다. 개인적으로도 매우 영광스러웠다. 5과목을 들었는데 지도교수와의 '독자연구' 과목 하나만 패스페일이었다. 당시 시험기간 중의 일이었다. 집에 왔더니 아내가 문을 열어주고는 곧바로 쓰러져버렸다. 그러고는 허리의 통증을 호소하며 꼼짝도 하지 못했다. 큰일이다 싶었다. 부랴부랴 예일병원에서 진료를 받았더니 근육통이라며 아스피린 등을 처방해 주었다. '시간이 지나야 낫는다'며 자꾸 주물러야 한다는 주문도 덧붙였다.

문제는 임박한 시험이었다. 고민 끝에 지도교수를 찾아가 저간의 사정을 이야기했다. '시험 준비를 전혀 할 수 없다'는 내 이야기를 듣자 교수는 '그렇다면 대신 페이퍼(논문)를 내면 패스페일로 처리하겠다고 배려했다.

옆을 지키면서 병간호를 하던 중 한국에서 온 교포 가운데 마사지를 잘하는 사람을 소개받게 되었다. 젊은 사람이었다. 2시간을 운전하여 매일 찾아가 마사지를 받았다. 덕분에 열흘 정도가 지나자 상태가 좋아졌다. 그런 우여곡절을 거쳐 페이퍼를 준비하여 제출하고 패스를 하게 되었다. 지금 생각해도 기가 막힌 상황이었다.

캐럴에 파묻혀 지낸 시절

학교 측은 석사나 박사과정을 밟는 사람에게 로스쿨 본관 지하 1층 국제법도서관에 작은 방을 하나씩 마련해주었다. 캐럴*carrel*이라고 하는 일종의 독립된 개인 열람석인데 유리 창문이 있어 크게 답답하지는 않은 편이었다. 그 방에 파묻혀 생활하는 일상이었다. 강의를 들을 때만 바깥에 나왔다. 오로지 공부였다. 아침 9시부터 저녁까지 학교에서 강의를 듣고 공부하는 시간의 연속이었다.

정종욱 박사와 함께할 때가 유일하게 쉬는 시간이었다. 주 중에 한 번은 정 박사가 나의 캐럴로 찾아왔다.

"신 판사, 차 한잔 합시다."

오후 3시 반쯤부터 대화가 시작되면 5시 반이나 6시가 되어야 끝났다. 때로는 함께 골프나 테니스를 하기도 했다. 그 후 버스나 셔틀로 집에 가서 저녁식사를 한 후 다시 학교로 나왔다. 그리고는 공부하다가 밤 12시가 되어서야 집에 들어가곤 했다. 그런 생활의 반복이었다. 그때는 논문을 구상하고 쓰는 것에만 몰두했다.

논문을 제출하자 지도교수인 클라크가 '출판을 한번 해 봤으면 좋겠다'고 의견을 제시했다. "어떻게 하면 출판할 수 있습니까?" 물었더니 대학 출판부에 알아보라고 조언했다. '워싱턴대학 출판부' University of Washington Press에 논문을 보내 출판할 의사가 있는지 타진했다. 워싱턴대학 출판부는 몇 년 후 서울대 출판부와 공동으로 출판하자고 제안해왔다. 결국 나의 박사학위 논문은 양 대학 출판부가 공동으로 출간한 첫 번째 영문 원서가 되었다. 1983년의 일이었다.

한국어로 번역된 것은 1987년의 일로 서울대 출판부가 《증권거래법》이라는 제목으로 출간했다. 처음의 구상대로 교과서가 되도록 쓴 것이었다. 그 후 안문택 박사, 이철송 교수 등과 증권법연구회를 만들었고 이것이 나중에 증권법학회가 되었다. 이 학회는 자본시장의 발전과 〈증권법〉 연구의 중요성이 넓게 인정되면서 엄청나게 발전하여 지금은 증권업계의 실무자, 변호사 및 학계의 교수 등이 참여하는 큰 규모의 학회로 성장했다. 이제는 후배들이 나보다 훨씬 더 깊이 있는 연구실적을 낸다. 특정 주제에 대해서도 나보다 아는 것이 더 많다. 사실상 내 역할은 끝났다는 생각이다.

결국 가장 효율적으로 학위논문을 쓴 셈이었다. 1976년 9월부터 박사과정에 들어가 다음 해 10월 말경에 학위논문을 완성해

예일대 법학박사 학위를 수여받고서

제출했다. 내가 각 꼭지chapter를 완성해서 제출하면 교수가 거기에 코멘트를 붙였다. "이렇게 보완하라" 또는 "수정이 필요하다"라는 코멘트였다. 그렇게 주고받으면서 완성했다.

그때 논문 전체를 아내가 타이핑해주었다. 미국에 오기 전까지아내는 타이핑을 배운 적이 전혀 없었다. 그랬는데 내가 강의 관련 페이퍼paper를 제출할 때부터 내 육필원고를 보며 손가락으로 한 자씩 타이핑을 해주기 시작했다. 처음에는 오타도 꽤 있었다. 그렇게 시작한 타이핑이었는데 논문이 완성될 무렵에는 솜씨가 수준급으로 향상되었다. 주부로서 살림을 하고 두 자녀도 키우면서 파트타임으로 학교에 다니던 아내의 열정이 놀라웠다.

논문 전반에 걸쳐 영문법이나 표현을 손봐준 친구도 있었다.

학교 측에서 권한 것이기도 했다. 외국인이라 영어가 완벽하지 못하지만 그렇다고 돈을 들여서 편집자를 구할 수는 없었다. 그래서 같이 공부하는 친구에게 부탁했는데 돈 한 푼 받지 않고 수정·보완을 해주었다. 지금 생각해도 정말 고마운 일이다.

뉴욕에서 실무를 익히다

나중에 고교 선배인 이재웅 박사가 더 이상 쓰지 않는다며 보내준
의자 겸용 침대를 주방 쪽에 놓고 살았다.
네 귀퉁이 가운데 한 곳은 다리가 부러져 벽돌로 괴어놓았다.
그래도 움직일 때마다 항상 덜커덕덜커덕 흔들렸다.

실무를 익히며 진로를 고민하다

1976년 5월에 석사학위를 취득한 후 그해 가을부터 준비하여 제출한 학위논문이 1977년 말경 통과될 것이 확실해졌다. 학위논문이 완성될 무렵, 증권 분야 실무를 경험해야겠다는 생각이 들었다. 실제로 시장이 어떻게 작동되고 규제는 어떻게 이루어지는지 알고 싶었다. 워싱턴 D. C.에 위치한 미 연방증권거래위원회에 직접 가서 보고 듣는 것이 좋겠다는 판단이 들었다. 1월부터 연수를 가고 싶다는 의사를 학교 측에 밝혔다.

당시 나의 논문 심사위원 가운데 한 사람인 마셜Burke Marshall은 케네디 정부 때 법무차관을 역임한 교수였다. 그 교수에게 내 희망사항을 말하자 자신이 SEC에 추천해주겠다고 했다. 다만 교

수가 알아본 바로는 내가 외국인이어서 미연방의 정부기관에서는 일할 수 없다고 했다. 그냥 외국인 옵서버*foreign observer* 자격으로 보수 없이 교육훈련*training*을 제공받는 정도였다. 그나마도 상대국의 카운터 파티*counterparty*에 해당하는 우리나라 재무부의 고위 관리가 추천해주어야만 가능하다고 했다.

나는 당시 재무부 이재국에 근무하던 이헌재李憲宰(전 경제부총리) 과장에게 연락했다. 서울대 법대 1년 선배였는데 그가 당시 이용만李龍萬 차관보의 추천서를 받아주었다. 덕분에 나는 미국 SEC에서 여러 부서를 다니면서 실무연수를 받을 수 있었다. 1978년 1월 초부터 3월 말까지 3개월 동안이었다.

그 후 4월부터 5월 초까지 역시 마셜 교수의 도움으로 아메리칸 증권거래소AMEX (American Stock Exchange)에서 실무를 익혔다. 미국 뉴욕에는 증권거래소가 두 군데 있었다. 아메리칸 증권거래소는 뉴욕 증권거래소보다 규모가 작은 편이었다.

SEC에서 연수하는 동안에는 워싱턴 D. C.에서 방을 임차해 살았다. 주중에는 워싱턴 D. C.에 머물다가 주말이면 뉴헤이븐으로 돌아오는 생활을 계속했다. 뉴헤이븐에서 워싱턴 D. C.까지는 차를 빨리 몰아도 6시간 정도가 걸렸다. 가족을 보고 싶은 마음에 주말마다 그렇게 운전하며 이동했다. 혼자 주말을 보내기가 싫었다. 그래서 금요일이 되면 오후에 출발해 밤늦게 집에 도착했고, 월요일 아침에 일찍 집에서 출발했다.

예일대 박사학위 수여식 날 가족과 함께

그해 3월의 어느 날이었다. 차를 덮을 정도로 유례없이 많은 눈이 내렸다. 주말을 맞아 뉴헤이븐에 왔는데 폭설 때문에 거의 모든 길이 폐쇄되었다. 당국이 '뉴헤이븐 역 앞에 차를 두고 걸어가라'고 해서 발이 푹푹 빠지는 눈길을 2시간이나 걸어 다음 날 새벽 2시경에야 집에 도착했던 기억도 있다. 집에 도착했을 때는 바지와 다리가 온통 고드름으로 얼어있었다. 그 모습을 보고 집 사람은 매우 놀랐다. 미련하게 목숨을 걸고 왔냐며 아내는 핀잔을 주었지만 어쩌면 속으로는 크게 감동(?) 했을지도 모른다.

SEC에서 실무연수를 받으면서 진로를 고민해 보았다. 우선 아내가 학위를 취득하기까지 시간이 더 필요했다. 그 시간만큼은 미국에 더 머물러야 했다. 그 후 서울로 돌아가면 무엇을 할까 고민했다. 변호사를 할 것인가, 학교에서 가르치는 일을 할 것인가 사이의 고민이었다. 전업강의는 경제적 어려움을 감당해야 하므로 부담스러웠다.

결국 변호사로 돈을 벌면서 가르치는 일은 파트타임, 즉 시간강사를 하는 것이 좋겠다고 결론을 내렸다. 그러기 위해서는 우선 미국의 로펌에서 일을 배울 필요가 있었다. 그래서 뉴욕에서 국제적으로 가장 명성이 높은 로펌인 '쿠데르 브라더스'Coudert Brothers에 지원했다. '쿠데르'는 미국으로 이민 온 프랑스인 형제의 이름이다. 당시 뉴욕에서 국제 업무에 가장 정평이 나 있는 법률사무소였다.

시카고에서는 윤호일 변호사가 근무하고 있던 베이커 앤 매켄지가 국제 업무로 명성을 높이고 있었다.

쿠데르에 취직이 되었다. 거기서는 대부분의 신입 변호사가 9월부터 일하기 시작했다. 5월에 졸업하고 8월에 변호사 시험을 치른 뒤 9월부터 일하는 것이었다. 나도 마찬가지였다. 당시 회사에는 2백여 명의 변호사가 일했다. 나의 첫 연봉으로 회사는 1년 차 미국 변호사와 동일하게 2만 8천 달러를 제시했다. 미국 변호사도 아닌데 그 정도면 충분하겠다 싶어 받아들였다. 한 달에 2천 3백 달러 정도 되는 셈이었다. 뉴헤이븐에서는 한 달에 5백 달러를 갖고도 살았는데 그 정도면 불편 없이 살 거라 기대했다. 그러나 막상 뉴욕에 살아보니 오히려 부족할 때가 많았다.

뉴욕으로 옮겨간 것은 1978년 4월의 일이었다. 아메리칸 증권거래소에 다닐 때부터 퀸즈Queens의 플러싱Flushing에 있는 아파트에 살았다. 한인도 많이 살고 한국에서 온 주재원이나 상사원이 많이 있던 곳이었다. 나는 쿠데르 브라더스에서 동아시아 법률자문 팀East Asia Practice Group에 소속되었다. 당시 일본의 NEC, JAL 등 대기업과 한국의 몇몇 대기업도 회사의 고객이었다. 근무하는 동안 이들 고객의 다양한 국제거래와 관련한 실무를 했다. 소중한 경험이었다.

뉴욕에 머무는 동안에는 여러 가지 좋은 일도 있었다. 1980년 2월에 변호사 시험에 합격했다. 민병국閔丙國 선배와 함께 한국 변호사로서는 최초로 뉴욕 주 변호사 자격을 취득한 것이다. 아내도 어려운 여건에서 프랫대학의 미술석사학위MFA 과정을 마쳤다. 덕분에 아내는 한국에 돌아와 곧바로 교수 생활을 할 수 있게 되었다.

뉴욕의 아파트에는 침실이 하나 있고 거실과 주방이 있었다. 예일대학 시절과 마찬가지로 침대 없이 매트리스와 요를 사용하며 지냈다. 나중에 고교 선배인 이재웅 박사가 더 이상 쓰지 않는다며 보내준 의자 겸용 침대를 주방 쪽에 놓고 살았다. 네 귀통이 가운데 한 곳은 다리가 부러져 벽돌로 괴어놓았다. 그래도 움직일 때마다 항상 덜커덕덜커덕 흔들렸다. 손님이 와서 숙박을 하게 되면 주로 매트리스를 놓은 방에 모셨다.

라디오가 나오지 않는 '르 세이블'

뉴욕에 온 후 차를 바꿨다. 이번에도 중고차였는데 GM의 '르 세이블'로 괜찮은 편이었다. 한번은 석양이 질 무렵 그 차를 몰고 뉴저지 New Jersey로 향했다. 나는 파란 신호를 보고 달렸는데 상대방 차가 빨간 신호를 무시하고 달려와 교차로에서 충돌했다. 나이가 많은 운전자였는데 석양에 비친 햇빛 때문에 신호를 정확히 파악하지 못한 것 같았다. 차의 펜더가 크게 망가졌지만 고치지는 못하고 보험금만 타서 써버리고 말았다.

그런데 그 사고가 있고 난 뒤 어찌된 영문인지 차가 출발하고 30분 정도가 지나면 각종 경고 표시등이 켜졌다. 그러고는 차에서 연기가 나기 시작했다. 그럴 때면 차를 세워놓고 물을 부어 가라앉힌 후 다시 출발하곤 했다. 나와 아내는 자동차 관리에 전혀 관심이 없었다. 그럴 만한 솜씨도 없었다. 세차는 한 적이 없었다. 주유할 때 직원이 서비스로 앞유리를 닦아주는 것이 전부였다.

이런 성격을 보여주는 이야기가 또 있다. 미국에서 처음 산 중고 도요타 왜건에는 에어컨이 없었다. 그건 그런가 보다 했는데

144

이번의 르 세이블에는 라디오가 제대로 작동하지 않았다. 그렇게 알고 1년 넘게 차를 탔을 무렵이었다. 서울에서 고등학교 동기인 신용극愼庸克 회장이 오기로 해서 차를 몰고 케네디 공항으로 나갔다. 신 회장을 태우고 돌아오던 중 갑자기 차에서 라디오 소리가 나기 시작했다. 신 회장이 다이얼을 이리저리 돌려보고는 주파수를 맞춘 덕이었다. 그동안 우리 부부는 다이얼을 맞추지 않은 채로 라디오가 고장 났다고 생각해온 것이다.

그 무렵 예일대학 정치학 박사인 이종률李鐘律 국회의원이 뉴욕에 들렀다. 나와 함께 뉴헤이븐에 가서 볼일을 본 후 고속도로 I-95를 타고 다시 뉴욕으로 오는 길이었다. 밤 10시쯤 보닛에서 연기가 마구 피어오르기 시작했다. 사고의 후유증인 듯싶었다. 하는 수 없이 차를 세워놓고는 뉴헤이븐에 사는 교포에게 전화를 걸었다. 라디에이터에 불이 붙기 직전이었다. 교포가 차를 갖고 와 우리 일행을 뉴욕까지 데려다주고 돌아갔다. 뉴욕 퀸즈 플러싱에 도착하니 새벽 3~4시였다.

이종률 의원은 그날 우리 집의 매트리스 방에서 잠을 청했다. 다음 날 박정희 대통령의 서거 소식을 접했고 이종률 의원이 우리 사무실에 와서 여러 사람과 함께 한국의 향후 정국 전망에 대해 이야기를 나누었던 일이 기억난다.

당시 우리 사무실에는 케네디 정부 때 법무부에서 일했던 사람도 있어서 제법 도움 되는 이야기를 들을 수 있었다. 어쨌든 이종률 의원은 호텔에서 잘 수도 있었는데 우리 집에 와서 잠을 잤다.

1979~1980년경 뉴욕에서 생활하던 시절 두 딸과 함께 즐거웠던 한때

그 모습이 무척 소탈해 보였다.

　뉴욕에 있는 동안 해야 할 큰일 중의 하나는 아내가 파트타임으로 공부하고 있었기 때문에 이를 끝낼 수 있도록 돕는 일이었다. 뉴욕으로 이사한 뒤 아내는 뉴욕의 명문 중 하나인 프랫대학의 대학원 미술석사학위MFA 과정에 판화 전공으로 등록했다. 당시 아내는 어린 두 딸을 키우고 살림을 하면서 남편의 뒷바라지까지 해야 하는 처지였다.

　그런 상황에서 석사과정을 마친다는 것은 여간 어려운 일이 아니었다. 석사과정을 이수하려면 미술 관련 과목은 물론, 철학 등 인문사회 과목도 수강해야 했다. 사르트르 등 여러 프랑스 실존주의 철학자의 저서 10여 권을 읽은 후 페이퍼도 제출해야 했다. 아내가 감당해야 했던 고충은 참으로 형용하기 어려웠을 것이다.

당시 아내는 커다란 캔버스며 미술재료 가방 등을 무겁게 들고 다녀야 했다. 그래도 몇 번씩 갈아타야 하는 지하철만 고집했다. 나중에 알게 되었지만 넉넉하지 못한 형편 때문이었다. 당시 뉴욕의 전철은 25센트였고 한 번에 학교까지 가는 버스는 그 4배인 1달러였기 때문이다.

아내는 종종 둘째 딸을 유모차에 태운 채 지하철역 계단을 오르내렸다. 큰딸 지영이는 지금도 그때를 생생히 기억한다. 짐을 너무 많이 걸어놓아서 유모차가 둘째 딸과 함께 자꾸 뒤로 넘어가곤 했다고 한다.

어려운 살림을 꾸려가면서 공부도 하고 또 주말마다 찾아오는 남편의 지인이나 손님을 접대하느라 무척 고생을 많이 한 아내였다. 그러면서도 총장표창President's List 우수졸업생으로 석사공부를 마무리했다.

금요일 저녁이 되면 거의 매주 집에 손님이 찾아왔다. 서울에서도 왔고 인근에서도 왔다. 아내는 정신없이 집안을 정리하고 또 상을 차려야 했다. 미처 정리할 여유가 없을 때면 아내는 물건을 부엌방의 의자 겸용 침대 위에 모두 올려놓고 시트를 덮어씌우곤 했다. 그랬다가 손님이 가고 나면 원상복구를 했다. 그때의 습관 탓인지 아내는 지금도 시장에 가면 물건을 오래 고르지 않는다. 그냥 보는 대로 탁탁 집어온다. 손님이 오면 빨리 요리해서 대접해야 했기 때문이다. 손님과의 이야기로 밤을 새우는 날도 꽤 많았다.

돌아보면 당시 1인 3역을 하던 아내의 처지를 남편으로서 전혀 헤아리지 못한 것은 큰 잘못이다. 평생 마음에 짐이 될 일이다. 그럼에도 그때 아내는 나에게 불만을 전혀 드러내지 않았다. 지금도 그렇지만 힘든 일이 있어도 전혀 티를 내지 않고 묵묵히 내 옆을 지켰다. 내가 생각해도 참 존경스러운 사람이다. 그저 감사할 따름이다.

손님 중에는 유학 온 법조인도 있었고 출장 온 회사원도 있었다. 모두가 형편이 넉넉하지 못할 때였다. 그때만 해도 뉴욕지사 같은 곳으로 발령받는 것은 대단한 행운이었다. 한때는 가족이 함께 나갈 수 없도록 규제하여 혼자 와 있는 사람이 상당히 많았다. 그때 만난 사람들은 어려운 시절을 같이 겪은 처지라 지금도 깊은 정을 느낀다.

뉴욕에서는 SK 뉴욕지사에서 근무하는 이중삼李中三 지사장과 김용삼金勇三 재무본부장이 같은 아파트에 살아 가깝게 지냈다. 고교 동기인 윤진호와 송경도 각각 상업은행과 외환은행 뉴욕지점에 나와 있어 자주 어울렸다. 포스코 뉴욕지사에 고학봉, 강구선, 장중웅張重雄이 나와 있었는데 강구선과 죽이 맞아 골프도 치며 즐겁게 지냈다.

한국은행 뉴욕지점에 근무하는 류시열柳時烈, 김경림金景林 선배와도 자주 어울렸다. 류시열 씨는 서울대 법대 6년 선배로 천재성과 훌륭한 인품을 겸비한 분이었다. 주변의 많은 사람으로부터 존경도 받고 인기가 있었다. 귀국을 앞둔 1년 동안은 주로 류 선배와 어울렸다.

류 선배를 비롯한 한국은행 사람들과 겪었던 해프닝이 하나 있다. 한번은 보스턴 위쪽에 위치한 화이트 마운틴 White Mountain을 함께 올랐다. 제법 험한 산이었다. 차가 한 대 겨우 다닐 수 있는 좁고 꼬불꼬불한 길이 있고 그 옆은 깊은 낭떠러지였다. 내리막길로 들어서면 자주 브레이크를 밟기도 해야 했다. 가끔은 불에 탄 차도 보였다.

차를 몰고 힘겹게 지나가는데 어떤 사람이 우리를 보며 '당신들 차의 기름 탱크가 샌다'고 알려주었다. 내려서 확인해 보니 정말로 기름이 새고 있었다. 그때 누군가가 그곳에 덩어리 비누를 밀어 넣어 보라고 이야기했다. 그렇게 하자 다행스럽게도 새는 것이 멈추었다. 덕분에 그 험한 길을 아슬아슬하게 내려올 수 있었다.

미국 로펌의 변호사는 주말이 거의 없었다. 일이 있으면 나가서 근무해야 했다. 다만 나는 그런 경우가 거의 없었다. 외국인 변호사였고 또 내가 맡은 업무의 성격이 주말까지 일해야 할 정도는 아니어서 덕분에 비교적 수월하게 지낼 수 있었다. 로펌에는 빌러블 아워 billable hours 같은 제도가 있었지만 100시간을 넘기기가 어려웠다. 100시간을 채우려면 미국 현지에서는 160시간에서 180시간 정도를 일해야 한다.

열심히 하는 사람은 200시간을 넘기기도 한다. 수익으로 따지면 나는 절반 정도 일한 셈이었다. 사무실이 나에게 기대한 것은 한국 고객을 섭외하는 일이었던 듯싶다. 나는 비교적 활동적이어서 사람들을 많이 알고 지내는 편이었다. 당시 이웃에 살던 SK의 김용삼 재무본부장이 쿠데르에 몇 가지 자문을 맡겼는데 1980년 3월부터는 SK그룹과 정식으로 고문계약을 체결하게 되었다.

그리고 미국의 유명 로펌인 클리어리 고틀립Cleary Gottlieb 영국지사에서 일하던 오브라이언Timothy J. O'Brien 변호사가 스카우트되어 나와 함께 쿠데르의 한국 팀에서 일하게 되었다. 오브라이언 변호사는 예일대학을 졸업한 후 평화봉사단의 일원으로 한국에 와서 수년간 일한 경험이 있었다. 그래서 한국문화와 한국어에도 능통하여 주재원들에게 인기가 있었다. 하버드대학 로스쿨을 나온 수재로 실력도 겸비한 변호사였다. 한국기업의 뉴욕지사들은 내가 일하던 쿠데르에 일을 제법 많이 맡겨준 편이었다.

그때만 해도 한국 변호사 자격을 가지고 미국에서 일하던 사람은 내가 유일했다. 뉴욕의 한국인 사회는 당시만 해도 비교적 작은 규모였고, 대형로펌에서 일하다 보니 미국에 주재원으로 파견나온 한국사람 대부분을 한 다리만 건너면 알 수 있었다. 한국통 오브라이언 변호사의 합류로 한국계 고객은 더욱 편리하게 쿠데르의 법률자문을 받을 수 있었다.

유학 시절의 뒷이야기

예일대학에는 전통이 있었다. 아무 때나 스스럼없이 교수를 찾아가
대화를 나눌 수 있었다. 교수 대 학생의 비율이 그만큼 낮았다.

가끔은 되돌아가고 싶은 시절

뉴헤이븐에서 2년 반 동안 지내면서 아내는 옷을 산 적이 거의
없었다. 그 대신 옷본을 빌려서 아이들 옷은 직접 만들어 입혔
다. 그렇게 절약하는 모습이 보기 안쓰러웠는지 이홍만 씨의 부
인이 옷 좀 사서 입으라고 권하기도 했다. 마지못해 아내는 값싼
5달러짜리 치마를 한 번 사서 입었는데 그것이 전부였다. 결국,
서울에서 가져간 옷으로 미국 생활을 버틴 셈이다.

어려운 형편이지만 그래도 사람들과 어울리며 재밌게 지낼 수
있었다. 다들 사는 수준도 비슷했다. 어느 집에 숟가락이 몇 개
있는지도 다 아는 사이였다.

유학 생활에는 여러 가지 애로사항이 있었다. 우선 경제적으로

쪼들렸다. 언어의 장애도 만만치 않은 어려움이었다. 무엇보다도 객지 생활이었다. 매일 학업에 쫓기면서 허덕인 기억이 많다. 그래도 시간이 지나고 보니 가장 알차게 꿈을 키우며 보낸 소중한 시기였다. 그 시간 동안 정말 많은 것을 배웠고 다양한 것을 체험했다. 그럴 수만 있다면 다시 돌아가고 싶은 마음이 들기도 한다. 풀브라이트 장학생으로 선발되지 못했다면 미국에 유학할 기회는 열리지 않았을 것이다. 덕분에 학업에만 전념할 수 있었다. 큰 행운이었다. 평생 고마운 마음을 간직하며 살고 있다.

앞서 이야기했듯이 예일대학 로스쿨에 다닐 때 나는 학교 측의 학생 대여장학금 혜택을 받았다. 과정을 마친 후 9개월이 경과하면 상환을 시작하는 게 대출받을 당시의 조건이었다. 직업을 갖는 시간 등을 고려한 것으로 보였다. 그런데 이상하게도 상환하라는 통지가 한 번도 오지 않았다. 그래서 뉴욕에서 사는 동안 돈을 상환한 적이 없었다. 그러다 보니 나는 돈을 갚을 의무가 있다는 것조차 잊고 살았다.

왜 스튜던트 론을 갚지 않는가?

귀국한 후 나는 대우빌딩에서 변호사 생활을 하다가 나중에 교보빌딩으로 옮겨 '신앤김'(세종합동법률사무소) 사무실을 열었다. 1983년 3월의 일이었다. 그해가 저물 무렵으로 기억한다. 희한한

편지가 한 통 도착했다. 뉴욕의 징수대리인 *collection agent*이 보낸 편지였다. 내용이 황당했다.

너는 정말 나쁜 사람이다. 예일대학에서 공부하는 동안 신세를 지지 않았느냐? 스튜던트 론을 받아 공부도 잘 마치고 지금 변호사도 하면서 왜 대여금을 한 푼도 갚지 않느냐?

이런 내용이었다. 욕설도 섞여 있었다. 나는 일단 답장을 보냈다. "사실 상환하고 싶어도 한국의 외환관리규정 때문에 방법이 없다." 그러자 다시 편지가 왔다. 자신의 법률자문역인 김앤장에서 '송금에 아무런 문제가 없다'는 의견을 주었다는 것이다. 내가 방법을 알려달라고 하자 '케미컬은행 Chemical Bank 서울지점에 가서 예일대학 계좌로 입금하라'고 요청했다. 원금이 1만 달러였고 그동안의 이자로 수천 달러가 붙어 한화로는 1천만 원이 약간 넘는 돈이었다.

그 돈을 가지고 케미컬은행에 가서 입금하려 하자 은행 측이 거절했다. 〈외국환관리법〉 위반이므로 입금할 수 없다는 것이었다. 그래서 은행 측의 입장을 첨부하여 징수대리인에게 알렸다. 그러자 그때부터 어조가 달라지더니 내 의견이 옳았다고 인정하기에 이르렀다. 상황이 그렇게 되었을 무렵 내가 오히려 그쪽에 방법을 가르쳐주었다. 방법은 다음과 같았다.

먼저 그쪽에서 나를 상대로 소송을 제기한다. 내가 송달을 받고 법정에 두 차례 출석하지 않으면 궐석판결 *default judgement*로 그쪽이 승소하게 된다. 그 후 내가 항소하지 않으면 판결이 확정된다. 그 판결문을 들고 한국은행을 찾아가 인증받으면 내가 송금할 수 있다.

그렇게 알려주었더니 실제로 김앤장의 이재후 변호사 명의로 나에게 청구 소송이 왔다. 그래서 결국에는 내가 이야기한 방식대로 돈을 상환했다. 당시 유학 생활을 함께했던 사람들에게 이 이야기를 해주었더니 '큰일 났다'며 난처해하기도 했다. 그때까지 그들에게도 상환하라는 연락이 없었는데 '이제 소송이 들어올 것 같다'며 걱정하는 모습이었다. 내가 변호사라서 찾아낼 수 있었던 상환방법이었다. 다만 안타까운 것은 김앤장 측이 너무 섣불리 이야기하는 바람에 그쪽에서 나를 매우 나쁜 사람으로 오해했던 일이다.

그로부터 얼마 후에 알게 된 사실이 하나 있었다. 그쪽에서 대여금을 상환하라는 청구서를 나에게 보내긴 했다는 사실이다. 다만 그 청구서가 나에게 오지 않고 신영수 박사에게 간 게 문제였다. 뉴헤이븐에 있을 때도 가끔 그런 일이 있었다. 나는 Y. M. Shin이고 신영수 박사는 Y. S. Shin이다. 그러다 보니 내게 와야 할 청구서가 신영수 박사에게 간 적이 몇 번 있었다. 이 청구서도 그런 경우였다.

청구서를 받은 신영수 박사는 내가 변호사를 한다는 사실을 주소와 함께 그쪽에 알려주었다고 한다. 결과적으로는 그렇게 빚을 갚게 되어 마음이 홀가분해졌다.

We'll be another Harvard

예일대학을 떠날 때 나는 학장보 *associate dean*에게 각별히 고맙다고 인사했다. 학생 대여장학금 혜택도 받아 무사히 공부를 마칠 수 있게 되었으며 귀국하면 나도 기부에 참여하겠다고 말했다. 그러면서 한 가지 의문도 제기했다.

예일대학은 모든 분야에서 하버드대학과 경쟁하면서 로스쿨 학생 수는 왜 하버드대학의 4분의 1 수준으로만 유지하는지 이해할 수 없습니다. 학교시설은 충분히 크고 넓습니다. 예일대학에서 공부하고 싶어 하는 우수한 지원자도 많습니다. 명문학교라면 우수한 학생을 많이 배출하여 그만큼 사회활동을 많이 하도록 해야 하는 것 아닙니까?

나의 물음에 학장보는 간단히 한 마디로 대답했다.

"We'll be another Harvard."

'우리는 또 다른 하버드가 될 것'이라는 의미였다. 가슴에 깊이 와 닿는 말이었다. 우리 같으면 경쟁적으로 학생 수를 늘리기에 바빴겠지만 예일대학은 그렇게 하지 않았다. 예일대학에는 전통이 있었다. 아무 때나 스스럼없이 교수를 찾아가 대화를 나눌 수 있었다. 교수 대 학생의 비율이 그만큼 낮았다. 하버드대학의 경우는 미리 약속하고 찾아가야 하지만 예일대학에서는 언제든지 노크하면 만날 수 있었다. 교수와 학생 간의 만남이 자유롭고 학생 간의 친목도 두터웠다.

그로부터 20년 후인 1996년, 예일대학 로스쿨을 방문할 기회가 있었다. 석사학위 취득LL. M을 기준으로 20년 만에 열린 재상봉 reunion 행사였다. 그때 칼라브레시Guido Calabresi 교수(현 미연방 고등법원 판사)와 고홍주高洪株 교수(전 예일대학 법과대학원 학장)를 만나 이야기를 나누었다.

고홍주 교수는 장면 정권에서 샌프란시스코 영사를 지내다가 1961년 5·16 군사정변 때 미국으로 망명한 고광림 박사의 차남이다. 고 박사의 자녀들은 하나같이 예일대학과 하버드대학 등 미국의 명문대를 나온 것으로 유명하다. 특히, 고홍주 교수는 하버드대학에서 언더와 로스쿨을 다녔으며 옥스퍼드에서도 공부했다. 그 후 예일대학 로스쿨 교수를 하다가 학장도 역임했고 클린턴 정부와 오바마 정부에 직접 참여해서 일했던 인물이다.

그 두 사람과 함께 점심식사를 했는데 그 자리에서 "요즈음 학교가 어떻습니까?"라고 물었다. 그러자 이런 이야기를 나에게 들려주었다.

예일대학 로스쿨에 들어오는 한 학년 학생 수는 170명이 넘습니다(지금은 180명이 넘는다고 한다). 그 170명 가운데 대부분은 하버드대학과 예일대학으로부터 동시에 입학허가를 받은 학생입니다. 그런데 그렇게 양쪽 모두로부터 허가를 받은 학생 가운데 90% 이상이 최종적으로는 예일대학 로스쿨을 선택합니다.

그렇게 '예일대학이 최고'라며 자랑하는 것이었다. 이야기를 들으면서 정말 대단하다고 생각했다. 그로부터 얼마 후 내가 '한국 예일동창회' 회장직을 맡을 때 고홍주 교수가 한국을 방문했다. 그때 연설을 부탁하여 이야기를 들을 기회가 있었다. 고 교수는 인사말을 하며 이렇게 말했다.

예일대학 로스쿨 학장으로서 자랑스러운 일이 하나 있습니다. 하버드대학 로스쿨의 한 학년 학생 수는 예일대학 로스쿨의 3.5배 정도 됩니다. 하버드 로스쿨 출신은 대체로 개업 변호사가 됩니다. 반면, 예일 로스쿨 출신은 3분의 1이 교수가 되고, 또 3분의 1은 정부나 정치 분야와 같은 공공부문public sector으로 진출합니다. 나머지 3분의 1만이 개업해서 변호사 활동을 합니다. 그래서 미국의 상위 30개 로스쿨의 학장은 절반 이상이 예일 로스쿨 출신입니다.

나도 잘 모르고 있던 예일대학 로스쿨의 특징을 잘 짚어낸 설명이었다.

로펌의
신화를 만들다

변호사 개업

"아직 정해진 바는 없지만 제가 가야 할 길을 가겠습니다.
귀국한 후에 생각해서 결정하려고 합니다."

귀국하는 길

1980년 10월, 2년 반에 걸친 뉴욕 생활을 접고 귀국길에 올랐
다. 미국 생활을 시작한 지는 5년 만이었다. 유학길에 오를 때는
세 식구였지만 돌아올 때는 네 식구였다. 그사이에 둘째 딸이 태
어났다. 1977년에 미국에서 태어난 둘째 딸 서영은 지금 나와 함
께 변호사로 일한다.

미국에 있는 동안 여행 다닐 기회는 상대적으로 적었다. 뉴헤
이븐에 살 때 우리 교포나 학생들과 함께 애플 피킹*apple picking* (주
인이 일손이 부족해 미처 따지 못한 사과를 사람들이 찾아와 마음대로
박스째 따서 가는 것)을 가보기도 했다. 나이아가라 폭포를 구경하
러 간 것이 거의 유일한 여행이었다.

당시 5·18 민주화운동 때문에 미국 TV에서는 한국 관련 뉴스가 많았다. 사람들을 묶어서 끌고 가는 장면이 자주 보였다. 아내는 '정말로 한국에 들어가도 괜찮은가?' 걱정스레 묻곤 했는데 나는 이렇게 답해주었다. '우리나라 역사 가운데 태평스러운 세월은 한 번도 없었다'고.

귀국길에 유럽을 여행했다. 가족과 함께 유럽으로 건너가 먼저 벨기에 브뤼셀Brussels로 향했다. 대사관에서 근무하던 김선옥 박사(전 공정거래위원회 부위원장)의 가족과 오랜만에 만나 회포를 풀었다. 그는 나와 고등학교 동문이자 법대 동기였고 당시 경제기획원의 경제협력관으로 파견되어 그곳에 근무했다. 그 집에 딸 둘을 맡겨놓은 후 나와 아내는 2주간 유럽 투어를 했다. 여행사가 정한 투어 계획대로, 스위스, 독일, 프랑스, 이탈리아, 모나코 등을 주마간산走馬看山 격으로 둘러보았다. 유럽 도시의 풍광과 문화가 새로운 느낌으로 다가왔다. 유럽 특유의 오랜 전통은 신생국 미국과는 전혀 다른 느낌을 주었다.

그때 잊지 못할 에피소드가 하나 있다. 여행에서 돌아와 보니 온 식구가 머리에 타월을 두르고 있었다. 머리에 이가 생긴 것이었다. 미국 공립학교에 다니던 큰딸 지영이가 이를 식구들에게 옮겨온 것이다. DDT를 뿌리는 등 한동안 난리가 났다. 지금 생각해도 김선옥의 가족에게 너무나 미안한 일이었다. 그만큼 고맙기도 했다.

가족을 먼저 귀국시킨 후 나는 사우디아라비아로 향했다. 고맙게도 쿠데르는 귀국길에 사우디아라비아에 있는 중동지사를 경유하도록 출장명령을 내주었다. 당시 중동지역에는 우리나라 건설사가 활발하게 진출했다. 하지만 대부분의 회사가 경험도 부족했고 법률에 대한 지식도 적었다. 그래서 여러 가지 법률 관련 문제로 힘겨운 고생을 했다. 친구인 이규해가 때마침 제일은행 리야드 주재원으로 근무 중이었다. 이규해는 사우디아라비아의 리야드에 잠시 머무는 동안 한국기업을 소개해주기도 하고 여행안내를 하는 등 세심한 배려를 해주었다. 또, 귀국해서 단독으로 변호사 개업을 하게 되면 저축한 돈이 있으니 필요하면 언제든지 말하라고 격려도 해주었다.

'통인' 사장이 전해준 감동

내가 단독으로 개업하게 되기까지 많은 사람의 도움과 격려가 있었다. 그중에서도 특히 빼놓을 수 없는 분이 있다. 내가 귀국할 당시 미국에서 이사 전문업체인 '통인'을 경영하던 C 사장이다. 그가 일하는 모습에 큰 감동을 받았고, 그 감동은 결국 단독 개업을 결심하는 밑거름이 되었다.

1980년 10월 귀국할 무렵이다. 이삿짐을 먼저 부치기 위해 이사 전문업체인 통인에 일을 맡겼다. 그 과정에서 이 회사를 설립한 C 사장을 만나 그의 경험을 듣고 또 경영방식도 지켜볼 수 있었다. 그는 한국에서 이민 온 사람이었는데 처음 미국 땅을 밟을 때 수중에는 5천만 원뿐이었다고 한다.

그 후 미국 서부를 거쳐 뉴욕까지 온 그는 일본계 이사 전문업체에 인부로 들어가 일하면서 경영기법도 배우고 다양한 노하우도 습득했다. 그는 모든 일에 적극적으로 임했다. 아침이면 남보다 일찍 출근하여 청소부터 했다. 궂은일이나 험한 일이 생기면 자진하여 도맡아 처리했다. 그러면서도 항상 고객의 입장에서 생각하는 자세를 잃지 않아 고객이 필요로 하는 일이라면 솔선하여 가장 먼저 마무리했다. 타고난 열정과 남다른 근면이었다.

일본인 사장도 당연히 그를 주목했다. 2년이 지난 후 사장은 그에게 대우를 크게 높여주겠다며 획기적 제안을 했다. 하지만 그는 그 제안을 사양하고 독립하는 길을 선택했다. 사실상 맨주먹으로 시도하는 독립이었다. 그러자 일본인 사장은 "당신이 독립하여 사업할 때 필요한 것이 있으면 무엇이든 요청만 하세요. 기꺼이 도와주겠습니다"라고 약속했다 한다.

"물건을 깨트리지 않고 온전한 상태로 신속하게 '도어 투 도어' door-to-door 운송·배달을 해야 합니다. 그것이 핵심입니다. 물론 가격도 합리적이어야 합니다."

그가 말하는 이삿짐센터 운영철학이었다. 그는 언제나 브루클린Brooklyn에 있는 창고에서 총을 옆에 두고 잠을 청했다. 고객의 짐을 지키기 위해서였다. 그리고 여섯 살 아들을 항상 옆에 두고 가르쳤다.

그의 경험과 살아가는 모습, 그리고 경영철학이 큰 감동으로 다가왔다. 그때 나는 깨달았다.

그렇다! 변호사의 법률 서비스도 결국 성공의 요체는 다를 바가 없을 것이다. 좋은 품질의 서비스를 합리적 가격에 신속하게 제공해야 한다. 그러면 시장에서 좋은 평판을 얻게 되고 그에 따라 고객은 점점 많아질 것이다!

다른 분야, 다른 사람의 경험이었지만 C 사장의 이야기는 내가 단독개업을 결심하는 데 커다란 힘과 용기가 되었다.

초기의 한국 주요 로펌들

내가 미국 생활을 마치고 귀국했던 1980년 당시, 한국 로펌은 발전 초기단계로 소규모에 지나지 않았다.

국제 업무를 위해 가장 먼저 출범한 로펌은 '김장리'였다. 김장리는 장면 총리의 비서실장을 지낸 김홍한 변호사가 장대영張大永 전 판사, 이태영李兌榮 변호사와 함께 1958년에 설립했다. 두 번째는 '김신유'로 김진억 변호사와 예일대학 선배인 신웅식 변호사, 그리고 유록상 변호사가 설립했다. 나도 한때 이곳에서 아르바이트를 하기도 했다. 그때는 신웅식 선배가 중동에 나가 있었고 나중에 김앤장을 설립한 김영무 변호사가 잠시 김진억 변호사 사무실에 함께 있었다. 당시에는 'Law Office JO KIM'이 법률사무소의 명칭이었고, 한참 후에 김신유로 바뀌었다. 김장리와 김신유는 서로 쌍벽을 이루며 국제 업무를 양분했다.

그 후 1973년에 김영무 변호사가 '김앤장'을 설립했다. 내가 판사로 임관하던 해였다. 그리고 내가 귀국하기 2년 전인 1978년에 이태희李太熙 변호사가 '리앤고'를 설립했다. 출범 당시의 명칭은 'Law Office Tae Hee Lee'였다. 이 변호사는 한진그룹 조중훈趙重勳 회장의 사위였고 개업한 사무실도 KAL빌딩에 위치했다. 부산고등학교 출신으로 하버드대학 로스쿨을 나왔으며 서울중앙지방법원 판사를 지낸 수재였다. 내가 유학길에 직접 찾아가 조언을 듣기도 했다.

이태희 변호사는 미국 LA에서 대형로펌인 '그레이엄 앤 제임스' Graham & James에서 일하다가 캘리포니아 변호사 시험에 합격했고 그 후 한국에 들어와 사무실을 열었다. 그레이엄 앤 제임스는 베이커 앤 매켄지, 내가 일했던 쿠데르 브라더스와 어깨를 나란히하는 굴지의 국제 업무 로펌이었다. 이 변호사는 나를 만날 때마다 자신이 로펌을 설립해서 고생을 많이 한다는 이야기를 했다. 또 '이미 설립된 로펌과 경쟁하는 게 쉽지 않은 만큼 가능하면 기존 로펌에 합류할 것'을 권했다.

당시만 해도 로펌 간 경쟁이 매우 심한 편은 아니었다. 내가 귀국할 무렵에는 김앤장이 새로운 경영기법을 도입하여 마케팅을 전개하는 한편, 김영무 변호사가 우수인재를 영입하기 위해 특별한 노력을 하기도 했다. 그래서 김앤장이 가장 컸지만 변호사 수는 10명이 조금 넘는 규모였다. 김장리의 경우, 김흥한 변호사가 은퇴를 앞둔 시점이었고 김앤장과의 합병 이야기도 있었다. 그러나 양대 사무소의 합병 건은 더 진전되지 않았다.

당시에는 개인 변호사가 송무 사건 위주로 업무를 맡는 것이 업계의 오랜 관행이었다. 초기 로펌의 경우 1960년대부터 추진된 경제개발계획에 따라 외국인 직접투자 및 차관 등과 같은 외자도입 사건, 외국회사와의 합작투자 및 기술도입, 그리고 합작회사 등 외국인 투자회사의 운영과 관련된 업무 수요가 있었다. 또 경제활동이 다양해짐에 따라 점차 종합적 법률자문과 컨설팅 수요도 증가했다.

이러한 종합적 법률자문업무 수요에 부응하기 위해서는 로펌이 젊은 인재를 다양하게 영입하여 일정한 훈련을 통해 전문가로 키우는 노력이 필요했다. 하지만 초기의 로펌은 대부분 창업자 중심의 오너경영체제에서 벗어나지 못했다. 또 영입한 인재에게 장래의 비전을 제시하며 함께 성장하기보다는 그냥 평생 고용변호사라는 느낌만을 주는 경우가 많았다. 그러다 보니 영입된 젊은 변호사는 일정 기간 창업자 밑에서 일하다가 결국 사무실을 떠나 독자개업의 길을 선택하곤 했다. 그것이 당시의 현실이었다.

단독으로 변호사 업무를 시작하다

귀국하기 1년 전쯤, 미국에 출장 온 김앤장의 김영무 변호사를 뉴욕에서 만날 기회가 있었다. 당시 그는 예전보다 일이 많이 늘어났다며 빨리 귀국하여 함께 일하자고 제안했다. 또 김앤장이 "쿠데르 브라더스 홍콩지사에 동업계약서 *partnership agreement* 초안을 부탁해놓은 만큼 귀국하는 대로 빨리 파트너로 합류했으면 좋겠다"는 이야기도 덧붙였다. 김영무 변호사는 나에게 관심을 보이며 여러 가지를 배려했다. 제안을 받은 나는 진로를 깊이 고심했다.

내가 미국에서 공부하는 동안 많은 후배 변호사가 이미 김앤장에 합류한 상황이었다. 나는 김앤장에서 함께 일할 경우 나의 생각과 구상을 제대로 실현할 수 있을지 의구심이 들었다. 이미 경영방침이 확립된 곳에서 내가 과연 어떤 역할을 할 수 있을지 자신이 없었다. 생각 끝에 나는 편지를 썼다.

"곧 귀국하는데 서울에 가더라도 김앤장에 합류하지는 않겠습니다. 아직 정해진 바는 없지만 제가 가야 할 길을 가겠습니다. 귀국한 후에 생각해서 결정하려고 합니다"라는 내용이었다. 김앤장에 들어가지는 않겠다고 결심한 것이다.

그 무렵, 법대 3년 후배인 김상철金尙哲(전 서울시장) 판사가 독일 유학을 마치고 귀국하는 길에 뉴욕에 들러 나를 만났다. 우리 집에 와서 저녁식사를 함께했는데 '귀국하면 단독개업을 할 생각'이라고 하자 그가 말했다. "저는 귀국하는 대로 사표를 내겠습니다. 3개월 후 사표가 수리되면 제가 형님을 모시고 일하겠습니다"
라는 이야기였다. 그는 재직하는 동안 일련의 시국 사건에 소신
재판을 했다는 이유로 '찍혔다'면서 이제 판사직을 떠나 다른 활
동을 하겠다는 계획이었다.

단독개업을 하기로 마음을 정하고 귀국했다. 변호사가 귀하던
시절이었다. 귀국 후 제일 먼저 대선배인 김홍한 변호사님을 찾
아뵙고 인사를 드렸다. 김 변호사님은 대선배이지만, 뉴욕 출장
을 오셨을 때도 나에게 직접 연락을 하시고 식사도 함께하며 격
려를 해주신 자상한 분이었다. 이야기 끝에 '당장 내일부터라도
여기 와서 일하라'고 했다. 고마운 제안이었다.

나는 3개월 후 후배 김상철과의 개업을 준비하던 터였다. 그래
서 '독립할 때까지 3개월만 함께 있게 해달라'고 할 생각으로 김
영무 변호사 사무실을 먼저 찾아갔다. 변호사 등록이 그곳에 있
기 때문이기도 했다. 김영무 변호사는 나를 보자마자 '당장 같이
일하자'고 제안했다. 나는 구상을 사실대로 이야기했다.

"후배가 3개월 후에 현직에서 나온다고 해서 그때까지만 이곳
이나 어디에서 일하다가 그 친구와 함께할 작정입니다."

김영무 변호사는 '중견 변호사가 필요하니 따로 나가지 말고 같이
일하자'고 거듭 청했다. 나는 '마음을 이미 결정했다'고 대답했다.

그때 황주명黃周明 변호사가 친구를 통해 나를 한번 봤으면 좋
겠다는 뜻을 전해왔다. 판사 출신으로 나에게는 5년 선배였는데

동기생 가운데 선두그룹에 있던 사람이었다. 당시 대우빌딩에서 변호사 활동을 했다. 우리나라 최초로 석유공사油公에서 회사 내 고문변호사in-house counsel로 일하던 사람을 김우중金宇中 회장이 영입했고 그 후로는 대우그룹의 일을 도맡아 했다. 지금은 법무법인 충정의 회장으로 있다.

그래서 황 변호사를 만나러 가보았더니 그곳에 임동진林東鎭 변호사가 같이 있었다. 임 변호사는 나와 대전지방법원에서 함께 근무했던 인연이 있었다. 내가 홍성에서 근무할 때 서산지원에 있었다. 대학은 1년 선배이고, 나보다 6개월 먼저 판사에 임관되었다. 외국어 실력도 뛰어났고 인품도 좋았다.

내가 저간의 사정과 계획을 이야기하자 황 변호사가 말했다.

"신 박사, 여기 회의실 비어 있으니까 여기 그냥 쓰면 돼. 3개월이든 6개월이든 마음대로 쓰다가 후배가 개업하면 그때 가서 나가도 좋고 아니면 여기서 함께 일해도 좋아. 마음 편하게 있게."

"그러면 선배님, 제가 쓰는 비서와 사무실 비용은 내겠습니다."

그렇게 이야기가 되어 결국 대우빌딩에 둥지를 틀게 되었다. 11월 19일에 개업한 것으로 기억한다. 10월 말에 귀국했는데 2주일 만에 개업신고를 하고 인사장도 돌렸다.

그렇게 개업했지만 황 변호사와 김홍한 변호사, 즉 김장리 측과의 합병 이야기가 계속됐다. 나와 임동진 변호사는 우리의 입장을 정리했다.

"선배님이 대표로 협상하시지요. 우리의 합류 여부는 결과에 따라 결정하겠습니다."

결국 이듬해인 1981년 3월에 두 사무실은 합병하기로 약속했다. 합병조건도 결정되었는데 그때 우리는 그냥 남기로 결정했다. 결국 황 변호사 혼자서 외국고객이 많은 편인 김장리로 옮겨 갔고, 나와 임 변호사가 남았다.

후배인 김상철은 사정이 생겨 합류가 어려워졌고 다른 데로 가는 것으로 입장이 정리되었다. 그래서 나와 임 변호사가 동업으로 일하기로 했다. 서로 마음이 통하는 느낌이었다. 1981년 4월 1일이었다. 이름은 '임앤신', '남산합동법률사무소'였다. 1년 뒤에 김평우 변호사가 합류했다. 김평우가 합류한 후로는 '임신앤김'이 되었다. 세 사람 모두 간판이 좋은 편이어서 주목도 많이 받고 사건도 늘기 시작했다.

나와 임동진 변호사 둘이서 일하던 시기에는 무조건 50 대 50의 원칙을 적용했다. 비용은 물론 배당도 동일한 원칙을 적용했다. 당시 임 변호사는 개업지 제한에 걸려 있었다. 서울지방법원 관내에서 근무했기 때문에 퇴직 후 2년 동안은 서울에서 개업할 수 없었다. 그래서 법률사무소의 개업 등록은 내 이름으로 했다. 임 변호사가 주로 살림을 하면서 내부 일을 했고, 나는 바깥으로 다니는 일을 했다. 첫 달을 마무리하고 결산한 후 임 변호사가 한숨을 내쉬었다.

"이것저것 쓴 비용을 제하니 나눌 돈이 9백만 원"이라며 "450만 원씩 나누자"라는 것이었다. 내역을 자세히 살펴보니 상황이 달랐다. 당시 매출이 2천만 원 정도였는데 그 가운데 내가 벌어들인 것은 5백만 원 정도였다. 나머지 1천 5백만 원은 임 변호사가 벌어들인 것이었다. 그런데 450만 원씩 나눈다면 나는 내가 벌어들인 돈을 거의 가져가는 셈이었다. 반면 임 변호사에게 가는 몫은 자신이 벌어들인 돈 가운데 3분의 1도 안 되는 것이었다.

균형이 맞지 않았다. 만일 동업하지 않았다면 임 변호사는 경비를 제하고도 1천만 원 이상을 가져가야 할 터였다. 이래서는 곤란하다고 생각했다. 두 번째 달도 마찬가지였다. 내가 올린 수입이 많지 않았다. 임 변호사는 법원 출신이다 보니 수임하는 사건이 나보다 월등히 많았다. 그래서 이야기를 꺼냈다.

"아무래도 50 대 50은 안 되겠어요. 자신이 기여한 만큼 가져가는 것으로 룰을 바꿉시다."

하지만 임 변호사는 미안했는지 나의 제안을 덜컥 받지 않았다. 논의 끝에 나중에 한 사람이 더 합류하면 그때 가서 룰을 바꾸기로 합의했다.

그런데 그 후에는 상황이 바뀌어 나도 수입을 많이 올리게 되었다. 뒤에 설명하게 될 한국투자신탁의 외국인전용 수익증권 일을 맡아 보수가 들어오면서 내가 크게 기여하게 된 것이다. 그러다 보니 서로가 '이렇게 열심히 하면 되겠지' 하는 생각을 하게 되었다. 그래서 김평우 변호사가 합류한 후에도 룰을 크게 바꾸지 않았다. 기본 원칙에 성과급*performance*을 가미하는 형식으로 약정

172

을 조금 바꾸는 데 그쳤다.

그러다가 논의 끝에 룰을 다시 바꾸기로 이야기가 모였다. 동업 계약을 바꾸는 것이었는데 구체적 협의가 쉽지 않았다. 그래서 이 듬해 2월 말까지 조건이 합의되지 않으면 무조건 헤어지는 것으로 배수진까지 치고 합의에 최선을 다하기로 다짐했다. 3개월의 시간을 갖고 협의했지만 최종적으로 합의가 이루어지지 못했다.

한편 김평우 변호사는 동부그룹 김진만金振晚 회장의 사위이기도 했다. 집안이 여유가 있는 편이어서 그런지 나와는 여건이 조금 달랐다. 성격도 느긋하고 여유가 있었다. 움직일 기색을 보이지 않았다. 약속에 따라 내가 떠나야 할 때가 되었다.

세종의 출범

세종은 교보빌딩 17층에서 출범했다.
시작할 때는 100여 평 정도의 사무실에 4명의 변호사였다.

서구식 로펌을 꿈꾸다

결국 1983년 3월 초에 임신앤김을 떠났다. 그러고는 남산합동에서 나와 함께 일하던 첫 어소associate인 김두식金斗植 변호사, 법대 동기인 하죽봉河竹鳳 변호사와 함께 교보빌딩에서 새롭게 출발했다. 손윗동서인 최승민崔勝民 변호사도 합류하여 4명이 일을 시작했다. 파트너십에 기초한 미국식 대형로펌을 만드는 것이 나의 장기적 꿈이었다.

귀국 후 변호사 업무를 시작하면서 나는 우수한 인재를 영입하는 것이 사무실의 발전을 위해 중요하다고 생각했다. 그래서 기회가 있을 때마다 사법연수원생과 법무관 후배를 눈여겨 살펴보았다. 개업 초기에 최대한 많은 후배를 만났고 장래성이 있는 사람에게는 영입을 제안했다. 하지만 후배들은 변호사 업무를 막 시작한 나에게 자신의 장래를 맡기는 것을 꺼렸다. 위험이 클 것으로 우려한 것이다. 그들은 김앤장 쪽을 선호했다.

그때 김두식 변호사는 다른 사람과 달리 위험을 감수하면서 나를 선택하는 결단을 내렸다. 처음 3개월 동안 김 변호사는 업무에 큰 열정을 보이지 않았다. 나는 선배로서 김 변호사에게 "평생 남의 밑에서 일할 생각이냐?"라고 따끔하게 지적했다. 그 후부터 김 변호사는 자세를 바꿔 업무에 최선을 다하는 모습을 보여주었다. 중요사건에 관여하는 경우도 자연스럽게 많아졌다.

그리고 4년 후 나는 어소 중 첫 번째로 김 변호사에게 미국 유학의 기회를 제공했다. 우수인재를 영입하기 위해 어소 변호사가 외국유학 프로그램을 경험할 수 있도록 시도한 것이다. 얼마 후 김 변호사는 어소 변호사 중 처음으로 파트너 변호사가 되었다. 내가 물러날 당시에는 후임으로 세종의 매니징 파트너 겸 대표변호사가 되었다. 위험부담을 안고 열심히 일한 대가인 셈이다.

새로운 사무소의 상호는 '신앤김'으로 했다. 임신앤김에서 '임'만 빼고 그 이름을 그대로 가져온 것이었다. 외국 쪽의 사건은 주로 내가 수임했기 때문에 영문이름을 최대한 비슷하게 유지할 필요가 있었다. 그 대신 '남산합동' 명칭은 임 변호사가 쓰기로 했다. 남산합동은 그 후 '임앤김'을 같이 쓴 것으로 안다. 결과적으로 남산합동의 임앤김, 세종의 신앤김으로 분할된 셈이었다. 그때 처음으로 '세종'이라는 이름을 썼다. 세종로에 위치해 있었

1983년경 교보 사무실에서 일하던 시절

기 때문에 쓴 이름이었다.

　지금 와서 생각해 보면 나는 의욕만 앞섰던 막무가내였다. 주변에서 도와준 덕분에 사무소를 차리고 일할 수 있었다. 처음 남산합동을 개업할 때에는 사우디아라비아 리야드의 제일은행에 주재원으로 있던 친구 이규해李奎海가 1천만 원짜리 정기예금을 해지하여 무이자로 빌려주었다. 편하게 쓰고 나중에 여유가 생기면 갚으라는 것이었다. 평생 갚기 힘들 만큼 고마운 일이었다. 그는 휴머니스트 청년회 회원이었다. 그리고 큰누님의 집을 담보로 2천만 원의 융자를 받기도 했다. 상업은행 역전지점이었다. 박태만朴泰萬 씨가 지점장이었는데 감사의 뜻을 표하고자 인사하러 갔더니 이력서를 한 통 갖고 오라고 했다. 이력서를 갖다 주자 얼마 후 나에게 상업은행 고문변호사직을 맡게 해주었다. 평생 잊을 수 없는 사람이다.

변호사 생활을 시작할 때는 정말로 무일푼이었다. 명색이 변호사인데 차도 한 대 없었다. 마침 손윗동서가 군법무관으로 있다가 제대하여 나보다 1년쯤 먼저 변호사 생활을 시작했고, 어느 정도 자리가 잡히면서 차를 바꾸게 되었다. 그래서 그동안 타고 다닌 중고 포니 승용차를 나에게 넘겨주었다. 번호가 6651이었다. 포니를 직접 운전하면서 다니던 기억이 새롭다.

1980년 11월에 개업했는데 처음 몇 달 동안에는 사건도 없어서 따분하게 지내야 했다. 무료함을 달래려고 글도 써보려고 했지만 집중이 되지 않았다. 마침 외환은행에 있는 한규랑韓圭郞 선배가 사건 하나를 소개했다. 법대 1년 선배였는데 선경그룹이 사우디아라비아의 은행에서 차관한 1억 달러의 돈을 브리지론*bridge loan*하는 것이 내용이었다. 그 돈으로 유공 주식을 인수하게 되어 있었다.

일하는 과정에서 당시 정동섭 대리 등 선경(현 SK)의 직원과도 가까워졌다. 그 후 한국투자신탁 일을 하면서 실무자도 알게 되었고 인맥의 범위도 크게 넓어졌다.

정동섭 대리는 전병현田炳玹 씨를 소개해주었다. 그는 경북고등학교 출신의 수재로 고려대 법대를 수석으로 졸업한 후 (주)한양에서 일하던 사람이었다. 그는 특이하게도 사법시험에서 세 차례나 수석으로 낙방했다고 한다. 그래서 자신은 '고시와 인연이 없다'고 결론짓고 군에 다녀온 후 한양에 입사한 것이었다. 꼼꼼한 성격에 법률지식도 해박하고 글솜씨도 좋아 세종에서 실장으로 영입했다.

그 후 크게 활약하면서 사무실이 성장하는 데 기여했다.

미국 하버드대 로스쿨에 유학할 기회도 얻고 미국 변호사 자격증도 취득했다. 얼마 후 M&A 회사에 스카우트되어 지금은 (주)윌비스의 사장을 맡았다. 얼마 전에는 고려대 법대 동창회장이 되었다. 세종을 떠난 후에도 열정적으로 사회생활을 하는 모습을 지켜보게 되니 마음이 기쁘다.

개업 초기에는 일신방직의 김영호金英浩 회장〔당시 (주)신동 사장〕이 노동법 문제와 부동산 관련 업무를 맡겨주어 열심히 자문에 응했다. 김 회장은 내가 유학 중일 때에도 비자 연장문제 등과 관련해 도움을 주었던 친구이다. 그는 원칙에 충실한 기업인으로 미술과 음악 등 예술가를 지원하는 사업에도 일찍부터 헌신했다. 나를 신뢰했는지 법률고문직을 맡겨주고 또 일신문화재단의 임원으로 참여시켜주었다. 최근 바른사회운동연합의 활동에도 큰 격려와 지원을 아끼지 않고 있다.

개업한 지 얼마 되지 않았을 무렵 삼성그룹의 법무를 총괄하는 인형무印亨武 변호사가 뜻밖의 제안을 했다. 삼성그룹 법무실에 들어와서 함께 일하자는 것이었다. 인 변호사는 군법무관 시절에도 소신 있는 행동으로 동료로부터 신망이 높은 사람이었다. 이건희李健熙 회장과는 서울대 사범대학 부설고등학교 동기로 무척 가까운 사이로 보였다. 이 회장에게 직언할 수 있는 몇 안 되는 측근이었던 것으로 기억한다. 나는 전속이 아니고 파트타임이라면 가능하다고 말했다. 고맙게도 인 선배는 그 즉시 삼성그룹 법무실에서 일주일에 두 차례 두세 시간 정도 근무하며 상담할 수 있는 자리를 만들어주었다. 그곳에서는 삼성그룹 내에서 발생하는 다양한 법률자문 관련 업무를 경험했다.

오래전 일이긴 하지만 삼성전자가 초기에 유럽에 진출하기 위해 교두보로 삼았던 포르투갈 합작법인 관련 업무를 처리했고, 삼성중공업의 선박인도 관련 중재 사건도 처리했다. 보람 있는 일이었다.

1982년 봄의 일이다. 국제상사의 법무 담당인 정규선 차장이 나를 찾아왔다. 미국의 부통령을 지낸 애그뉴Spiro T. Agnew를 국제그룹에서 고문으로 임명하려는데 계약서의 초안을 검토해달라는 요청이었다. 영문계약서를 정성껏 검토·수정해주었더니 그것이 마음에 들었는지 그해 4월 1일 자로 나를 고문변호사로 위촉했다.

그로부터 얼마 전에는 국제상사의 손상모孫尙模 사장과 인사를 나눈 적이 있었다. 손 사장은 삼성물산 사장을 지내다가 은퇴한 후 국제그룹에 영입된 사람이었다. 인사를 나눈 후로 법률문제 등에 대해 자문도 하다가 고문으로 위촉된 것이었다.

당시 국제그룹에는 양정모梁正模 회장의 사돈인 이태희 전 검찰총장이 고문변호사직을 맡았다. 그런데 연세가 많아서 실질적 도움이 되지 못하는 상황이었다. 그 후 내가 국제상사의 고문이 되면서 국제그룹의 일을 상당히 많이 맡게 되었다. 국제그룹은 1985년에 해체되었다. 하지만 한일그룹으로 넘어간 뒤에도 고문변호사 관계는 계속 유지되었고 이는 세종이 성장하는 데 큰 밑거름이 되었다.

금연에 성공하다

세종을 설립하고 교보빌딩에서 일하던 시절의 이야기이다. 사실 나는 대학 시절 담배 맛을 잘 모르는 편이라 별로 입에 대지는 않았다. 다만 입학했을 때부터 가끔 담배를 피우곤 했는데 그러던 것이 습관이 되어 3, 4학년 무렵에는 제법 개비 수가 늘어났다. 술자리가 있거나 친구와 놀 때면 피우는 횟수가 점점 더 늘더니 군법무관 시절에는 결국 하루 한 갑 정도를 피우는 애연가가 되고 말았다.

하얀 담배 연기를 허공에 내뿜으면 스트레스가 일순간 사라지는 느낌이 있기는 하다. 하지만 사실 흡연량이 많아질수록 피로감을 느끼고 컨디션에도 악영향을 준다. 감기 증상이라도 있을 때면 담배 맛은 더욱 없어지는데도 손은 습관적으로 담배를 찾곤 했다. 끊어보려고 수차례 시도를 거듭했다. 그러나 허사가 되기 일쑤였다. 술자리 같은 데서 다시 한 개비를 입에 물기 시작하면 몇 달 동안의 금연이 물거품이 되곤 했다.

1980년대 중반 무렵, 교보빌딩에서 세종합동을 운영할 때의 일이다. 여러 변호사와 함께 회식하는 자리가 종종 있었다. 무교동 인근의 식당에서 함께 식사를 마친 후 2차를 가야 했지만 몸의 컨디션이 너무 좋지 않아 혼자 빠지게 되었다.

당시 이승훈 교수가 전해준 금연 성공담이 있었다. '담배를 하루에 서너 갑씩 한 달 내내 피웠더니 몸이 도저히 감당을 못해 더 이상 피울 수 없게 되었다'고 했다. 그 이야기를 듣고 나서 2주일 전 무렵부터 하루에 세 갑 정도를 피운 것이 효과를 나타내는 것 같았다.

삼일고가도로를 달리면서 금연 방법을 골똘히 고민했다. 아내 앞에서는 몇 차례 금연을 선언했지만 번번이 실패하고 말았다. 이번에는 초등학교 6학년이 된 큰딸을 불러놓고 금연을 서약하기로 결심했다. 집에 도착하자마자 큰딸 지영이를 불러서 선언했다.

"아빠는 오늘 밤부터 담배를 끊기로 했다."

딸과의 금연 약속은 결국 성공으로 이어졌다.

처음 1~2주일이 고비였다. 오후가 되면 금단현상 때문에 신경질도 났고 미칠 것 같은 느낌이 들기도 했다. 전병현 실장을 불러 사정을 설명하면서 '내가 신경질을 부려도 양해해달라'고 부탁하기도 했다. 몇 주가 지나자 비로소 어느 정도 안정을 찾을 수 있었다.

하지만 수년이 지난 후에도 옆 사람이 피우는 담배 연기를 맡거나 커피를 마실 때면 유혹을 쉽게 떨쳐내기가 어려웠다. 그럴 때마다 큰딸 앞에서 한 약속임을 떠올리며 참아내었다. 남편으로서의 약속보다 아버지로서의 약속인 만큼 반드시 지키겠다는 자존심의 무게가 훨씬 무거웠다.

한국 자본시장의 개방에 참여하다

국내에서는 내가 증권법 전공 제1호 박사라는 점이 크게 작용했다. 그래서 나는 1980년대 한국의 증권시장이 4단계에 걸쳐 개방하는 과정에서 큰 역할을 했다. 외국은 물론 국내에서도 마찬가지였다. 증권법 전공자가 관여하여 함께 일하면 수월하고 편하니까 나를 찾게 되었다. 그런 분위기 속에서 증권 관련 고객이 많이 늘었고 사무실도 번창하기 시작했다.

제1단계 개방은 외국인 전용 수익증권을 발행하고 매각하는 것이었다. 한국투자신탁이 설정한 외국인전용 수익증권인 KIT, 즉 '코리아 인터내셔널 트러스트'Korea International Trust (한국국제투자신탁)를 국제시장에 판매했다. 외국인만 살 수 있는 것으로 모두 4천만 달러였는데 1981년 11월에 발매했다.

국내에는 수익증권이 있었다. 당시 한국투신, 대한투신, 국민투신 등 3개 투신사가 있었고 이곳에서 수익증권을 내국인에게 발매했다. 돈을 정기예금 같은 데가 아니라 증권에 투자하는 등 다양한 펀드를 통해 운용하는 복합상품이었다. 그래서 투신사는 운용수익을 얻었다. 수익증권은 판매하기도 하고 거래소에 상장한 것도 있었다. 상장이 안 된 수익증권을 투자자가 발행회사에 환매할 수 있도록 하여 판매하는 수익증권은 '폐쇄형'closed end이라고 했다.

한국투신과 대한투신은 거의 비슷한 시기에 설립되었다. 시일

이 조금 지난 후에 국민투신이 설립되었다. 외국인전용 수익증권
은 한국투신과 대한투신, 두 군데만 재무부의 인가를 받았다. 그
래서 누가 더 빨리, 더 좋은 실적을 올리느냐 경쟁이 붙었다. 양
측 모두 4천만 달러를 모집하는 것이 목표였다. 한국투신이 일주
일 먼저 국제금융시장에 진출하는 등 성공적이었다.

당시 KIT가 출시*launching*, 발매되는 과정에 관련된 계약서가
많았다. 우리 팀이 한국에서 최초로 만든 관련 계약서는 이후 다
양한 외국인전용 수익증권이 발매될 때마다 모델 역할을 했다.
그래서 우리가 더욱 좋은 평판을 얻게 되었다.

한국투신의 훌륭한 일꾼

당시 한국투신에서는 재무부 출신인 이준상李俊相 상무를 중심
으로 실무진이 거의 매일 밤샘 작업을 했다. 이준상 상무의 뛰어
난 리더십이 큰 역할을 했고, 국제부의 한청수韓清洙 부장과 함께
조봉연趙奉衍 대리와 김영태金英泰 씨가 실무라인에서 일했다. 조
봉연 대리는 고려대 통계학과 출신이고 영어에 능통했다. 김영태
씨는 서울대 법대 후배였다. 두 사람은 서로 보완관계에 있었다.
당시 이준상 상무는 '일이 성공적으로 마무리되면 신 박사를 등에
업고 서울운동장을 한 바퀴 돌겠다'고 말할 정도였다. 그만큼 사
람을 열심히 일하게 만드는 리더십의 소유자였다. 나중에 서울운

동장까지는 가지 못했지만 좋은 음식점에서 술을 사준 후 방 안에서 억지로 나를 등에 업고 한 바퀴 돌았다.

조봉연 대리는 그 후 '베어링 브라더스'Baring Brothers에 스카우트되어 영국에 진출했다. 베어링 증권에서도 많은 실적을 올리며 증권계의 큰손이 되어 한동안 국제금융증권업계에서 크게 활약하며 명성을 날렸다. 경제적으로도 성공하여 좋은 일을 많이 한다. 또 예술에도 취미가 깊어 지금은 가회동에 멋진 한옥을 꾸며놓고 좋은 작품을 꽤 많이 수집한다.

내가 영국에 출장 갔을 당시의 일은 쉽게 잊히지 않는다. 새벽에 공항으로 마중 나와 나를 집에 데리고 가서는 굴비를 정성껏 구워 대접해준 일이다. 그렇게 남다른 열정을 가진 사람이었다. 세종이 성장하는 데에도 많은 도움을 주었다. 체격도 크고 배포도 컸다. 추진력도 대단한 '상남자'였다.

김영태 씨는 법대 출신으로 금융관계와 법리에 밝았다. 그 역시 나중에는 영국에 있는 외국 증권회사에 스카우트되어 런던에서 한동안 활약했다. 그 후에는 동양그룹에 들어갔다가 지금은 필리핀에 소재한 은행에서 경영책임을 맡고 있다.

당시 나는 한국투신의 변호사였다. 그때 영국에서 오랜 역사를 지닌 증권회사인 베어링 브라더스가 4천만 달러 규모의 수익증권 인수단 대표로 참여했고, 그쪽은 김앤장을 변호사로 선임했다. 그런데 일이 마무리되자 베어링 측은 우리에게 일을 맡기기 시작했다.

그 후 두 번째 단계의 개방과 관련된 큰일을 맡게 되었다. 1983년 가을경부터 시작한 '코리아펀드'The Korea Fund, Inc.를 미국에 설립·판매하는 일이었다. 코리아펀드는 처음부터 한국의 증권시장에만 투자하는 것을 목적으로 하는 컨트리펀드country fund(특정 국가나 지역의 주식·채권에 투자하는 기금)였다. 미국의 투자운용사인 '스커더, 스티븐스 앤 클라크'Scudder, Stevens & Clark 사는 뉴욕에 투자전용회사를 설립하는 것으로 시작했다.

즉, 코리아펀드가 미국에 설립되어 그 주식을 국제자본시장에서 공모 형태로 외국인에게 판매하고 원활한 유통을 위해 그 주식을 뉴욕증권시장에 상장하는 것이었다. 1억 달러 규모로 주식을 팔았다면 그 돈으로 한국 주식 위주로 사는 것이었다. 90% 이상을 한국 주식에 투자하고 나머지는 예금이나 채권 등 안전자산으로 운용하는 방식이었다.

이 프로젝트 역시 성공적이었다. 그래서 2차로 상당한 규모를 추가로 모집하도록 허가되었고, 코리아펀드는 단기간에 10억 달러 이상의 순자산을 갖는 컨트리펀드로 성장했다. 당시 직·간접적으로 코리아펀드의 출범에 관여한 사람 가운데 재무부 관료인 이인원李仁遠, 김창록金昌錄, 강정호姜玎鎬 사무관이 있었는데 그들의 열정에 외국인투자자와 변호사들은 큰 감동을 받았다.

세 번째 단계의 개방은 1985년 삼성전자의 해외 전환사채CB가 시작이었다. 해외투자자를 대상으로 국내회사가 해외에서 진행한 증권의 발행이었다. 삼성전자를 비롯한 국내 대기업과 몇몇 은행은 1980년대 후반, 미국 증시를 중심으로 공모방식의 주식을 발행하고 이를 주식예탁증서DR 형태로 뉴욕증시에 상장하기도 했다.

증권시장 개방의 마지막 단계에서는 외국인이 우리나라 증시에 상장된 주식을 직접 살 수 있게 허용했다. 삼성전자의 해외 전환사채 발행 때부터는 삼성 출신인 송웅순宋雄淳 변호사의 활약이 컸다. 송 변호사는 이 업무를 통해 전문가로 성장했다. 또 일찍부터 세종에 합류했던 허창복許昌福, 심인숙沈仁淑, 오종한吳鍾翰 변호사도 유수의 일류 증권 전문 변호사로 성장하게 되었다. 서울대를 우수한 성적으로 졸업한 심인숙 변호사는 매사를 꼼꼼하게 잘 챙겨 사무실의 평판과 명성을 유지하는 데 크게 기여했다. 오종한도 예리한 분석력과 탁월한 문장력으로 증권 관련 송무 분야에서 좋은 실적을 올려 사무실의 발전에 크게 기여했다.

변호사 개업 초기부터 훌륭한 인재를 많이 만난 것은 큰 행운이다. 우선 조용환趙庸煥 변호사를 빼놓을 수 없다. 대학 4학년이 될 무렵 사법시험에 합격한 조 변호사는 강구진 교수의 추천으로 남산합동 시절부터 리서처researcher로서 우리에게 도움을 주었다. 나의 박사학위논문을 번역하여 증권법 저서를 출간하는 데에도 힘을 보탰다. 법무관에서 제대한 후에는 법원 임관서열 1위임에도 불구하고 우리 사무실에 합류했다. 아쉽게도 1년 후에는 인권변호사 활동을 이유로 '덕수합동'으로 옮겼다. 심재두沈載斗, 홍세렬洪世烈, 김성근金聖根, 김상만金相萬, 박교선朴敎善, 황호석黃浩碩 변호사 등도 송무와 자문 분야에서 각자 성실하게 실력을 키워 전문가로서 훌륭한 평판을 갖게 되었다. 모두 세종의 발전에 크게 기여한 인재들이다.

중재 사건을 경험하다

변호사 업무를 시작한 초기부터 수차례에 걸쳐 상사중재 사건을 다루게 되었다. '중재'는 분쟁을 해결하는 방법 가운데 하나로 법원에 제기하는 소송과 비교할 때 몇 가지 이점이 있다.

첫째, 소송은 3심까지 가는 경우가 많지만 중재는 단심으로 끝난다. 따라서 중재는 사건이 해결되기까지 소요되는 시간과 비용이 소송보다 절대적으로 적다. 그만큼 소송보다 유리하다.

둘째, 사안의 내용을 잘 파악할 수 있는 전문가를 중재인으로 선임하여 심리를 받을 수 있다. 따라서 사실관계와 분쟁에 대해 더욱 쉽고 정확한 판단을 구할 수 있다. 내용이 복잡한 상거래나 법원의 판사가 이해하기 어려울 정도로 전문성을 요구하는 사건의 경우가 특히 그렇다. 대부분의 당사자는 판사보다는 해당 분야 전문가로부터 판단을 받고 싶어 한다.

셋째, 중재 사건은 비공개로 심리 절차가 진행된다. 따라서 필요한 경우 끝까지 비밀을 유지할 수 있다.

처음으로 수임한 중재 사건은 종근당과 이탈리아 A사 간의 분쟁이었다. 양측은 계약상 발생하는 '모든 분쟁을 파리의 국제중재재판소ICC (International Court of Arbitration)의 상사중재 규칙에 따라 행해진 중재 판정으로 최종적으로 해결한다'고 규정해 놓았다. 계약은 또 위 중재 규칙에 따라 임명된 3인의 중재인, 즉 의장중재인 및 양측 당사자가 선임하는 중재인으로 구성된 중재 판정부가 영어로 중재 절차를 진행할 것과 네덜란드의 헤이그를 중재지로 한다고 정해 놓았다.

ICC 규칙에 따라 외국에서 진행되는 중재 사건이었는데 나로서는 처음 경험하는 것이었다. 당시 종근당 측에서는 서울대 약대 출신으로 현재 H 제약 사장인 김금립 부장이 담당자로서 나를 도와주었다. 그가 사실관계와 쟁점을 명확하게 정리해주어 유리한 결정을 받는 데 큰 도움이 되었다. 헤이그에 가서 영어로 변론할 때 떨리던 기억이 지금도 생생하다.

두 번째로 수임한 사건은 경인에너지와 한국전력 간에 맺은 전기 공급계약 관련 분쟁이었다. 경인에너지는 미국 유니온 오일 Union Oil과 한국화약이 출자하여 설립한 합작법인이었다. 1960년대에 우리나라가 경제발전 초기단계에 접어들어 전력수요가 증가할 무렵 외국인 투자자인 유니온 오일은 막대한 자금이 소요되는 전력사업에 투자했다. 그때 정부로부터 이익을 보장받기 위해 자신에게 유리하게 공급계약을 맺었다. 경인에너지가 생산하는 전력이 한국전력에 적시에 공급되고 원가에 적정이윤을 덧붙이는 일정한 공식에 따라 그 가격이 결정되면 그로부터 45일째 되는 날에 대금을 변제하도록 하는 내용이었다.

유니온 오일은 한국 정부가 이러한 계약의 확실한 이행을 보장한다는 내용으로 일종의 양해각서까지 받은 후에 투자했다. 그런데 공급된 전력의 가격을 산정하는 과정에서 양측의 해석에 차이가 생겼다. 그러자 한전은 문제가 해소될 때까지 공급된 전기에 대한 대금지급을 유예하기로 했다. 이로써 양자 간에 분쟁이 발생했다.

우리는 유니온 오일 측이 지명한 경인에너지 대표와 면담한 후 그쪽을 대리하기로 약정을 맺었다. 중재에 적용할 준거법은 한국법이었다. 그리고 대한상사중재원KCAB 규칙에 따라 의장중재인 1인을 포함한 3인의 중재인으로 구성된 중재 판정부가 심리한 후 판정을 내리도록 되었다. 제출되는 모든 서면과 심리과정은 영어로 하도록 약정이 이루어졌다.

여러 가지 문제가 있었다. 처음 마주한 문제는 의장중재인 후보로 마땅한 인물을 찾는 일이었다. 영어를 잘 구사해야 했고 분쟁의 내용을 정확히 파악할 수 있어야 했다. 무엇보다 중립적이고 독립적인 위치에서 심리를 진행하고 판정을 내릴 수 있어야 했다. 양측 당사자가 각자 지명하는 중재인은 지명한 쪽의 입장에 치우칠 가능성이 컸다. 대한상사중재원에 중재인 후보명단이 비치되어 꼼꼼하게 살펴보았지만 이러한 요건을 충족하는 후보는 눈에 띄지 않았다. 그래서 국내 금융기관이나 기업에 몸담은 외국인 중에서 적임자를 물색하기도 했다.

여기에 또 하나의 문제가 있었다. 당시 중재원규칙에 따라 지급되는 보수의 수준이었다. 건당 수십만 원이었는데 사안의 내용을 파악하고 심리에 소요되는 시간을 감안하면 지나치게 낮은 금액이었다. 그러다 보니 자격을 갖춘 인사는 그 누구도 사건을 맡으려고 하지 않았다. 결국 양측 당사자가 의장중재인에게 별도로 추가 보수를 지급하기로 약정을 맺어 중재원이 이를 지급하도록 했다.

하지만 심리는 원만하게 진행되지 못했다. 선임될 의장중재인의 독립성에 의문이 제기된 것이었다. 그로 인해 본안 심리절차에 들어가기도 전에 중재인의 자격요건을 놓고 한참 동안 법적 분쟁에 휘말리기도 했다.

심리절차의 비효율성 또한 다른 문제였다. 3주나 4주마다 기일을 잡고 심리를 진행하는데 간격이 길다 보니 기일마다 중재인은 물론 대리하는 변호사도 내용을 기억하지 못해 기록 전체를 새롭게 검토해야 했다. 외국기관의 국제중재 규칙을 보면 대한상사중재원의 심리절차와 달리 집중심리를 통해 효율성을 도모한다. 신청 당사자의 주장과 이에 대한 상대방의 답변이 있은 후 쟁점을 정리하고 준비서면을 몇 차례 교환하면 곧바로 심리절차에 들어간다. 사안에 따라 3주 내외 정도의 기일을 잡는다.

1980년대 중반의 일이다. 영국 런던에서 삼성중공업과 노르웨이 선주 간에 선박인도와 관련한 분쟁이 발생했다. 삼성중공업이 선박을 건조한 후 인도할 것을 요구하자 선주는 트집을 잡으면서 이를 거부했다. 해운경기가 침체되자 생긴 일이었다. 선주로서는 선박을 인수하면 운행을 하지 못해도 대금 중 상당 부분에 이자를 부담해야 했다. 나는 삼성중공업 측을 대리했다. 영국 런던의 사무변호사*solicitor*와 법정변호사*barrister*가 함께 일했다.

영국의 변호사제도는 사무변호사가 법정변호사를 내세워 소송을 대리하고 변론을 진행하도록 한다. 당사자는 부담되지만 이중으로 대리인을 선임하는 것이다. 중재 심리기일은 1월 초부터 3주간으로 잡혔고 나는 1월 2일 런던으로 향했다.

선주회사는 선박의 발전기*generator* 용량이 부족하다는 이유로 인수를 거부했다. 사실 선주회사는 계약에 의해 배가 제조되는 과정에서 시운전*trial run*에 참여하여 발전기 용량이 부족하다는 점을 지적했다. 그리고 삼성중공업 측은 지적에 따라 이를 보완한 상태였다. 그럼에도 선주사가 트집을 잡은 것이다. 삼성중공업 측은 그 과정을 서면으로 정리하여 제시했다.

양측 당사자의 대리인이 구두변론을 했고 이어서 증인심문이 진행되었다. 당사자를 대리한 법정변호사인 영국의 퀸즈 카운슬 Queen's Council이 중재 법정에서 구두변론을 전개했다.

참으로 일품이었다. 페이퍼도 없이 30분 이상에 걸쳐 빈틈없는 변론을 전개하는 솜씨는 그야말로 압권이었다. 증거조사와 증인심문 등이 진행되면서 5일 정도가 지나자 사건의 전말과 사실관계가 명백하게 드러났다. 불리한 상황임을 깨달은 선주회사는 결국 사건을 화해로 종결짓자고 제안했다. 선박 1척당 일정 금액을 깎아

주면 인수하겠다는 것이었다. 양 당사자는 화해조건에 구체적으로 합의했다. 체결된 화해계약에는 불이행 시 선박의 인도를 강제할 수 있는 내용이 추가되었다. 심리가 시작되고 나서 채 일주일이 되기도 전에 중재 사건이 종결된 것이었다. 나로서는 쉽게 접할 수 없는 소중한 경험이었다. 당사자 역시 결과에 크게 만족했다.

파트너십의 도입과 세종의 성장

세종은 교보빌딩 17층에서 출범했다. 시작할 때는 100여 평 정도의 사무실에 4명의 변호사였다. 사무직도 두세 명 있었다. 그 후 규모가 점점 커져 더 이상 그곳에 있을 수 없게 되었다. 그래서 옮겨간 곳이 경희빌딩이었다. 이름은 '빌딩'이지만 신문로에 있는 일반주택이었다. 200평이 넘었는데 집을 사들인 후 개조하여 사무실로 꾸몄다. 그것이 1987년이었다. 시작할 때와 비교하면 직원이 2배로 늘어났다. 여전히 국제거래와 국내거래 자문이 업무의 중심이었다.

당시 교보빌딩 사무실에 합류한 변호사로는 송웅순, 박용석朴容錫, 허창복, 김성근, 홍세렬 등이 있었다. 1984년 미국 유학을 마치고 귀국한 이정훈李廷勳 변호사도 태평양에 합류할 때까지 몇 년간 함께 일했다. 경희빌딩으로 옮긴 후에는 오종한, 심인숙, 그리고 조용환, 심재두 변호사 등이 함께 일했다. 모두 대학 시절부터

1987년경 세종 시절, 신문로 사무실 앞에서 동료 변호사 및 직원들과 함께

명성을 날린 수재이자 우수한 변호사였다. 박용석 변호사는 서울대 경제학과 출신으로 사법시험 24회 때 차석을 한 사람이었다.

경희빌딩에서는 5년 정도 있었는데 다시 직원이 많이 늘어나 도저히 감당할 수 없었다. 그래서 옮겨간 곳이 서소문 삼도빌딩이었다. 4층의 절반을 계약해서 1992년에 이주했다. 그리고 세종은 그곳에서 한 번 더 도약을 이루었다.

법률사무소가 성공하기 위해서는 무엇보다 훌륭한 인재를 확보해야 한다. 그리고 각각의 구성원이 열정을 갖고 마음을 하나로 모아야 한다. 마음을 모을 때 시너지 효과가 발휘되어 더욱 큰 힘을 낼 수 있다. 그다음으로 구성원 각자가 최고의 명성을 갖추면 좋다. 아니면 적어도 경쟁력이 있는 전문 분야를 가져야 한다. 변호사 역시 특정 분야에서 전문가*professional*가 되겠다는 각오로 정진해야 성공할 수 있다. 이렇게 각 분야의 전문성으로 경쟁력을 갖춘 인재들이 합심한 가운데 공동 작업을 통해 최고의 성과를 얻기 위해 최선을 다해야 한다. 그러면 수임사건을 처리하는 과정에서 고객을 위한 훌륭한 작품을 만들어내고 마침내 최고의 성과를 올릴 수 있다.

업무처리 과정에서 신의성실 의무를 포함하여 변호사의 직업윤리를 철저히 지키는 일도 못지않게 중요하다. 나아가 우리 사회가 요구하는 공적 책임도 충실하게 수행한다면 각 구성원의 보람은 더욱 커질 것이다.

여러 변호사의 힘을 하나로 모을 수 있도록 조정하는 일은 결코 쉽지 않다. 그들 대부분은 성장 과정에서 최고의 성적을 올리며 능력을 발휘했다. 그런 만큼 원만한 팀워크를 유지하며 공동작업으로 업무를 수행하는 데 익숙하지 않은 경우도 있다. 따라서 업무수행 과정에서 최선의 협조가 이루어지도록 하는 제도적 장치가 절대적으로 필요하다. 고객 관리나 마케팅을 위해서도 그렇고 또 수임한 사건을 효율적으로 처리하기 위해서도 그렇다. 결국 이 문제는 사무소 전체의 수익을 구성원에게 배당할 때 어떤 원칙을 적용할 것인가의 문제로 직결된다.

배당방식은 크게 3가지 타입으로 분류할 수 있다.

첫 번째는 각 개인의 성과를 무시하고 시니어리티*seniority*(연공年功) 포인트를 기반으로 두는 이른바 락스텝*lock-step* 방식이다. 각

파트너가 일정한 포인트(지분)를 배정받은 다음 총수익을 전체 파트너 포인트에서 각자 파트너 포인트 분의 비율로 나누면 각자의 배당이 결정된다. 락스텝의 장점은 파트너가 모두 공동운명체가 되어 팀워크를 높일 수 있다는 점이다. 반면에 단점도 있다. 파트너 중 일부는 열심히 노력하지 않고 동료 파트너의 성과에 이른바 무임승차*free-ride*하려는 경향이 생길 수 있다는 점이다. 수행성과가 낮은 파트너가 상당 기간 계속하여 업무성과를 향상하지 못하면 스스로 물러나거나 다른 파트너의 결의로 파트너십에서 빠지기도 한다.

두 번째 타입은 각 파트너의 수행성과만을 기초로 한 배당방식이다. 수행성과를 평가하는 요소에는 주로 사건의 유치와 업무수행, 기타 사무소의 발전과 명성을 높이는 데 기여한 다른 중요활동이 포함될 수 있다. 성과만을 기초로 한 배당방식은 파트너로 하여금 성과를 올리도록 노력하게 만든다는 장점이 있으나 자칫 전체의 팀워크를 해칠 수 있고 개인주의화할 위험이 있다는 게 단점으로 지적된다.

세 번째 타입은 두 가지 요소를 적절히 배합한 절충형, 이른바 하이브리드*hybrid* 방식이다. 세종은 오랜 시간 논의를 거듭한 끝에 절충형 방식을 택하여 시니어리티와 수행성과를 각 50%씩 반영하는 것으로 정했다. 특이한 것은 최고와 최하 파트너 간 배당수익의 차이가 어떤 경우에도 두 배 반이 넘지 않도록 한 점이다. 파트너 간의 단합을 도모하기 위해서였다.

나아가 파트너의 정년은 65세로 정하되 시니어리티 포인트는 55세에 정점에 이르고 그 이후 10년에 걸쳐 점차 낮아지도록 했다. 파트너의 지분도 65세가 되면 포기하도록 했다. 젊은 구성원과 미래의 주인을 위한 장치였다. 아울러 파트너는 해마다 배당수익의 일부를 적립하는데 퇴임 시에는 적립금 총액의 50%만을 반환받도록 했다. 적립금의 나머지 절반은 세종의 발전과 후배를 위해 사용하도록 한 것이다.

파트너십 제도가 성공하려면 투명한 회계와 민주적 의사결정 방식이 중요하다. 나는 파트너십 제도를 도입하기 이전부터 통장 보관 등 재무회계 처리를 철저하게 독립적으로 운영하도록 하면서 투명회계를 확립했다. 운영과 관련한 중요사항에 파트너가 자유롭게 의사결정을 할 수 있도록 정관에 반영하기도 했다.

법정관리 업무 등에서 크게 활약하다

경희빌딩 시절의 후반기부터 박용석 변호사와 함께 법정관리 업무를 시작했다. 초기에는 특별한 성과가 없었다. 그러다 삼도빌딩으로 이전하고 나서 1997년 외환위기를 전후하여 많은 사건을 수임했다.

대표 기업은 진로그룹, 대농그룹, 한일그룹, 통일그룹, 기아자동차, 삼성자동차, 근화제약, 삼광유리공업, 대전피혁 등이었다. 법정관리를 신청할 때부터 일을 맡는데 예상보다 업무가 매우 복잡했다. 일단 보전처분을 받으면 그때부터는 어느 누구도 회사를 상대로 돈을 내놓으라고 할 수 없는 상태가 된다. 그러면 원리금 지급의무가 없어지므로 회사가 다시 살아날 수 있다. 그리고 채권자의 의사를 물어 법원이 관리인을 지명한다. 나중에 정리계획안을 만들어 인가를 받으면 모든 절차가 끝난다.

다시 말해 회사가 다시 살아날 수 있도록 채권과 채무의 지급 기일을 조정하고 그 가운데 일부는 포기시키기도 하는 과정이다. 채권에도 종류가 많다. 저당권부 채권이 있고 단순한 일반담보 채권도 있다. 연대보증을 받은 채권도 있고 담보나 보증이 없는 무담보 채권도 있다. 그렇게 서열이 다른 채권을 놓고 지급할 금액과 우선순위를 조정하는 한편 채권자 집회에서 동의를 받는 과정에 변호사나 법무법인이 일정한 역할을 했다.

당시에는 화의和議제도가 있어서 재정적 파탄에 처한 회사가 어떤 절차를 선택해야 하는지 법률적으로 조언하는 일이 매우 중요했다. 삼광유리공업은 화의절차를 선택한 결과 경영권을 유지하면서 구조조정에 성공한 대표적 사례이다. 법정관리는 주로 채무자 회사가 신청한다. 반면 기아자동차는 채권자를 대리하여 법정관리를 신청한 사례이다.

실제로 부실기업이라기보다는 일시적으로 현금 흐름이 막히면서 부도위험에 처한 기업이 많았다. 그런 만큼 일시적으로 막아주면 회생할 수 있다는 여러 지표가 있어야 법원에서도 받아주었다.

하지만 법정관리 회사가 스스로 회생하는 것에는 한계가 있었다. 그래서 법정관리 중이나 절차가 완료된 후에 법원이 주도하여 M&A를 진행하는 경우가 많았다. 기아자동차, 삼성자동차, 진로 등 주요한 기업이 이러한 절차를 통해 새로운 주인을 맞았고 관련한 많은 사건에서 세종이 회사나 인수인을 대리하였다.

법정관리를 신청하여 재정적 위기를 넘기면서 경영이 정상화되는 과정에서는 기존 경영진이 경영권을 유지하는 것이 관행이었다. 그럼에도 법정관리 상태에서 법원의 경매절차를 통해 경영권을 빼앗긴 사례가 2건 있었다. 근화제약과 대농그룹인데 공교롭게도 소유자가 각각 김덕기와 박영일朴泳逸로 서울고 동기였다. 지금까지도 크게 아쉬움이 남는다.

이렇게 도산倒産절차에 대해 많은 경험을 쌓게 되었으며 이를 바탕으로 법무부로부터 '기업지배구조 개선을 위한 프로젝트'와 〈도산법〉 개혁에 관한 프로젝트'를 동시에 수주하게 되었다. 수년간 노력을 기울인 끝에 〈통합도산법 제정을 위한 보고서〉를 작성하여 제출하는 등 〈통합도산법〉 제정에도 깊이 관여했다.

결국 2005년부터 시행된 〈통합도산법〉에 따라 개인회생제도와 개인에 대한 일반회생제도가 도입되었다. 이로써 신용불량자로 오랫동안 고통을 받아오던 개인에게 재정적 파탄을 극복하고 재기할 수 있는 기회를 제공하게 되었다.

법정관리 이외에 외국인투자와 관련된 업무도 많았다. 외국기업이 한국에 와서 투자하는 경우 증권을 발행하거나 펀드를 설립하는데 세종이 국제금융증권 관련 거래로 정평이 나면서 많은 일을 맡았다. 이와 관련된 소송 업무도 많았다.

세종이 이 분야에서 두각을 나타내자 경쟁하는 사무실이 생겨났다. 대표적으로 김앤장이 이 분야에 각별한 관심을 보이기 시작했다. 김영무 변호사는 젊은 인재를 발탁하여 적극적으로 이 분야를 공부하도록 했다. 지금은 서울대 로스쿨 교수로 옮겨갔지만 박준朴浚 변호사가 대표적 경우였다. 김앤장에도 증권 관련법을 전공한 사람이 많아지면서 이 분야에서 세종과 쌍벽을 이루게 되었다.

변호사 윤리와 우리 나름의 기준 때문에 대기업 측의 의뢰를 가끔 거절하기도 했지만 특정한 재벌기업의 사건을 지속적으로 수임하지 않았다. 대체로 한국의 기업은 여러 법무법인을 골고루 활용하는 경향이 있다. 그렇게 관계를 맺어놓아야 나중에 일이 생겨도 이해충돌로 인하여 당해 기업의 상대방 측을 위해 자문하거나 소송대리인으로 선임될 수 없기 때문이다.

반면 외국 로펌은 특정한 기업그룹과 계속 운명을 함께하는 경우가 많다. 미국이나 영국의 경우는 특히 그렇다. 회사 비밀도 많이 알게 될 수밖에 없으므로 그만큼 충성도가 필요한 관계이기 때문이다. 그래서 특정 기업이나 은행이 크게 성장하면 덩달아 관련 로펌이 큰 규모로 성장하기도 한다.

뉴욕에서의 안식년

1996년의 일이다. 서울여대에 재직 중이던 아내가 처음으로 안식년을 갖게 되었다. 안식년이 예정되었을 때부터 아내는 마음이 들떠 있었다. 그때부터 이미 뉴욕에서 안식년을 보낼 계획으로 맨해튼Manhattan 지역의 아파트를 물색하기도 했다. 전공이 서양화인 만큼 그동안 미술계에 어떤 변화가 있었는지 궁금했을 것이고 그 변화의 실체를 보려면 당연히 세계의 중심인 뉴욕을 선택할 수밖에 없었으리라.

마침 세종에도 안식년 제도가 있었다. 일정 기간을 근무한 파트너에게 각각 3개월과 6개월에 해당하는 안식년을 주어 재충전의 기회를 제공했다. 그 참에 나도 3개월을 사용하기로 하고 컬럼비아Columbia 로스쿨에 객원 연구원visiting scholar으로 가기 위해 절차를 밟았다.

그즈음 둘째인 서영이가 서울대 음대에서 첫 학기를 마친 후 진로를 고민 중이었다. 그 모습을 지켜보던 아내는 서영이에게 휴학과 뉴욕행을 권했다. 결국 서영이도 제안을 받아들여 뉴욕에서 함께 지내기로 결정했다. 결과적으로 일석삼조의 뉴욕 생활이 된 셈이었다.

당시 서영이는 바이올린을 전공했는데 '음악이 없으면 못 살 정도로 음악에 열정이 있는지?'를 놓고 회의를 거듭하던 중이었다. 옆에서 보기에도 음악을 전공한다는 것은 쉬운 일이 아니었다. 엄

휴가 때 아내, 세 딸, 손자, 손녀와의 즐거운 한때

청난 시간을 들여 집중적으로 연습해야 했다. 콩쿠르에 나갈 때마다 받는 스트레스도 컸다. 공정하지 못한 평가에 상처를 받는 경우도 있었다. 막내 정은定垠이는 언니의 그런 고충을 이렇게 표현하기도 했다.

"미술은 잘못된 것을 수정할 수 있어 좋아. 그런데 음악은 한번 실수하면 그걸로 모두 끝이야!"

참으로 정확한 지적이었다.

16년 만의 뉴욕 생활은 모든 것이 새로웠다. 아내와 서영이는 거의 매일 함께 다니며 자유를 만끽했다. 나는 컬럼비아대학에서 옛날의 인연을 다시 만났다. 예일대학에서 기업재무corporate finance를 가르친 철스틴Chirlstine 교수가 그곳에 있었다. 그의 과목을 들으면서 고생했던 기억이 여전히 생생했다. 세월의 흔적으로 그는 어느덧 은발의 노교수가 되어 있었다.

뉴욕으로 향할 때의 계획과는 달리 현지에서는 연구에 몰두하거나 집중해서 강의를 듣는 일이 쉽지 않았다. 아무래도 의무감이 없는 자유인의 신분이다 보니 편안하게 시간을 즐기게 됐다. 인근에 사는 여러 친구와 자연스레 어울렸다. 마침 뉴욕에 온 강두수姜斗秀 현대종합상사 이사 가족과도 뜻깊게 만났다. 특히, 이원규 박사가 회원인 리지우드Ridgewood 컨트리클럽은 미국에서도 전통을 자랑하는 명문코스였는데 그곳에서 가끔 어울리며 여가를 보냈다. 심장전문의인 이 박사는 고맙게도 자기 병원에서 나의 건강상태도 체크해주었다.

뉴욕에서의 안식년은 우리 가족에게 큰 의미로 남았다. 둘째 서영이는 3개월이라는 짧은 기간 동안 토플과 SAT 등 미국 대학 입시에 필요한 과정을 성공적으로 마쳤다. 서영이는 여러 대학에 지원했고 거의 모든 곳에서 입학 허가를 받았다. 최종적으로는 하버드대학을 선택했다. 예원학교와 서울예술고등학교 등 그때까지 다닌 학교에서는 바이올린에만 열중했던 아이가 경제학을 전공하게 된 것이다.

서영이는 하버드대학에서 첫 학기 수업을 받을 때 '머릿속이 완전히 하얀 백지와 같았다'고 고백하기도 했다. 아무튼 고생 끝의 낙이었다. 2년여의 세월이 흐르면서 서영이는 완벽하게 정상궤도에 올랐고 새로운 공부에 심취하게 되었다. 하느님이 주신 기회였다. 경제학을 전공한 후 서영이는 막내 정은이가 입학한 스탠퍼드 대학Stanford University에 들어갔다. 그곳에서 동아시아학East Asian Studies 석사를 마칠 무렵 같은 학교에서 전기공학 박사과정에 있던 이정용李廷鎔을 만나 결혼하게 되었다. 현재 카이스트 교수로 평소에 보면 천생 과학자인 둘째 사위는 또 유머감각이 뛰어나고 따뜻하여 서영이를 많이 행복하게 해준다.

막내딸의 유학

안식년 후 집안에 큰 변화가 생겼다. 하나는 큰딸 지영이가 결혼과 함께 뉴욕으로 떠난 것이다. 결혼 전에는 절대로 외국에 안 보내는 것으로 하여 해외유학을 못 했는데, 큰딸은 뉴욕에 살면서 그 기회에 파슨스 디자인 스쿨Parsons School of Design에 다니며 미술 공부를 계속하게 되었다. 또 둘째 서영이가 미국으로 유학을 떠났다. 그때 막내 정은이는 중학교 3학년이었다.

어느 날, 막내는 자기도 미국에 보내달라고 막무가내로 졸랐다. 당초 아내는 막내를 그냥 한국에서 데리고 키울 작정이었다. 하루는 학교를 다녀오더니 아내의 무릎을 베고 누워서는 마구 울더란다. 그러면서 '엄마, 아빠와 이야기할 것도 있지만 언니들과도 이야기를 해야 하니 복제인간을 만들어 달라'고 했다고 한다. 꼭 미국을 가야겠다는 말이었다.

막내딸 정은이는 그때까지 공부에 별 관심이 없었다. 2학년 1학기 때까지 학업 성적도 중상위권에 머물렀다. 그럼에도 자기는 '죽어도 과외공부는 안 하겠다'며 고집을 부렸다. 그래서 학원에 보내거나 과외를 시킬 수가 없었다. 시험이 임박해야 공부했고 평소에는 담을 쌓고 지냈다. 이유를 물으면 대답이 걸작이었다.

"미리 공부하면 시험 때 가서 다 까먹는데 뭣 하러 해!"

그렇게 공부를 안 하니 성적이 좋을 리 없었다. 그런데 중학교 2학년 때부터 조금 달라지기 시작하더니 그 후 성적이 꽤 상위권으로 올랐다.

몸이 약한 편이라 내가 일찍 퇴근하는 토요일에는 선릉공원에 함께 산책하러 가곤 했다. 그런데 어느 날 정은이가 "아빠, 나라가 썩어가는 것 같아"라고 이야기하는 것이었다. 나는 '무슨 말이냐'고 되물었다. 그러자 "아빠는 몰라요?" 하며 같은 반 아이들 중에 자신을 포함한 3명만 빼놓고는 수업시간에 다 잠을 잔다는 것이었다. 다시 이유를 묻자 "밤에는 학원에 가서 공부해야 하기 때문"이라는 것이다.

얘기를 더 들어보니 그뿐만이 아니었다. 선생님이 뭐라고 꾸중하면 남학생들은 반항하면서 오히려 대든다는 것이다. 그러면서 이렇게 이야기했다.

"애들이 불쌍해. 내가 보기에도 잠도 잘 못 자고 제대로 놀지도 못 하고…. 이런 곳에서 재미있게 할 수 있는 게 뭐 있어?"

아내의 반대가 있었지만, 난 본인의 뜻에 맡기자는 편이었다. 문제는 영어실력이었다. 그때부터 토플 시험을 준비하기 시작했다. 처음에는 점수가 그리 좋지 않았지만 12월까지 열심히 공부하여 기숙학교boarding school인 보스턴 인근, 앤도버에 있는 필립스 아카데미Phillips Academy에 입학허가를 받게 되었다.

첫해에는 엄청난 고생을 하였지만 정은이는 이를 잘 극복하고 숨은 능력을 발휘한다 싶을 정도로 열심히 공부했다. 그동안 취약 과목이던 수학에서도 특대생이 될 정도였다. 정은이의 말에 따르면 '미국에서는 그렇게 수학이 쉽더라'는 것이다. 가르치는 방법, 설명하는 내용이 다르더라는 것이다.

미국에서 공부하는 동안에도 막내딸은 자신이 읽은 영어책을 우리에게 보내주었다. 호머의 《일리아드》와 《오디세이》 같은 책도 있었다. 우리가 그 책을 읽어야 자신이 무엇을 생각하는지 이해한다는 취지에서 보낸 것이었다. 그런데 우리가 그 책을 읽은 기색이 보이지 않자 방학이 되어 집에 올 때마다 불평을 쏟아내곤 했다. 나중에 대학에 들어가고 나서야 그런 갈등이 해소되었다.

정은이는 어렸을 무렵 아프리카 같은 곳에서 봉사하고 싶다고 말하곤 했다. 그런 포부 때문인지 스탠퍼드대학 2학년에 재학 중이던 겨울방학 때 특이한 경험을 했다. 캄보디아에 있는 고아원에 몇 주 동안 봉사를 자원하여 다녀온 것이다. 그곳은 에이즈 환자가 낳은 고아들을 돌보는 곳이었다. 그곳에서 오랫동안 봉사

2002년 6월, 막내의 필립스 아카데미, 앤도버 졸업식 때 가족사진. 왼쪽부터 필자, 둘째 서영, 첫째 지영, 막내 정은과 큰손자 홍진우, 큰사위 홍민기, 그리고 아내 김현실

를 해온 미국인 원장과 함께 지내면서 정은이는 자신의 삶에서 매우 소중한 체험을 했다.

둘째 서영이와 마찬가지로 정은이도 스탠퍼드에서 짝을 만났다. 성경공부 동아리 모임에서 만난 케빈 슈Kevin Siew로 싱가포르에서 온 유학생이었다. 케빈은 싱가포르 대통령 장학금과 국방성 장학금을 함께 받았기 때문에 군 복무를 의무기간 2년에 4년이나 더 하여 근무하였다. 마지막 6개월은 아프가니스탄에 자원하여 군대생활을 하기도 하였다. 그 덕분에(?) 그 기간 동안 정은이는 딸 예진이와 한국에 머물렀다. 오랜만에 함께 지낼 수 있는 시간이었다.

그때 정이 많이 들어서 예진이는 지금까지도 한국에 간다는 말을 들으면 한 달 전부터 자기 짐을 트렁크에 싸놓고 거기에서 옷을 꺼내 입는다고 한다. 워낙 손주들이란 그런 존재겠지만, 멀리 살아서 그런지 가끔 만날 기회가 생기면 참 애틋하다.

법률시장,
IMF 구제금융 사태로 크게 변하다

1981년에 KIT를 발매할 당시에는 프로젝트로 자문계약을 해서 4천만 원 정도를 자문보수로 받았다. 꽤 큰돈이었다. 코리아펀드를 발매할 때에는 그 이상으로 받았다. 이때는 공모발행을 통한 뉴욕증시 상장을 전제로 했기 때문에 관련 서류도 많이 작성해야 했지만 듀 딜리전스*due diligence*라는 실사과정을 철저히 해야 했기 때문이다.

실사에는 법률실사와 회계실사, 두 가지가 있다. 회계실사는 주로 공인회계사CPA가 회사의 재무 상태를 실사하는 것이고, 법률실사는 변호사가 맡는다. 대한민국의 위험요소*risk*까지 다 설명하기 위해 한국은행을 찾아가 외환보유고와 리스크도 점검하고 우리나라 국민경제의 성장이 어떻게 이루어졌는지도 살펴본다.

나아가 정치적 위험요소로 '북한과의 관계는 어떤가?'도 포함해서 프로스펙터스라는 일종의 사업설명서를 작성한다. 투자자에게 보여줄 투자 안내서인 셈이다.

코리아펀드에 투자 의향이 있는 사람에게 이 설명서를 보여주고 권유하게 된다. 증권이란 기본적으로 위험요소를 가진다. 그런 만큼 투자결정에 영향을 줄 모든 중요정보는 물론 내재된 여러 가지 위험요소, 즉 경제적·법률적·정치적 위험요소까지 망라하여 설명하며 판매하는 것이다. 만일 증권의 가치평가에 큰 영향을 미칠 정보를 누락하거나 허위로 기재하면 사기죄로 민·형사상의 책임을 지게 된다.

투자자가 돈을 납입할 때에는 변호사의 법률의견과 회계사의 의견이 제출되어야 한다. 중요한 문제에 대해 책임을 지는 의견을 기술한다. 외국의 경우, 은행에서 돈을 차입할 때에도 그 주체를 다양하게 검증한다. 즉, 이 대출을 일으키는 데 필요한 절차, 예를 들어 회사 차원에서 필요한 이사회 결의가 있었는지, 아니면 주주총회 결의가 있었는지, 결의는 정관에 따라 올바르게 진행되었는지 등을 검증하는 의견서를 내야 한다.

이 점이 우리나라와 다르다. 우리나라는 이런 절차를 전혀 모르고 지내왔다. 제도가 시행된 이후에도 외국과의 거래에만 한정해서 했다.

우리나라 법률시장이 크게 바뀐 계기는 1997년 외환위기로 인한 IMF 구제금융 사태이다. 당시 IMF로부터 금융지원을 받으면서 양해각서MOU를 체결했는데 그 가운데 가장 중요한 내용이 금융 및 기업경영에 있어 우리나라의 후진적 제도를 개선하도록 요구한 점이다. 스스로 알아서 해야 할 일을 일종의 외압에 의하여 우리 정부가 개선하기로 약속했다는 점이 다소 굴욕적이긴 했다.

IMF 측에서 개선을 요구했던 내용은 첫째, 당시까지 모든 금융이 정부의 정치적 입김에 의해 좌우되었고 부실한 국내기업이 생겨도 정부의 압력으로 대출을 연장하거나 신규 대출을 일으켜줬던 관행을 개선하라는 것, 둘째, 민간기업의 경우도 재벌의 회장 비서실이 쥐락펴락하면서 사실상 총수나 회장이 경영을 좌우했는데 이것 역시 합리적 경영으로 바뀌야 한다는 것이었다. 그런 잘못된 제도와 관행을 모두 개선하여 기업지배구조*corporate governance*를 정상화하라는 것이었다.

결국 주주총회나 이사회가 정상화되어 투명경영, 나아가 준법경영이 관행으로 정착되기를 기대했다. 일정 규모 이상의 상장기업에게 사외이사 선임, 감사위원회 구성 등을 강제하게 된 것이다.

그 이전만 해도 이사회 정도는 실제로 개최하지 않고 총무부에서 이사의 도장을 찍는 일이 많았다. 서류상으로 이사회 결의를 꾸미는 회사가 대부분이었던 것이다. 주주총회도 마찬가지였다. 그러던 것이 IMF 구제금융 사태를 계기로 바뀌기 시작했다. 기업합병이나 M&A 분야는 변호사 입장에서도 상당히 복잡한 업무였다. 예전에는 두 회사의 대표가 만나 종이 한 장에 'ㅇ월 ㅇ일 합병한다'고 쓰고 서명하면 끝이었다. 그러나 이제는 계약서도 철저하게 작성해야 한다. 법률실사, 회계실사는 물론 변호사와 회계사의 의견이 모두 첨부되어야 한다. 법률·회계 전문가가 모든 서류의 마지막까지 완전히 검토한 후 제반 문제가 만족스럽다고 확인한 의견을 제공함으로써 거래가 마무리되는 것이다.

이런 과정을 거쳐야 하니 변호사와 회계사의 역할이 매우 확대되었다. 물론 비용은 발생할 수밖에 없다. 법률자문 비용, 회계사 비용이 들어가긴 하지만 적어도 회사가 중요한 거래를 할 때는 주주와 채권자의 이익을 보호하기 위해서 경영진이 충분한 실사를 거치고 적법한 절차를 따르도록 하는 것이다. 이것이 바로 '준법경영'의 기본이다.

아무튼 IMF 구제금융 사태가 세상을 많이 바꾸어 놓았다. 그 이전에는 M&A를 해도 외국기업이 하는 경우에만 변호사를 썼다. 국내기업이 M&A를 하면서 변호사를 쓰는 경우는 거의 없었다. 중요한 것이 무엇인지 몰랐던 것이다.

IMF 구제금융 사태 당시 KPMG 등 국제회계법인 중 빅 4나 빅 5와 제휴한 우리나라 회계법인이 작성한 의견서가 국제적으로 인정받지 못하고 있었다. 한국에서는 당해기업이 로비를 하면 회계법인의 감사의견과 내용이 바뀐다는 이유였다. 그런 탓에 IMF 구제금융 사태 당시에는 외국 회계법인이 직접 업무를 맡고 한 건당 수백만 달러씩을 벌어들이기도 했다. 역으로 말하면 IMF 구제금융 사태가 우리 변호사와 공인회계사의 업무에 바람직한 방향으로 새로운 변화를 마련해준 셈이다.

1998년부터 국내 로펌은 이른바 특수를 맞았다. 워크아웃, 구조조정과 M&A 사건이 너무 많아서 담당 변호사는 밤을 새우거나 주말도 없이 일해야만 했다. 사법연수원 27기에서 31기까지의 출신으로 세종에 입사한 사람들은 이때의 경험으로 누구보다 실력 있는 변호사로 성장할 수 있었다. 물론 당시에는 고생이었겠지만 변호사는 역시 책보다 실제의 사건과 체험을 통해 실력을 키울 수 있는 것이다.

IMF 구제금융 사태로부터 상당한 시간이 흐른 지금, 과연 준법경영이 제대로 되는 것인지, 아니면 다시 느슨해져서 옛날의 관행으로 돌아가고 있는 것은 아닌지 우려된다.

특히, 최근 대우조선 등의 회계조작 사건에서처럼 관련 회계법인의 부실감사, 산업은행 등의 막대한 구제금융지원, 나아가 일반투자자의 손해와 국민의 혈세부담 등과 같은 문제를 언론보도를 통해 접하게 되는데, 준법경영과 전문가의 독립성, 직업윤리의 확립이 얼마나 중요한지 다시 되돌아보게 된다.

또한 사외이사의 역할 대부분이 아직도 최고경영자의 의사에 좌우되어 본래의 도입 취지에 맞지 않게 운영된다는 비판이 제기되고 있다. 하루빨리 개선되어야 할 사항이다.

중국에 진출하다

중국경제는 1970년대 말에 개방정책으로 전환하면서 그 규모가 급속히 확대되고 발전을 거듭했다. 2000년대로 접어든 후에는 한국경제에서 중국이 차지하는 비중도 비약적으로 커졌다. 기업은 돈이 몰리는 곳에 앞서가기 마련이다. 그 뒤를 이어 회계·법률 전문가가 진출한다. 그 무렵 몇몇 국내 로펌이 중국에 진출했다. 곧이어 다른 로펌 몇 군데가 베이징과 상하이에 사무소를 개설할 움직임을 보였다.

경영책임자*managing partner*라면 언제나 미래전략의 수립을 통해 회사의 발전을 도모해야 한다. 나 또한 세종의 경영자로서 다양한 전략을 검토했다.

국내기업의 중국 진출은 계속될 것으로 전망되었다. 또 한국에 진출한 중국기업이 투자, 합작, M&A, 증시상장 등을 하는 한편 분쟁도 많아질 것으로 예상되었다. 하지만 세종의 운영위원회 위원들은 나와 생각이 같지 않았다. 중국 진출은 시기상조라는 이견도 제시되었다. 투자비용을 감안할 때 수익성을 장담할 수 없다는 의문도 있었다. 결정을 내리기가 쉽지 않았다.

지사를 설치하기 위해 중국 정부에 신청해도 당국으로부터 허가를 받기까지 상당한 기간이 소요될 듯했다. 나는 우선 베이징에 컨설팅 회사를 설립하는 것이 좋은 대안이라고 판단했다. 컨설팅 회사는 그동안 우리가 축적한 실무적 지식과 경험을 바탕으로 중국에 진출하는 한국기업에 다양한 자문을 제공하고 나중에 세종의 현지 사무소가 설치되면 법률자문까지 제공하게 되어 시너지 효과를 낼 수 있겠다고 판단했다.

컨설팅 회사의 설립을 선택한 것은 전병우 사장을 만나 의기투합한 결과였다. 그는 대우그룹 김우중 회장이 오랜 시간을 들여 이른바 '대우의 중국통'으로 키운 인물이었다.

나의 구상과 전망을 설명하자 여러 시니어 변호사가 먼저 나서서 어느 정도의 종자돈 seed money 을 조성했다. 김경한, 황상현, 유창종柳昌宗 변호사 등이 적극적으로 참여했다. 개인적으로 참여한 변호사도 몇몇 있었다. 그렇게 해서 컨설팅 회사의 초기 자본금을 마련했다. 회사가 일정 수준으로 자리를 잡자 세종은 컨설팅 회사를 인수했고 투자했던 각각의 변호사는 지분을 모두 회수했다. 세종과의 이해상충 문제를 해소한 것이었다.

전병우 사장의 중국 인맥은 매우 폭넓고 탄탄했다. 이것이 기반이 되어 고객이 점차 많아졌고 컨설팅 회사의 자문업무도 늘어났다. 얼마 후 중국 정부는 세종의 베이징 사무소 설치를 허가했다. 세종으로서는 첫 해외 사무소였다.

유창종 변호사(전 중앙수사부장, 서울지검장)가 베이징 사무소의 첫 책임자가 되었다. 중국어에 능통한 최용원 변호사 등 한국의 젊은 변호사는 물론, 중국 조선족 출신 변호사도 영입하여 진용을 갖추었다. 서울 사무소에는 이미 오래전부터 중국인 변호사가 근무했는데 이로써 세종의 중국 팀이 정식으로 발족되기에 이르렀다. 베이징 사무소의 개소식에는 세종의 식구와 현지의 손님들이 참석하여 큰 성황을 이루었다.

유창종 변호사는 탁월한 리더십을 갖추고 동시에 치밀한 전략가이기도 하다. 세종의 베이징 사무소는 국내 로펌으로서는 세 번째였지만 최단기간에 재정이 안정궤도에 올랐다. 세종은 베이징 사무소의 성공에 힘입어 그로부터 2년 후 두 번째 해외지사를 상하이에 설립하게 되었다.

뼈아픈 경험이 된 빚보증

나는 1990년대 이석선 선배의 후임으로 모교인 면천중학교의 총동창회장직을 몇 차례 맡은 적이 있었다. 졸업생이 많지 않은 학교인 데다 경제적 여유가 있는 동문의 수도 적어 기금을 확보하는 일이 난제였다. 회장인 내가 먼저 솔선수범하여 2천만 원을 내놓자 사업을 하는 두 사람이 각각 1천만 원씩을 내놓았다. 조성달, 채수익 동문이었다. 이렇게 모두 5천만 원 정도의 기금을 모을 수 있었다. 기금이 만들어지자 동창회가 활기를 띠기 시작했고 행사도 성황을 이루었다.

채수익 회장은 자수성가한 사람으로 소속 업계에서 매출액 기준으로 3위에 오를 만큼 성공을 거두었다. 하지만 원래 가진 재산이 없이 사업을 시작한 터라 항상 금융권의 지원에 목을 맬 수밖에 없는 처지였다. 그러던 중 1997년 말 IMF 구제금융 사태로 나라의 외환사정에 비상이 걸렸을 때였다. 유례없는 고금리로 인해 적지 않은 기업이 구조조정이라는 시련을 감내해야 했다.

그때 채 회장이 나를 찾아와 도움을 청했다. '사업 전망은 좋으니 은행으로부터 금융지원만 받으면 고비를 잘 넘길 수 있다'는 말이었다. 한국외환은행이 당시 채 회장의 주거래 은행이었다.

그 무렵 세종은 국가의 외화(표시) 채무를 구조조정하는 업무와 관련하여 외국 금융기관 쪽을 대리했다. 때마침 외환은행 홍세표 洪世杓 행장이 이 일이 원만히 진행되도록 협조를 요청하기 위해 우리 사무실을 방문했다. 나는 그 기회에 채 회장 건을 조심스럽게 이야기하며 협조를 부탁했다. 다음 날 홍 행장은 전화로 답을 주었다. '회사의 재무상태도 좋지 않은 데다 담보여력도 없어 지원이 곤란하다'는 것이었다.

안타까운 마음에 나는 "그러면 제가 연대보증을 서겠습니다"라고 홍 행장에게 이야기했다. 그러자 홍 행장이 만류했다. '보증을 서는 것은 위험한 일이니 조심하라'는 경고의 뜻이었다. 그래도 사업의 존폐 기로에 선 고향 후배의 처지를 외면할 수 없었다. 나는 '어떻게든 돕고 싶다'는 뜻을 밝히고는 살던 집을 담보로 제공했다.

결국 사달이 나고 말았다. 그 후 경제상황이 더욱 악화되면서 한 달도 채 안 된 시점에 채 회장이 부도를 낸 것이다. 20%에 달하는 연체이자까지 고스란히 떠안게 되었다. 원리금을 합하면 당시 압구정동 소재 아파트 한 채의 가격에 해당하는 금액이었다. 큰 피해였다.

이래저래 어려운 상황이 되었는데 난처한 일이 또 하나 생겼다. 국제그룹의 임원이던 지용준池龍俊 회장과 오랫동안 가까이 알고 지내며 우정을 쌓아왔는데 이 친구도 금융위기 때문에 사업이 실패하자 '내 소유의 아파트를 싼값에 넘기겠으니 인수해달라'고 요청했다. 지 회장은 곧 미국으로 이민 가기로 결심하고 살던 집을 빨리 처분하여 약간의 밑천을 마련하고자 나에게 도움을 청한 것이었다.

하지만 앞의 빚보증으로 인한 피해 때문에 나에게는 경제적 여유가 전혀 없었다. 그럴 형편이 아니라고 솔직히 이야기할 수밖에 없었다. 국내 유수의 로펌 대표가 능력이 없다고 하니 '얼마나 실망이 클까!' 하는 생각이 들었다. 얼마 후 지 회장은 빈손인 상태로 가족과 함께 미국행을 선택했다.

몇 년 동안 해외에서 고생하다가 지 회장은 다시 한국으로 돌아와 노년을 즐겁게 보내고 있다. 지 회장에게 그 당시 친구로서 도와주지 못했던 것에 대해 내가 미안해하자 지 회장은, "재물은 잃었지만, 다른 소중한 것을 얻었다. 이겨낼 수만 있다면 시련은 오히려 인생에 좋은 약이 되는 것 같다"라고 담담하게 말했다. 그 말을 듣고 나의 마음도 훨씬 가벼워졌다.

세종의 도약과 치열한 경쟁

"지금 양심의 가책을 느낄 사람은 일을 빼앗아간 상대방이에요.
당신은 잘못한 게 없으니 당당할 수 있지 않아요?"

이런 식으로 변호사를 계속해야 하나?

세종이 한창 성장했던 시기에는 여러 가지 사연이 많았다. 그
중에서도 다른 로펌과 치열하게 경쟁하며 겪은 일들은 오래도록
잊기 어려울 듯싶다. 1980년대 중·후반, 구체적으로는 1986년에
서 1988년 사이의 일이다. 로펌 간 경쟁이 치열해지기 시작했다.

적어도 증권·금융 분야에서만큼은 세종이 앞서 나갔다. 정부
측이나 기업 실무자 그룹에서는 세종을 선호하는 경향이 뚜렷했
다. 반면 민간기업의 관리자 그룹이나 정부기관의 고위직과는 인
연이 닿는 사람이 현저히 적었다. 그러다 보니 이미 세종이 수임
하기로 실무자와 약속된 사건을 다른 로펌이 중간에 이야기를 넣
어 가져가버리는 경우도 종종 있었다.

1986년의 일이다. D기업의 해외전환사채 발행과 관련한 업무를 세종이 맡아서 했다. 어느 날 회사의 사장이 우리 사무실을 찾아왔다. '다음에 꼭 밀어줄 터이니 이번에는 양보해달라'고 했다. '대단히 미안하다'며 거듭 양해를 구하기에 결국 포기하고 말았다. 그 후 그 기업이 우리에게 새로운 일을 맡긴 적은 없었다.

코리아펀드가 출범한 이후 '코리아·유럽펀드', '코리아·아시아펀드'가 순차적으로 설립되었다. 세종은 이와 관련한 업무를 도맡다시피 했다. 그런데 코리아·아시아펀드의 경우는 재무부 고위층이 압력을 넣어 상황이 바뀌었다. 이런 일의 경우 증권을 발행하는 회사와 발행 증권의 인수단(투자자)이 각자 자기 측 변호사를 선임하는 게 상식이다. 즉, 인수단 측과 발행회사 측의 법률업무를 분리하여 변호사에게 맡기면 된다. 그런데 특정 법률사무소 한 곳에만 의뢰하도록 압력이 들어온 적도 있었다.

당시 해외증권 발행이나 해외펀드의 설립에 관한 허가권은 재무부가 가졌다. 당연히 재무부 관료의 영향력이 클 수밖에 없었다. 결국 평소에 관료와 친분이 있는 측이 유리했다. 나처럼 미국에서 공부하다가 갓 귀국한 사람은 서울의 그런 분위기를 알 수 없었다. 게다가 나이도 젊어서 그런 영업방식에 대해서는 관심조차 없었다. 오로지 열심히 일해서 실무자로부터 인정받는 것이 목표였고, 그렇게 최선을 다했다. 그 결과 가까스로 일을 맡게 되는가 싶다가도 갑자기 틀어져 담당 과장이나 사무관이 '그 일을 누구에게 맡겨라'고 하는 경우가 있었다.

그런 일이 생기면 잠을 이룰 수 없었다. 부당한 관행으로 손해를 보거나 일을 빼앗기면 기가 막혔다. '이런 식으로 변호사를 계속해야 하나?' 하는 서글픔이 목까지 차올랐다. 어떤 날에는 새벽 2시까지 잠을 이루지 못하고 뒤척이다가 거실에 나와 술을 마시기도 했다.

아내는 나의 그런 모습을 보자 걱정스러운 표정으로 "당신 왜 그래요?" 하며 물었다. 나는 사실대로 털어놓았다.

"변호사 생활 정말 못하겠어. 정부 관리들 쫓아다니며 로비해야 하고 수임 경쟁해야 하고…. 사회정의나 인권옹호는 고사하고 변호사의 품위가 말이 아니네."

그때 아내는 나를 위로하며 이렇게 말했다.

"지금 양심의 가책을 느낄 사람은 일을 빼앗아간 상대방이에요. 당신은 잘못한 게 없으니 당당할 수 있지 않아요?"

옳은 이야기였다. 두 다리를 쭉 뻗고 잘 수 없는 사람은 내가 아니라 상대방이었다.

기분이 무척 상한 나머지 상대방 로펌 사무실을 두어 차례 찾아간 적도 있었다. 그쪽 변호사를 만나 사정을 설명하며 호소했다. 그들은 '우리로선 어쩔 방법이 없다'고 대답할 뿐이었다. 대표 변호사도 만났지만 대화가 제대로 되지 않고 겉돌기만 했다.

한때 '덕수클럽'이라는 모임이 있었다. 국제 업무를 주로 하는 로펌 변호사들의 친목모임이었다. 김진억·이태희·김영무 변호

홍콩에서 열린 IFLR 주최 한국 최고의 로펌상 시상식에서 수상한 후
친구 김영호 회장과 함께

사 등 선배들이 중심이었고, 나도 말석으로 참여하여 가끔 만났
다. '서로 협력하는 분위기 속에서 로펌을 발전시키자'는 취지였
는데 뜻대로 되지는 않았다. 취지에 맞는 활동을 하지 못해 결국
아쉬움이 남는 모임이었다.

　당시 세종은 업계에서 2위 그룹의 선두에 있었다. 국제금융이나
증권 분야에서는 세종이 1위를 차지하기도 했다. 그래서 2002년
에는 '인터내셔널 파이낸셜 로 리뷰'IFLR가 세종을 그해 한국 최고
의 법률사무소, 'Law Firm of the Year'로 선정하기도 했다. 세종
의 변호사들로서는 큰 영예였다. 당시 홍콩에서 열린 시상식에는
아내와 함께 참석했다. 세종에서는 송웅순, 이종구 변호사가 함께
참석했고, 고맙게도 친구인 일신방직의 김영호 회장이 바쁜 가운
데 참석하여 축하를 해주었다.

　그럼에도 세종은 인맥 측면에서는 뒤처지는 게 현실이었다.

1985~1986년 당시 내 나이는 마흔하나, 둘이었다. 실무자급은 많이 알았다. 정부 부문의 경우도 사무관이나 서기관급까지는 잘 알고 지냈다. 그런데 때로는 고위관료가 말단 사무관을 시켜 압력을 넣기도 했다. 한때는 그것이 드물지 않은 관행이었고 우리나라의 수준이었다.

인·허가권을 많이 가지면 공무원 사회가 부패해지기 마련이다. 공무원이 법적 근거를 분명히 하면서 투명하게 일해야 선진사회이다. 그런 면에서 당시만 해도 우리나라는 후진국이었다. 투명하고 공정한 절차가 아니라 이면에서의 청탁과 담합으로 업무가 처리되는 경우가 적지 않았다. 사건수임 과정에서 세종도 완벽하다 할 만큼 깨끗하고 공정했다고 자부하기는 어렵다. 하지만 다른 곳과는 비교되지 않을 정도로 원칙에 충실했다.

로펌이 정부 요직에 있는 사람으로 인적 네트워크를 구축하려면 비용이 든다. 그러나 그렇게 일단 인맥이 확보되면 이를 통해 정보를 얻을 수 있다. 이 정보는 다시 고객을 확보하는 데 활용된다. 그래서 역대 정부의 장관급이나 고위직을 고문으로 영입하여 고액 연봉을 주는 것이다. 결국 그 비용은 고객에게 전가될 수밖에 없다.

이런 영업방식은 업계 상위권이 아니면 하기 어렵다. 유감스럽게도 이러한 방식은 지금도 여전히 되풀이된다. 어쩌면 이런 관행이 우리나라의 더 큰 도약을 가로막는 이유 가운데 하나라고 생각한다.

'김영란법'(〈부정청탁 및 금품 등 수수의 금지에 관한 법률〉) 같은 법률을 본래 취지에 맞게 철저하게 시행하면 잘못된 관행을 바로 잡을 수 있다. 아무리 좋은 법을 만들어도 문제는 이를 어떻게 하면 공정하게 집행할 수 있느냐이다. 현행 검찰제도 아래에서는 수사와 기소에 정치적 영향력을 배제할 수 없어 독립수사청의 설립이 더욱 설득력을 갖게 된다. 관할 수사기관에 제도적으로 독립성을 보장하여 누구의 압력에도 흔들림 없이 철저하게 법을 집행할 수 있도록 해야 한다. 대통령의 지시도 받지 않고 공정하게 법을 집행할 사람을 세워야 한다.

 싱가포르의 경우는 이미 그렇게 하고 있다. 즉, 수사청 책임자의 임명은 대통령이 하고 수사청 책임자는 총리에게 업무보고를 하되, 총리가 수사업무에 관하여 어떠한 지시도 할 수 없도록 하고 있다.

'시장경제원'을 설립하다

 공정거래 분야의 업무는 그 중요성이 지속적으로 확대되었다. 무엇보다 관련 사건의 규모가 컸다. 그런 만큼 이 분야에 대해 전문성을 확보하는 일이 시급한 과제로 떠올랐다. 관심을 보이는 내부 변호사를 〈공정거래법〉 분야의 전문가로 키우기 시작했다. 한편으로 외부 인사의 영입도 모색했다.

세종 창립 20주년 기념식에서 내빈들과 함께, 맨 왼쪽이 필자

우선 세종 내부에서는 정환丁桓, 이민호李民鎬, 김현아金賢娥 변호사 등이 이 분야를 학습하며 전문성을 확보해나갔다. 이들이 관련 사건을 맡고 처리하면서 점차 외부로부터 인정을 받기 시작했다.

그즈음 우연한 기회에 강희복姜熙復, 신무성申武星 두 분을 만나게 되었다. 각각 경제기획원과 공정거래위원회에서 오랫동안 근무했던 분으로 퇴임 후에는 신성철申聖澈 변호사와 함께 일했다. 그들은 '마침 신성철 변호사 사무실을 떠나게 되었다'면서 우리와 함께 일할 기회를 갖고 싶다는 뜻을 피력했다.

내부에서 논의한 결과 이를 계기로 세종에 '시장경제(연구)원'을 설립하는 것으로 이야기가 모였다. 세종을 창업한 지 20년이 되는 시점이었다. 김인호金仁浩 전 공정거래위원장을 초대 운영위원장으로 모시기로 했다. 곧이어 김선옥 전 부위원장도 합류하면서 시장경제원의 탄탄한 진용이 완성되었다.

시장경제원은 세종의 부설 연구원으로서 공정거래 관련 사건의 내용을 경제 측면에서 분석하고 자문하는 등 활발한 활동을 전개했다. 또 세종이 수임한 공정거래 관련 사건에도 의견을 제시하는 등 일을 처리하는 과정에 큰 도움을 주었다. 하지만 시장경제원의 운영 및 지원과 관련하여 세종 내부에서 이견이 쌓이기 시작했고 결국 얼마 후에는 시장경제원이 별도의 조직으로 독립하기에 이르렀다. 그 과정에서 세종이 일정 정도의 지원을 했지만 중도에서 그치게 된 것은 못내 아쉬움이 남는다.

한편 2000년 중반 무렵, 세종은 임영철任英喆 변호사를 영입했다. 그는 공정거래위원회에 오랫동안 몸담았던 경력으로 업계에도 잘 알려진 인물이었다. 당시 세종은 미국 퀄컴Qualcomm 사의 〈공정거래법〉 위반 사건을 수임했는데, 여기에 10여 명 이상의 변호사를 투입했다. 사건의 규모도 매우 컸고 검토해야 할 자료도 방대했다. 그런 만큼 전문성이 필요했고 많은 인력을 투입해야 했다.

젊은 그룹 가운데 박진석朴眞奭 변호사는 아예 이 사건만을 전담했다. 그는 사무실 인근에 오피스텔을 얻어놓고는 밤샘작업을 하면서 업무에 집중했다. 얼마 후에는 화우의 윤호일 변호사도 이 사건에 참여하게 되었다.

그러던 중 세종에서 새롭게 공정거래 팀장을 맡은 임영철 변호사와 기존 팀 간에 업무처리와 관련하여 갈등이 발생했다. 이 갈등이 커지면서 결국 정환, 이민호 변호사 등이 세종을 떠나 법무법인 광장으로 옮겨가는 일이 벌어졌다. 여러 변호사가 팀워크를 유지한 가운데 업무협동과 공동 작업으로 사건을 처리하는 일은 결코 쉽지 않다는 사실을 절감하는 계기였다. 성장과정의 진통으로 받아들이기에는 그래도 아쉬움이 남는 대목이다.

송무 분야를 강화하다

세종은 자문 중심으로 출발하여 상대적으로 송무 분야가 취약한 편이었다. 송무 분야를 강화하기 위하여 1992년에 오성환 대법관을 영입했다. 서소문의 삼도물산 빌딩으로 막 이사했을 무렵이었다. 당시 송무 분야에는 젊은 변호사만 있고 법원 출신이 없었다. 소송이 점차 중요한 비중을 점하기 시작하고 있었다. 세종의 수입 가운데 15%가 소송 쪽에서 나오던 때였다. 나머지 85%가 자문 수입이었다. 소송 쪽을 강화할 필요가 있어서 누구를 모셔올까 고민하던 중 여러 지인이 오성환 대법관을 추천했다.

오 대법관은 퇴임 후 단독으로 수 년 동안 변호사 개업을 하고 계셨다. 자유롭게 지내고 싶다고 사양하시는 오 대법관을 삼고초려三顧草廬 끝에 겨우 모셨다. 소송 분야의 총괄책임을 맡아주신 것이었다. 그 후 송무 분야는 업무의 질과 실적이 향상되어 갔다. 송무 분야의 수입 비중이 30%가 되었다.

송무 분야의 강화는 법률시장의 개방에 대비한 포석이기도 했다. 시장이 개방되면 아무래도 외국 로펌들이 들어와 자문 분야를 많이 할 것이기 때문이다. 당연히 송무가 국내 로펌 입장에서는 경쟁력 있는 분야가 될 수밖에 없었다. 그런 상황에서 송무 분야의 경쟁력 강화를 위한 노력이 필요했다.

2000년이 되어 송무 중심인 작은 규모의 로펌을 흡수·합병하는 방안을 검토하였다. 고심 끝에, '열린합동'을 대상으로 정하고 협의가 시작되었다. 순조롭게 진행되어 2001년 1월 1일 자로 합병이 이루어졌다. 열린합동과 합병할 당시 그쪽 대표는 이건웅·황상현 씨였다. 이건웅 씨는 법대 1년 선배로 졸업하던 해에 사법시험에서 수석을 한 분이었다. 그리고 이범주, 유현, 하철용, 강신섭 변호사(현 세종의 경영대표변호사) 등 쟁쟁한 재조在朝 출신이 있었다. 합병 이후 그쪽 변호사들이 와서 송무를 담당하게 되면서 오성환 대표는 2선으로 물러나셨다. 합병에 반대한 일부 젊은 변호사의 이탈도 큰 아픔이었다.

당시 송무 분야에 있던 젊은 변호사들의 반대가 심했다. 열린합동과 합병하면 자신들은 이제 '가방모찌'밖에 되지 않는다는 주장이었다. 소위 '전관'前官을 지낸 고등부장 출신의 심부름만 하게 된다는 논리였다. 그들은 이렇게 불만을 표시했다.

"우리는 성적이 좋았지만 임관을 포기하고 세종에 들어왔습니다. 반면 그쪽 사람들은 검찰이나 법원에서 판·검사 생활하며 공직을 누렸는데 여기 와서도 대우를 받으니, 그야말로 명예도 누리고 부도 갖는 것 아닙니까? 이래서는 곤란합니다."

반대 의견을 듣고 적극적으로 대화했지만 설득하는 데에는 실패했다. 결국, 양영태 등 송무 분야에 있던 젊은 엘리트 변호사 10여 명이 세종을 떠나 법무법인 '지평'을 설립했다. 양 변호사와 법대 동기인 심인숙 변호사도 그때 세종을 떠났다. 나와 함께 초창기부터 증권·금융 분야를 담당하던 우수한 변호사였다. 지금은 중앙대 법학전문대학원 교수를 하면서 금융위원회 비상임위원을 겸하는 등 증권·금융 분야에서 왕성하게 활동하고 있다.

열린합동과 합병 후 송무 분야는 황상현 대표가 중심이 되어 운영 책임을 맡게 되었다. 황 대표는 재조 시절에 법 이론과 행정에도 밝아 여러 가지 중요 보직을 맡고 법원 내부에서 신망이 있었다. 또, 소탈하고 사교적인 성격으로 동창 사회를 비롯한 여러 사회활동에도 적극적이었다.

황 대표와는 각별한 신뢰 관계가 있어 고객 관리는 물론 재조 영입을 비롯한 송무 분야의 인사권도 거의 전권을 일임하였다. 차츰 훌륭한 인재들을 영입하여 송무 분야도 중요 로펌과의 경쟁에서 손색이 없이 성장하게 되었다.

2003년에는 서성徐晟 대법관이 세종에 합류하였다. 서 대법관은 사법시험 1회 수석을 하고 재조 시절에 탁월한 능력과 카리스마를 갖추어 따르는 후배들도 많았다. 법원행정처장도 역임한 김용담金龍潭 대법관이 퇴임 후 미국 하버드에서 미국 대법원의 중요판결에 관한 깊이 있는 연구를 마치고, 2010년에 세종으로 왔다. 그리고 몇 년 뒤 윤재윤尹載允 원장이 세종에 영입되었다. 두 사람도 재조에서 뛰어난 인품에 실력과 행정 능력을 겸비하여 두루 신망이 높았다. 세종 송무 분야의 업무 능력과 명성을 높이는 데 크게 기여하였다.

그러나 송무 분야의 명성 유지에 필요한, 재조로부터의 지속적 인재 영입에는 다른 대형로펌보다 소극적이었다는 비판이 있었다. 세종의 경영진도 이런 비판에 공감하고 꾸준히 개선하려는 노력을 보이고 있다.

송무 팀 보강에 빼놓을 수 없는 분야로 형사 팀이 있다. 2002년, 휴머니스트회 멤버인 김경한 서울고검장이 퇴임하게 되어, 공을 들여 영입하게 되었다. 고위 검찰 인사를 영입한 첫 사례였다. 그 후 형사 사건 업무가 늘어나면서 업무 처리도 개선되었다. 뒤이어 중수부장과 서울지검장을 지난 유창종 검사장도 세종에 합류하여 형사 팀은 크게 강화되고 형사 사건도 더욱 다양화되었다. 성공률도 자연히 높아졌다. 유 검사장은 얼마 후 명동성 서울지검장을 소개하여 영입하도록 하였다. 김홍일 검사장도 최근에 합류하였다. 검찰 재직 시에 명성을 날리며 후배에게도 신망이 있는 여러 검찰 고위간부가 계속 영입되면서 눈여겨본 젊은 검찰 후배들의 영입에도 성공하였다. 이렇게 여러 인재가 모이면서 세종의 형사 팀도 좋은 팀워크를 갖추게 되었다.

사회정의와 윤리 그리고 보람

누구의 로비를 받아서 흑과 백을 가릴 수 없거나
결론을 바꾸어 버린다면 결국 누가 변호사를 믿을 수 있을 것인가.

저는 사임할 수밖에 없습니다

우리나라 법률시장의 풍토와 변호사의 직업윤리는 선진국보다
아직 뒤처진 점이 많다. 일례로 소송이 붙어 양쪽 모두 변호사가
선임되는 경우가 있는데, 우리나라에서는 한쪽의 변호사가 상대
방 소송 당사자를 직접 만나 대화하는 일이 최근까지도 비일비재
하다. 상대방의 변호사가 선임되면 그 변호사를 만나는 것이 원
칙이자 상식이다. 상대방이 법을 잘 모르고 준비가 안 된 상태에
서 만나면 겁을 먹게 될 수도 있다. 선진국에서는 변호사의 직업
윤리로 이를 금한다.

하지만 우리나라에서는 그런 원칙이 제대로 정립되어 있지 않
았다. 자신이 대리하는 당사자 이야기만 듣고는 무심코 상대의

당사자를 직접 접촉하는 경우가 적지 않았다.

재판이 진행되는 과정에서 위증 관련 논란도 많은 편이다. 유리한 증언을 내세우기 위해 거짓 증거를 제출하는가 하면, 거짓 증인도 내세운다. 〈변호사법〉상 있을 수 없는 일이다. 우리나라에서는 증언과 관련한 윤리나 원칙이 느슨하다. 위증하라고 시키는 일이 흔하게 벌어지고 증거자료가 허위임을 알면서 법원에 제출하기도 한다.

뉴욕에 있을 당시 내가 경험한 그곳의 변호사 윤리는 이런 점에 엄격했다. 재판이 진행되는 도중에 소송 당사자가 허위자료를 작성한 사실이 발견되면 변호사는 이를 법원에 사실대로 솔직하게 이야기해야 한다. 당사자가 동의해주지 않는 경우에는 사임해야 한다.

허위진술을 유도해서 사건을 이기려 하면 정의에 배치된다. 심지어 자료와 문서를 조작하는 경우도 있는데 있을 수 없는 일이다. 만일 변호사가 그런 행동을 묵인하거나 종용했다면 변호사 자격을 박탈하거나 자격정지를 받도록 엄격히 다스려야 마땅하다.

다음은 내가 실제로 경험한 사례이다. 파리에 가서 ICC 국제중재 규칙에 따라 중재를 한 적이 있었다. 우리나라 건설업체가 하도급업체이고 네덜란드의 건설회사가 원도급업체였다. 그런데 중간에 사정이 생겨 도급업체가 계약을 해지하면서 선급금으로 준 1천만 달러를 반환하라고 청구했다. 1980년대 중반의 일이었다. 나는 국내 건설회사를 대리했다. 파리에서 중재 심리절차를 진행하게 되었고 그곳에서 미국 변호사 팀과 함께 대응하게 되었다.

당시에는 중동에 진출하여 계약을 맺으면 5%의 대행수수료 *agent fee*를 지급해야 했다. 사우디아라비아 법률로 인정된 관행이었다. 사우디아라비아의 현지인이 반드시 대리인으로 임명되어 각각의 거래 건마다 5%의 중개 수수료를 받았다. 그런데 그 수수료를 주면서 받은 영수증이 사라진 것이다. 그러자 국내건설업체는 부랴부랴 가짜 영수증을 만들어 그 사람 이름으로 서명까지 받았다며 중재 재판부에 제출하게 되었다. 심리 준비를 하는 도중에 그 영수증의 서명이 가짜라는 사실이 밝혀졌다. 직원이 서명을 대신했다는 사실을 알게 된 미국 측 변호사는 이렇게 이야기했다.

"그렇다면 우리는 이 사실을 중재 판정부에 반드시 밝혀야 합니다. 그래야만 계속 변론할 수 있습니다. 만일 사실대로 밝히는 것을 거부하면 저는 사임할 수밖에 없습니다."

난감한 상황이 벌어졌다. 마침 상대방이 합의*settlement*를 하자고 제안해서 중재 판정까지는 가지 않고 사건이 종결되었다.

비슷한 시기에 경험한 재미있는 사건이 또 하나 있다. 1980년대에 들어서 증권시장이 폭발적으로 성장하면서 증권주의 가격이 치솟았다. 그때 B 그룹에 K 증권회사가 있었는데 C 회장이 대주주가 되기 위해 계열사로 배정된 신주인수권을 실권시킨 뒤 이를 싼 가격에 인수했다. 그렇게 해서 K 증권의 대주주가 된 것이다.

증권법상 대주주가 되면 신고하고 허가를 받아야 하는데 그런 절차를 밟지 않았다. 증권감독원은 이를 문제 삼았다.

내부적으로 횡령 또는 배임이라고 판단한 상태에서 외부 변호사에게 의견을 물었다. 첫 번째가 A 로펌이었고 두 번째가 나였다. 나는 다음과 같은 의견을 제시했다.

신주인수권을 계열사가 행사하여 신주를 배정받으면 시장가격과 인수가격의 차액만큼 이익이 발생한다. 예를 들어 신주를 500원에 인수하여 고가인 시장가로 팔면 곧바로 상당한 차익을 얻을 수 있다(당시 증권사의 시장가격은 액면가를 크게 상회했다). 결국 이와 같은 행위는 그룹의 대주주가 영향력을 행사하여 상장계열사의 주주들에게 돌아가야 할 이익을 침해한 것이 아닌가. 그런 면에서 이는 배임 내지 횡령이 될 수 있다.

이런 논리를 바탕으로 구두로 의견을 전달했다.

얼마 후 A 로펌도 의견을 내놓았다. '횡령이나 배임이 될 수도 있고 안 될 수도 있다'는 것이었다. 그러자 B 그룹에서 C 회장의 측근으로 일하던 친구가 찾아왔다. 봐달라는 것이었다. 입장을 완전히 뒤집기 어려우면 A 로펌처럼 '될 수도 있고 안 될 수도 있다'는 정도로 의견을 수정해 서면으로 증권감독원에 제출해달라는 요청이었다.

나는 이미 증권감독원에 배임이나 횡령 행위가 될 수 있다고 구두로 이야기한 사안이라고 대답했다. 그러자 친구는 상기된 표정으로 말했다.

"그것 하나 도와주지 못하냐? 이 일을 도와주지 않으면 내 입장이 크게 곤란하다. 앞으로 우리 B 그룹 일은 아예 맡을 생각을 하지 마라."

그러고는 '아무쪼록 잘 부탁한다'는 이야기를 남겨놓고 갔다. 우리는 내부회의를 열어 의견을 모아보았다. 젊은 변호사 중에 송웅순 변호사가 말했다.

"변호사가 이렇게 윤리를 지키지 않으면 우리가 장사를 해야지 왜 변호사를 해야 합니까?"

옳은 말이었다. 누구의 로비를 받아서 흑과 백을 가릴 수 없거나 결론을 바꾸어 버린다면 결국 누가 변호사를 믿을 수 있을 것인가. 이는 변호사라는 직업 자체에 대한 공적 신뢰의 문제이므로 사사로운 정으로 타협할 사안이 아니었다.

친구에게 결론을 전했다. '이런 의견에 도달해서 미안하다. 우리는 원래의 의견대로 갈 수밖에 없다'는 내용이었다.

이 사안이 증권감독원에서 문제가 되었다. 같은 사안을 놓고 A 로펌과 세종의 의견이 엇갈렸기 때문이다. 증권감독원에는 고문변호사가 따로 없기 때문에 일을 처리하는 과정에서 어려운 문제가 생기면 이렇게 외부의 전문가에게 의견을 구했다. 의견이 대립하자 증권감독원은 전문가 한 사람을 추가로 섭외해 의견을 구했다.

동화합동의 김동환金東煥 변호사였다. 원로로서 원칙을 지켜온 변호사였는데 그의 의견은 나와 동일했다. 횡령이나 배임의 문제가 있다는 의견이었다. 나중에 신문기사를 보니 국세청은 C 회장에게

1백억 원대의 세금을 부과했다. 변호사가 명백한 사안에 대해서도 로비를 받고 입장을 바꾸는 경우가 있는데 참으로 문제이다.

한화종금과
삼성전자 전환사채의 경우

자부심을 가질 만한 사건이 또 있다. 한화종금과 삼성전자의 전환사채 발행 건이다. 먼저 한화종금 사건이다.

한화종금에는 2대 주주가 있었다. '백 할머니'라는 돈 많은 부자, 즉 사채왕의 아들이 2대 주주였다. 그는 '감사' 역할까지만 할 뿐 경영에는 참여하지 못했다. 감사라는 직책은 사실 주주총회 때 한 번, 그리고 가끔 열리는 이사회 때 이외에는 제대로 역할을 할 기회가 없다. 한화종금의 대주주는 김승연 회장 쪽이었는데 그동안 내부거래가 꽤 많은 편이었다.

내부거래가 많다는 사실이 드러나고 배당도 제대로 이루어지지 않자 2대 주주 쪽은 장내에서 주식을 매입하면서 여의도에서 기자회견을 열었다. 다음 주주총회에서는 경영권을 빼앗겠다는 선언이었다. 그동안 확보한 주식 수도 밝혔다. 한화그룹에서는 난리가 났다. 그래서 선택한 방법이 제3자에 대한 전환사채의 발행이었다. 갑자기 주주가 아닌 제3의 우호적 기업들에게 전환사채를 발행하고는 다음 날 주식으로 전환하도록 한 것이다.

우호적 세력에게 대규모의 전환사채를 배정하여 그것을 주식으로 전환한 다음 주총에 나와서 의결권을 행사하도록 한 셈이다. 그런데 신주인수권은 모든 주주가 갖는 권리이다. 그런 측면에서 볼 때, 기존 주주의 신주인수권을 배제하고 특정 제3의 우호세력에게 전환사채를 발행하고 이를 주식으로 전환하여 의결권을 행사할 수 있도록 하는 것은 온당하지 못하다. 더욱이 경영권 방어가 목적인 경우 위법이고 무효이다.

이렇게 발행된 전환사채의 전환으로 발행된 주식의 의결권 행사는 금지되어야 한다는 취지로 우리는 가처분신청을 제기했다. 제2대 주주 측의 의뢰를 받은 것이었다. 먼저 의결권 금지 가처분신청을 관할인 당시 서울민사지방법원 수석부에 냈다. 법원에서도 난리가 났다. 재판부로서도 이런 유형의 사건이 처음이었기 때문이다.

재판이 진행되었는데 1심에서는 우리의 주장이 '이유 없다'며 가처분신청을 기각했다. 2심에 가서는 결정이 뒤집혔다. 그러는 사이에 주주총회에서는 한화그룹이 당초에 계획한 대로 승리를 거두게 되었다.

대법원에 계류되는 동안 IMF 구제금융 사태로 인해 한화종금이 부실종금사로 퇴출당하면서 이 소송은 비극으로 종결되고 말았다. 그런데 소송이 진행되던 와중에 삼성전자가 삼성 에버랜드와 이건희 회장 일가에게 전환사채를 발행한 일이 있었다. 매우 헐값으로 발행했다고 해서 역시 논란이 많았다. 참여연대가 삼성

에버랜드와 이건희 회장 측을 상대로 전환사채 발행 무효소송을 수원지방법원에 제기했다.

그때 삼성그룹 법무실에서 우리에게 변호사 수임을 타진했다. 이런 경우 사건도 다르고 사안의 내용도 차이가 있어서 법률적으로나 변호사의 윤리상 문제가 있는 것은 아니었다. 하지만 도의적으로는 내키지 않았다. 양심에 거리낌이 있었다. 한쪽에서는 비슷한 사안에 대해 무효를 주장했는데 이건희 회장의 일가를 대리할 때에는 유효를 주장해야 하는 상황이었다.

내부회의에서 당시 송무 팀장을 맡았던 심재두 변호사가 "이건 양심상 우리가 하지 않는 게 좋지 않을까요?"라고 이야기했다. 그리고 고객이 우리에게 사건을 맡긴다고 하여도 맡지 않기로 의견을 모았다. 결국 이 건은 다른 로펌이 삼성 측을 대리하게 되었다.

수임료가 큰 사건이었던 만큼 당시 원칙과 양심을 지켜준 후배 변호사에게 무척 고마운 마음이 든다. 지금도 자랑스럽게 생각하는 일화이다.

변호사의 바른 길과 사회활동

자유민주주의 체제하에서 법치주의를 확립하는 데 헌신하는
첨병이 되어야 한다. 개인적 야욕이 있어서는 안 된다.
그러면 부패하기 마련이다.

변호사의 길

1997년 IMF 구제금융 사태를 계기로 법률시장에도 많은 변화
가 생겼다. 법률 서비스도 개선되었고 로펌도 한 단계 도약했다.
지금처럼 200~300명 이상의 규모로 로펌이 대형화되면서 어떤
면에서는 일본보다 앞선 법률 서비스를 제공하게 되었다. 로펌의
인기도 상승하면서 당시 사법연수원 출신 중 많은 인재가 법원이
나 검찰보다 로펌으로 진출했다.

세종에 있던 시절, 나는 젊은 후배에게 이렇게 이야기하곤 했다.

미국에서 보니 일단 파트너 변호사가 되면 경제력이 완전히 독립됩니다.
그렇게 되면 상황에 따라 정부에 가서 일하거나 정계에 진출하곤 합니다.

변호사는 변호사 자격이라는 항산恒産이 있어 경제적으로 독립하기가 쉽고, 항심恒心이 생겨 부패하지 않으면서 올바르게 정치를 할 수 있습니다. 그것이 바로 미국의 민주주의가 오늘처럼 제대로 설 수 있었던 기반입니다. 미국 국회의원을 분석해 보면 50% 이상이 변호사 출신입니다. 변호사 출신 대통령도 아주 많습니다. 우리나라도 민주화되는 과정에서 그런 사람들이 많이 나와야 합니다.

안타깝게도 요즘의 후배를 보면 그럴 의사가 별로 없는 듯싶다. 로펌이 대형화됨에 따라 각자의 전문 분야가 있는데 일부 변호사는 자신의 분야에만 몰두하는 경향이 있다. 한편에서는 돈 버는 일에만 몰두해 자기만족을 하며 안주하는 것 아니냐는 비판도 있다. 사실 정치권에 투신하거나 공직에 진출하려면 그만큼 자기헌신과 희생을 각오해야 한다. 명예를 얻긴 하지만 근본적으로 봉사하는 자리이기 때문이다.

변호사는 정치 분야로 진출하는 데에도 상대적으로 유리하다. 일단 법을 알기 때문이다. 또 낙선한다 해도 다시 개업하거나 로펌으로 돌아오면 된다. 공직도 마찬가지다. 공직에서 물러나면 다시 돌아와 변호사를 하면 된다. 중요한 것은 그런 분야에 진출한 변호사가 독립심을 가지고 정말로 올바르게 일해야 한다는 점이다. 자유민주주의 체제하에서 법치주의를 확립하는 데 헌신하는 첨병이 되어야 한다. 개인적 야욕이 있어서는 안 된다. 그러면 부패하기 마련이다.

그런데 최근 법조인 출신 국회의원 수가 점차 감소한다고 한다. 변호사협회장일 당시 변호사 출신 여당대표에게 "앞으로 법조인 출신을 더 많이 공천하는 게 좋지 않습니까?" 하고 물어보았다. 대답은 '아니오'였다. 자신은 반대라는 것이었다. 의외의 답변이었다. 이유를 묻자 '앞에서는 말을 많이 하는데 진짜 어려운 일은 거의 총대를 메지 않는다'는 대답이었다. '머리가 좋아서 그런지 매사에 이해관계에 따라 움직인다'고 비판했다.

그분의 편견일 가능성이 크다. 요즈음도 여전히 공공의 이익을 먼저 생각하는 변호사가 더 많이 있을 것이라고 생각한다.

국제변호사회의 활동에 참여하다

변호사로서 국제 업무와 관련된 일을 하다 보면 자연스럽게 외국의 변호사회나 국제변호사단체의 활동에 참여하는 기회가 있다. 나는 주로 세계변호사협회IBA (International Bar Association)와 환태평양변호사회IPBA (Inter-Pacific Bar Association)의 연차총회에 참석하여 관심 분야의 활동에 참여했다.

영국 런던에 본부를 둔 세계변호사협회는 4만 명이 넘는 회원을 보유한 최대 규모의 국제변호사 단체이다. 영국을 중심으로 한 유럽, 그리고 북·남미 국가의 변호사가 주류를 이룬다. 아시아권에서는 싱가포르와 홍콩의 변호사가 활발하게 참여한다.

나는 증권법을 전공하여 이 분야의 사건을 다루어본 만큼 세계

변호사협회에서도 자연스럽게 국제금융·증권 거래와 M&A 관련 분야에서 활동했다. 그러나 한국인의 문화적 특성과 언어의 장벽 때문에 서구의 변호사와 자유롭게 토론하면서 인간적으로 깊은 교류를 하는 데에는 일정한 한계가 있었다. 총회에 참석하는 변호사의 숫자도 매우 많아 개인적으로 교류하거나 친분을 쌓을 만한 적절한 기회가 되지 못했다.

환태평양변호사회는 1992년 일본 도쿄에서 아시아·태평양 지역의 변호사를 중심으로 설립된 단체이다. 일본과 미국의 변호사가 가장 많이 참여했고 한국, 싱가포르, 필리핀, 홍콩, 말레이시아, 타이완, 인도, 태국 등 아시아 각국의 변호사가 대거 참여했다. 회원 수가 1,400명 내외여서 해마다 회의에 참가하다 보면 서로를 알아보며 인간적으로 친밀해질 수 있었다. 또 아시아 국가의 변호사가 '자신이 중심'이라는 일종의 주인의식을 갖고 참여하기 때문에 세계변호사협회에서는 느끼지 못했던 자족감도 생겼다.

당연히 세계변호사협회보다 환태평양변호사회 활동에 더 큰 매력을 느끼게 되었고 다양한 활동을 전개했다. 2013년에 한국에서 총회를 개최했고 회장직을 수행한 것도 큰 의미로 남는 활동이었다. 최근에는 환태평양변호사회 내에 '반부패 법치주의 분과위원회'의 발족을 주도하면서 이 분야에서 활동하는 보람을 더욱 크게 느낀다.

인재 영입 노력과 한계

세종은 꾸준히 성장했다. 그 과정에서 나는 투명하고 민주적인 경영을 위해 상당한 노력을 기울였다. 모든 과정이 순탄하지만은 않았다. 스스로 한계를 느낀 일도 많았다. 사람들이 어우러진 조직이다 보니 가끔은 내 생각과 엇나가는 일도 있었다.

로펌의 지속적 성장을 위해서는 젊은 인재도 꾸준히 수혈해야 하지만 법원이나 검찰 출신 가운데 유능한 사람도 영입해야 한다. 형사 사건의 수임을 위해서도 또 소송의 원활한 진행을 위해서도 그렇다. 영입에 성공하려면 일류 로펌에 버금가는 수준의 조건을 제시해야 했다. 하지만 그 조건에 내부 동의를 받는 과정이 점점 더 어려워졌다. 절차가 까다로워지고 과정이 길어지면 영입대상자는 기분이 상하기 마련이었다. 다른 곳은 좋은 조건을 신속하게 제시하는데 세종은 그렇지 못하다면 결국 발길을 돌릴 수밖에 없었다.

어떤 로펌의 경우는 대표 변호사가 거의 전권을 가지고 영입대상자에게 영입을 제안offer했다. 그렇게 재조의 우수인력을 계속 영입할 수 있었다. 그런 일이 거듭되다 보면 격차가 벌어질 수밖에 없었다. 결국 나 스스로도 생각이 짧았다는 판단을 하게 되었다. 이런 문제를 해소하기 위해서라도 내가 인사권을 좀더 가졌어야 했다는 생각이다. 나의 독단이 아니라 협의체를 통해 회사를 민주적으로 운영하다 보니 한계에 부닥칠 수밖에 없었다.

그래도 인재를 영입하는 데 많은 신경을 썼다. 실제로도 우수한 인재가 많이 들어왔다. 다른 로펌보다 더 높은 평가를 받기도 했다. 무엇보다 세종에는 민주적 분위기가 있었다. 또 파트너십 제도로 운영되기 때문에 젊은 변호사에게 상당히 인기가 있었다. 한때는 세종과 비교하면 다른 로펌은 '월급쟁이'라는 말이 돌기도 했다. 세종의 자유롭고 민주적인 분위기 때문에 생겨난 이야기였다. 세종에서는 미국 유학을 다녀온 뒤 파트너 변호사가 되면 자신이 벌어들인 수입에서 일정 비율을 분배받는 것이 아니라 전체의 이익에서 배당을 받도록 했다.

한편으론 그렇게 민주적이고 투명한 운영이 결과적으로 다른 로펌보다 한 걸음 더 앞서나가지 못하는 한계로 작용했다고 생각한다. 하지만 그 한계를 넘어서겠다는 욕심으로 독단적 운영이나 비자금 운용 같은 것은 거의 하지 않았다. 그 사실에 나는 자부심을 느낀다. 그것이 지금도 내가 이렇게 당당하게 이야기할 수 있는 밑거름이다.

그렇게 할 수 있었던 데는 또 하나의 철학이 있었다. 변호사라는 직업으로 큰돈을 벌려고 하면 곤란하다는 신념이다. 큰돈을 벌려는 자세는 결코 바람직하지 않다. 변호사는 비즈니스의 측면도 있지만 무엇보다 공익성이 강한 직업이다. 변호사를 하면서 돈을 많이 벌려고 하면 불행해질 수밖에 없다. 나는 후배에게 다음과 같이 강조한다.

보람 있는 일, 좋은 일을 많이 하세요. 공익활동을 하면서 스스로 만족을 느껴야 합니다. 돈을 벌고 싶다면 기업에 취직하거나 사업을 해야 합니다. 변호사로 돈을 벌려고 하면 불행해집니다.

한국 FP협회,
윤병철 회장과의 인연

세종의 변호사 시절, 각계의 다양한 사람을 만났다. 여러 사람을 통해 남다른 경험도 접했고 살아가는 데 필요한 교훈을 얻기도 했다. 그중에는 소중한 인연으로 이어진 사람도 적지 않다. 하나은행 윤병철尹炳哲 회장이 현직에 있을 때 만난 것도 그런 경우이다. 윤 회장은 당시 메세나*mecenat* 활동을 구상 중이었고, 그래서 나는 다른 변호사를 소개해드리기도 했다.

그때 윤 회장이 큰 관심을 두고 추진하는 일이 있었다. '재무설계*financial planning*와 관련한 전문가 육성'이었다. 그는 '한국 FP협회'를 설립하기 위해 1999년부터 본격적으로 나섰다. CFP*certified financial planner*는 1969년 미국에서 처음 생긴 제도로 일반인에게 은퇴설계, 투자설계 등의 서비스를 하기 위해 체계적 교육을 받고 시험에 합격한 후, "고객의 이익보호를 최우선으로 한다"라는 윤리서약을 한 재무설계 전문가를 말한다.

지금까지 보지 못했던 새로운 금융 서비스였고, 그 필요성 또한 높았던 만큼 국내 시장에서 금세 자리를 잡았고 일본 등 아시아 지역은 물론 다른 대륙에도 점차 제도가 확대 도입되었다.

윤 회장은 이 제도가 우리나라에도 필요하다고 판단해 도입을 추진했다. 그 과정에서 내가 법률자문을 했다. 그 인연으로 나는 한국 FP협회의 이사가 되었고 윤리분과위원장의 소임을 맡게 되었다.

우리나라는 이 제도와 관련하여 사실상 황무지나 다름없었다. 그럼에도 윤 회장은 이 제도를 도입하여 국내에 성공적으로 정착시켰다. 그래서 이제는 우리 시민도 자산운용이나 은퇴설계 등에 대해 재무설계 전문가로부터 자문 서비스를 받을 수 있게 되었다. 특히, 은행·보험·증권 분야에서 일하는 직원에게는 CFP와 AFPK 자격의 매력이 매우 크다. 금융권 종사자의 40% 정도가 재무설계 교육을 받았을 정도다.

윤 회장은 해마다 한 차례 대규모 콘퍼런스를 개최한다. 그때마다 시의적절한 주제를 선정하여 젊은 금융인을 교육하는 데 열정과 힘을 쏟는다. 특히, 재무설계 제도를 조기에 정착시키고 널리 보급하기 위해 투자, 보험, 은퇴, 상속, 부동산, 세금 문제 등을 다루는 교재를 개발했다. 나아가 재무설계의 산학협동을 위해 한국 FP학회 설립을 지원하는 등 다양한 노력을 펼친 끝에 지금은 40여 개 대학에서 이를 정식 교과목으로 가르치고 있다. 그 안목과 경영능력이 놀랍기만 하다.

윤 회장은 독서열도 남다르다. 존경스러울 정도이다. 요즘도 만날 때마다 최근 출간된 영문원서를 독파하고 나서 내게 읽어볼 것을 권한다. 경탄할 만한 학구열이다.

한일경제협회와 한미재계회의 활동

세종에서 변호사 업무에 매진하던 시절, 주요 경제단체의 활동에 참여할 기회가 있었다. 개인적으로는 행운이라 할 만큼 의미도 있고 보람도 컸다.

대농의 박영일 회장과는 막역한 친구 사이다. 그의 부친인 박용학朴龍學 회장은 사업가로서 왕성하게 활동했고, 다방면에 걸쳐 다양한 인간관계를 맺은 분으로도 유명하다. 한때는 무역협회장도 역임했고 오랫동안 한일 경제협회의 회장을 맡기도 했다. 그래서 경제·무역·기술협력 등 한일 양국 간의 다양한 현안을 일본 측과의 협력을 통해 민간 차원에서 외교적으로 풀어내는 성과를 올리기도 했다.

나는 한일 경제협회의 감사 가운데 한 사람으로 선임되어 활동했다. 한일·일한 두 경제협회는 한국과 일본에서 격년으로 총회를 연다. 그 계기에 며칠간의 일정으로 여러 가지 현안을 토의하는 한편 친선행사도 갖는다. 감사로서 그 행사에 참여하여 의미 있고 소중한 경험을 할 수 있었다.

당시의 경험은 훗날 대한변호사협회장으로서의 직무를 수행하는 데 커다란 자산이 되었다. 일본 변호사회의 여러 회원과 격의 없이 친밀한 관계를 유지하면서 서로를 깊게 이해할 수 있는 밑거름이 된 것이다.

기억에 남는 일화도 있다. 1990년 중반의 일이다. 일본 니가타

新潟에서 한일·일한 경제협회총회가 열렸다. 첫날 환영회*reception*가 있었는데 일본 게이단렌經團連 회장을 지낸 A 씨는 이렇게 인사말을 시작했다.

이곳은 쌀농사와 다나카田中 수상의 고향으로 유명합니다. 또 하나 유명한 것이 있습니다. 여성이 체격도 좋고 미인도 많다는 점입니다. 유감스럽게도 저는 중학교 시절부터 예쁜 여학생의 뒤꽁무니만 쫓아다니기 바빴습니다. 그래서 공부에 집중하지 못했습니다. 그런데 이곳에 왜 미인이 많은지 그 이유를 알고 계십니까? 오래전 옛날부터 부산항을 떠난 배가 풍랑을 맞으면 이곳으로 왔다고 합니다. 그러다 보니 이곳에 정착하게 된 한국인이 많아진 것입니다. 이곳에 사는 한국인과 일본인은 같은 핏줄이 많습니다. 결국 우리는 형제인 셈입니다.

변협 협회장 시절에는 한일 양국에서 활동하는 법조계 리더의 모임을 개최하기도 했다. 제주도에서 열린 비교적 큰 규모의 행사였다. 섭지코지에 위치한 전망 좋은 식당에서 만찬을 겸한 환영행사를 치렀다. 그때 인사말을 하면서 위에서 말한 니가타 한일 경제협회총회 당시의 이야기를 소개했다. 그러자 일본 측 변호사회장이 직접 나를 찾아와 당시의 그 사람이 바로 '신니폰新日本 제철'의 회장을 역임한 분이라면서 이름도 알려주었다. 그렇게 이야기를 주고받고 나니 모임의 분위기가 더욱 편안해졌고 참석자 모두가 친밀함을 느끼는 정겨운 자리가 되었다.

나중에는 한미 재계회의에도 참여하게 되었다. 전경련의 현명관 부회장이 참여를 추천했다. 당시에는 조석래 효성그룹 회장이 한국 측 위원장이었고, 유수의 국내기업 대표가 참여했다. FTA 등 한미 간 경제의 주요현안을 놓고 심도 있는 토론이 벌어졌다. 오랫동안 이 회의에 참석해온 변호사도 있었다. 김앤장의 현홍주玄鴻柱 변호사와 태평양의 이정훈 변호사였다. 1월 무렵 기후가 좋은 하와이나 캘리포니아 지역에서 행사가 열리곤 했는데 한국 측 참가자에게는 모처럼 활력을 재충전하는 계기가 되기도 했다.

경영 일선에서 물러나다

세종은 1990년대에 업계 2위의 실적을 유지했다. 2000년대에 접어든 후 한때는 법무법인 태평양에게 추월당하기도 했다. 그러던 2006~2007년 무렵 나는 경영 일선에서 물러나게 되었다. 63세 되던 때였다. 여러 가지 사유가 있었다.

우선 건강이 무척 나빠졌다. 예전에 없던 기관지 천식이 생기더니 증세가 악화되었다. 기침이 한번 나오면 그치지 않고 되풀이되었다. 갑자기 추운 곳에 가면 호흡도 어려워졌다. 스트레스와 운동부족이 겹친 데다 과음 후에도 체력을 관리하지 않으니 생긴 병이었다. 그동안 건강했던 나로서는 무척 힘든 시기였다.

회사 차원에서도 걱정거리가 많았다. 법률시장의 경쟁이 더욱 치열해지면서 수익성이 악화되자 자신의 기여보다 충분한 보상을 받지 못한다고 느껴 이탈하는 사람이 나왔다. 내우외환內憂外患

같은 상황이었다.

그전부터 IMF 구제금융 사태 시절에 구조조정 분야에서 실적을 올린 젊은 파트너 변호사는 독립에 도전하기도 했다. 그 가운데 하나가 2003년에 송현웅宋炫雄 변호사가 세종을 떠나 설립한 '에버그린'Evergreen이었다. 당시 송 변호사는 역시 세종에서 활약이 컸던 원태연이라는 재미교포 출신 미국 변호사와 함께 나가 일을 시작했다. 에버그린은 탄탄하게 성장을 거듭했다. 그러다 보니 함께 일할 사람이 더 필요해졌다. 그러자 세종의 변호사에게 '더 수익을 올릴 기회가 있다'며 같이 일할 것을 제안했다.

그때 자문 파트에서 실적이 좋고 우수했던 두 중견 변호사가 이탈하여 에버그린에 합류했다. 이경돈李慶敦 변호사와 영Robert Young이라는 미국 변호사였는데 이것이 결정적이었다. 이들은 부동산 분야, M&A 등 자문 업무에서 뛰어난 능력을 발휘하던 사람이었다. 두 사람의 마음을 돌리기 위해 최선의 설득을 다했지만 역부족이었다. 이를 계기로 사무실 분위기가 걷잡을 수 없이 뒤숭숭해졌다.

후계자 그룹이 있기는 했다. 그들 간에 경쟁을 시키면 그 과정에서 훈련이 되어 자연스럽게 경영을 이어받을 사람이 나왔을 것이다. 하지만 상황이 그렇게 일찍 올 것으로는 예상하지 못했다. 우리가 65세까지는 현직을 유지하기로 예정했기 때문이었다. 나에게도 2년 반 정도의 시간이 남아 있는 셈이었다. 그 기간 동안 훈련하면 될 것으로 보고 여유를 가졌다. 사전에 준비를 제대로 하지 못한 것이다.

그런데 갑자기 내우외환이 생기고 내부 분위기가 어수선해지면서 경영진 조기퇴진론이 일부에서 제기되었다. 그래도 나는 내부의 신망과 경영능력을 인정받는 후계자가 가시화되거나 양성되었을 때 물러나는 것이 정도正道라고 생각했다. 하지만 분위기는 악화일로였다. 그래서 사무실 분위기를 수습하기 위해 경영진 조기퇴진 방안에 대한 여론을 들어보기로 했다. 당시 소송 분야에는 황상현 대표가 있었다. 나와는 서울고, 서울대 법대 동기인데 열린합동에서 송무 중심의 변호사 업무를 하다가 2000년에 세종과 합병한 사람이다.

내우외환의 처지에서 어떻게든 가닥을 바로잡아야 했다. 때마침 미국에서 유학 중이던 막내딸이 일시 귀국해 있었다. 막내딸과 함께 안동 하회마을을 1박 2일로 둘러볼 계획이 사전에 잡혀 있었다. 건강이 좋지 않아 휴식도 취하고 딸에게 한국의 문화를 조금이라도 더 접하게 해주고 싶은 취지였다.

출발하기 전에 황상현 대표에게 전화를 걸었다. 후배 변호사의 생각을 들어보자는 취지였다. '우리가 공동대표직에서 빨리 물러나기를 후배들이 진정으로 원한다면 그렇게 하자'는 이야기도 덧붙였다. 그러고는 안동에 내려가 황 대표와 다시 통화했다. 그때 황 대표가 말하기를 '후배들은 자신이 직접 경영하고 싶어 한다. 우리가 물러나기를 바란다'는 것이었다. 나의 대답은 간단했다.

"아, 그러면 물러납시다."

일체 다른 조건을 따지지 않고 화끈하게 물러났다.

지금 와서 생각하면 일종의 과도기가 필요하지 않았나 싶다. 그런 과정을 두지 않은 것은 잘못이었다는 판단이 든다. 사무실 전체의 시각에서 보면 그렇게 과도기가 있어야 모든 일이 원만하게 진행될 수 있을 터였다. 공동대표 두 사람이 갑작스레 사임하자 바깥에서는 '쿠데타가 일어난 것 아니냐'는 이야기까지 돌았다.

전두환 전 대통령과의 인연

전두환全斗煥 전 대통령은 2003년 자신의 재판 과정에서 재산이 "예금통장에 29만 원밖에 없다"라고 진술했다. 이 이야기는 많은 사람의 입에 오르내리며 논란이 되었다. 그 후 전 대통령 측은 법률문제의 대리 업무를, 오랫동안 맡아온 개인 변호사 A 씨로부터 가져와 로펌에 맡기기로 했다.

그 무렵 세종에는 전 대통령과 인연이 있던 군법무관 출신인 전세봉全世鳳 고문변호사가 있었다. 그는 전 대통령의 재임 시절 청와대에서 사정비서관으로 근무한 사람이었다. 이러한 인연으로 세종은 전 대통령 관련 소송사건을 수임하여 처리하기 시작했다. 송무 분야에서 황상현·김경한·유창종 변호사가 민·형사 관련 사건을 주관했고 여기에 젊은 변호사들이 실무작업을 하며 돕게 되었다.

사건을 맡았을 당시만 해도 젊은 변호사의 반발이 적지 않았다. '굳이 이런 분의 사건까지 수임해야 하느냐'는 것이었다. 그런데 업무를 맡아 처리하는 과정에서 전 대통령과의 만남이 이루어지고 사적으로 대화를 나누자 젊은 변호사들의 인식이 크게 바뀌었다. 전 대통령은 사람을 편하게 대하기도 했지만 사람을 따르게 하는 재주도 특별했다.

그는 함께 식사하거나 운동할 기회가 있으면 살아온 이야기를 가감 없이 들려주었다. 어렵게 살던 시절의 이야기도 있었고, 연애하던 시절과 신혼 초의 이야기도 있었다. 육사 생도부터 시작하여 군대 생활을 하면서 겪었던 다양한 일화와 경험도 스스럼없이 소상하게 소개했다. 젊은 사람이 귀담아들으면 사회생활하는데 꽤 도움이 될 만한 내용이었다.

특히, 박정희 전 대통령과의 인연, 함께 겪었던 일, 군대 내에서 리더로 성장하는 과정, 12·12 쿠데타와 그 후 정권을 잡게 되기까지의 이야기도 허심탄회하게 털어놓곤 했다.

내가 대한변협 협회장 임기를 마친 후 세종의 고문으로 복귀할 무렵인 2013년, 새 정부가 들어섰다. 당시 전두환 전 대통령 측이 추징은 제대로 되지 않는 가운데 호화생활을 하는 것으로 알려지자 법무 당국은 강제 회수조치에 나서게 되었다. 그때 전 대통령 측 인사가 나에게 '연희동 자택을 한번 방문해달라'고 전세봉 변호사를 통해 요청했다. 안현태安賢泰 전 경호실장이 타계한 후에는 가까이에서 직언할 사람이 마땅치 않으니 변협 협회장을 지낸 내가 나서서 추징금 회수조치에 관해 올바른 방향으로 조언해달라는 부탁이었다.

언론의 이목이 집중되어 있던 때였다. 연희동 자택을 방문한다면 언론에의 노출을 각오해야 했다. 부담스러운 상황이었지만 추징금 관련 요청이라는 중요한 현안이 있기 때문에 방문을 결심했다.

전세봉 선배 변호사와 함께 연희동을 찾았다. 전 대통령은 예전처럼 활기찬 모습으로 반갑게 우리를 맞아주었다. 내가 "요즘도 자주 운동하십니까?" 하고 묻자 그는 "어허, 언제 함께 라운딩 한번 하지"라고 대답했다.

그러자 옆에 있던 이순자李順子 여사가 "여보, 이제 우리 그런 운동은 다시 못해요"라고 말했다. 그러면서 이 여사는 노후대비 자금으로 말년에 쓰려고 준비해둔 몇 십억 원이 가압류될 처지라면서 그날 아침 변호사를 선임해 처리를 부탁했다는 말을 덧붙였다. 또 "그 돈은 대부분 친정아버님으로부터 유산으로 받은 것"이라고 말하면서 억울함을 호소하기도 했다.

여러 가지 사정을 살피다 보니 정부의 추징금 회수조치에 협조하는 게 좋겠다고 말할 처지가 아니었다. 그날은 결국 이야기만 주로 듣다가 그냥 돌아 나오게 되었다. 돌아온 후에 연희동 측 비서관에게 경위를 설명했다. 계획했던 이야기를 전하지 못했으니 가능하면 장남 등 가족과 만날 기회를 한번 주선하라고 부탁했다.

이 무렵 전 대통령과 사돈인 한국제분의 이희상李喜祥 회장도 이 문제에 각별한 관심을 보였다. 그는 무엇보다 명예를 지킬 수 있는 해결책이 나왔으면 좋겠다면서 나를 격려했다.

　그 후 전두환 전 대통령의 장남과 차남, 장녀, 그리고 처남인 이창석李昌錫 회장과 저녁식사를 하는 기회가 만들어졌다. 이번에도 나는 전세봉 변호사와 자리를 함께했다. 이창석 회장도 그렇고 장남과 차남 역시 재력이 없다며 답답함을 토로했다. 장남은 자신의 출판사인 '시공사'와 연천에서 운영 중인 '허브랜드'가 주요 재산이긴 하지만 경영과정에서 발생한 부채 때문에 실제로 매각해도 큰돈은 되지 않는다고 이야기했다.

　우리는 그런 사정에 대해 안타까움을 표하는 한편 전 대통령의 명예를 지키기 위해서는 그래도 추징금 회수에 최대한 협조하는 게 좋겠다는 말을 전했다. 그것이 최선이라는 판단이었다.

제4부

제2의 인생을 시작하다

나라발전연구회의 창립

구성원 모두가 이 연구회를 통해 '대한민국이 선진국으로
도약하는 데 지식인으로서의 역할과 사명을 다하자'는 생각을 공유했다.

나라의 장래를 함께 생각하다

세종의 규모가 커지고 업무도 점차 확대될 무렵 나는 함께 일
하던 젊은 변호사들에게 일을 맡기기 시작했다. 그러는 한편 사
회문제에 관심을 기울였다. 오십 대 나이로 접어들 무렵이었다.
1992년, '사단법인 나라발전연구회'를 설립하기 시작했다.

김영삼金泳三 정부가 들어서기 직전이었다. 나라와 정치현실에
대한 걱정으로 뜻을 함께하는 친구들이 모였다. 남북관계는 물론
대외관계 등에 대해서도 깊이 있는 이야기를 나누었다. 한마디로
'100년 전 나라가 무너지던 상황이 되풀이되는 것 아니냐'는 인식
이 연구회를 설립하는 바탕이 되었다. 나아가 그런 상황이 되풀
이되지 않도록 나라를 바르게 이끌 그룹이 필요하다는 데 의견이

일치했다.

나와 언론인인 박무朴武 씨, 나중에 재경부장관이 된 이헌재 씨, 서울대 경제학부 이승훈 교수, 증권계의 오호수吳浩洙 증권업 협회장, 포스코 장중웅 전무 등이 주축이 되었다.

강영훈姜英勳·이홍구李洪九 전 국무총리와 이규성 전 재경부장 관이 고문을 맡고, 내가 회장직을 맡았다. 총무는 초기에는 박무 씨가, 그 뒤에는 산업은행 출신으로 성신양회 대표이사 등을 지 낸 김재실金在實 씨가 맡았다.

서울대 경제학부의 김인준金仁埈 교수, 경성대 상경대학의 문석 웅文錫雄 교수, 안진회계법인대표 차재능 대표회계사, 박진원 변호 사, 서강대 경영학과의 최운열崔運烈 교수, 연세대 경영학과의 박 상용朴尙用 교수 등이 활발하게 활동했다. 서울고 동기인 김선옥 (ER미디어 회장), 김석기金奭起(한호흥업 대표), 이세근李世根(대우증 권 부사장), 전화성(하나그룹 대표) 등도 참여했다. 또 SK그룹의 한 일상韓一相, 이복영, 박병수, 금융증권계의 안광우, 김건세, 주진 술, 윤희육, 이승배, 양원근 등 기업인도 다수 참여했다. 언론계 에서는 이장규李璋圭(〈중앙일보〉 편집국장), 이병완李炳浣(참여정부 대통령 비서실장) 씨가 참여했고, 정부 출신으로는 이인원, 박찬, 강희복, 이종화, 김익수金益洙, 정재호鄭在昊, 강정호 씨가 있었다.

참여자 각자가 1천만 원씩을 출연하기로 했다. 시민단체로서 독립성 유지가 중요하므로 정부나 기업에 손을 내밀기보다 스스 로 활동비를 마련하기로 한 것이다. 내가 가장 많이 출연한 참여자로 1억 원을 냈다. 언론인 박무와 교수 한 분은 은행에서 돈을 빌려서 낸 것으로 안다. 나중에 박무가 '은행에 집을 담보로 제공해 1천만 원을 빌려서 냈다'고 말해서 사실을 알게 되었다. 그만큼 열정이 있던 사람이었다. 모두 6억 원가량을 모았고 아직 4억 원 이상이 남아있다.

상당수의 회원이 막 오십 줄을 바라보는 나이라 각자의 분야에서 중심역할을 했다. 그런 만큼 모두가 바쁜 시기였다. 그러다 보니 연구회 활동에는 일정한 한계가 있었다. 그래도 공공·금융·노동·교육 등 우리 사회 각 분야의 개혁문제에 대해 심도 있는 논의와 토론을 계속했다. 때로는 연사를 불러 고견을 듣기도 했고, 1년에 한두 차례 심포지엄을 열기도 했다. 우리 스스로 공부하고 정보를 교류하는 데는 크게 기여했지만 사회적으로 얼마나 큰 영향력을 미쳤는지는 미지수로 남아있다.

구성원 모두가 이 연구회를 통해 '대한민국이 선진국으로 도약하는 데 지식인으로서의 역할과 사명을 다하자'는 생각을 공유했다. 재정경제부에 사단법인으로 등록했고, 기부금에 대해서는 면세 혜택을 받았다. 내 후임으로 서울대 이승훈 교수가 회장직을 맡았다가 최근 바른사회운동연합이 나라발전연구회의 산하단체로 창립되면서 내가 다시 회장직을 맡았다.

나라발전연구회의 활동을 기점으로 나는 비로소 공적 영역의 일을 도모하기 시작했다. 어떤 면에서는 제 2의 인생을 시작하는 출발점이었다. 그 후 변호사협회장에 나서게 되고 바른사회운동연합을 창립하게 되기까지 밑거름 역할을 한 것이 바로 나라발전 연구회 활동이다. 지금의 바른사회운동연합도 그렇지만 나라발전 연구회 역시 활동하는 과정에서 일절 정부보조를 받지 않았다. 그러면서도 20여 년 동안 꾸준히 활동하면서 국가정책 전반에 대해 건전한 비판과 합리적 대안을 제시하는 역할을 해왔다.

2000년대의 대표적인 연구 활동을 추려보면 "한국인의 심성과 가치의식"(김태길, 2001), "한·중 경제협력의 발전방향"(이규성, 2002), "북한 핵문제와 아시아경제"(김경원, 2003), "한국의 미래와 대학의 비전"(정운찬, 2003), "한국경제의 위기구조와 극복방향" (김인호, 2004), "21세기 국가발전이념"(박세일, 2004), "고용구조의 개선과 노동시장의 유연화"(이승훈, 2004), "한국경제활력, 어떻게 회복할 것인가?"(좌승희, 2005), "북한경제의 경제특구"(배종열, 2005), "북한에 시장이 생기고 있다"(이승훈, 2006), "나라발전을 위한 길"(안병직, 2006) 등이 있다.

2010년대에 들어서도 세미나와 심포지엄은 계속되었다. 2014년에도 '왜 아시아지도자들인가?'(정종욱), '대한민국 지식 재산 시대에 서다'(고영희 대한변리사회장) 등의 발표가 있었고, 바른사회운동연합의 창립식에서는 김영란金英蘭 전 대법관 등을 초청하여 '한국의 공직윤리제도가 나아갈 방향'에 대해 듣고 토론하기도 했다.

2015년에는 이배용李培鎔 한국학중앙연구원장을 초청하여 '국사와 문화'라는 주제로 강의를 들었으며, 곽수일郭秀一 전 서울대 교수는 '한국기업의 성장과 성숙'이라는 주제로 강의했다.

도전과 포기 그리고 아픔

나는 옳은 일에 나서는 것을 별로 주저하지 않을 때가 있다.
사석에서도 바른 소리를 잘하는 편이라
불필요한 손해(?)를 보기도 한다.

박무, 세상을 분석하는 혜안

나라발전연구회 활동을 함께했던 박무를 생각하면 감회가 깊
다. 이병완 씨에게서 들은 이야기를 하나 소개한다. 그가 새천년
민주당 대통령 후보로 노무현盧武鉉 의원을 지원하기 시작했을 무
렵이다. 당시 노 후보는 '언론인 중에 괜찮은 사람을 추천해달라'
고 부탁했고 이병완 씨는 그 자리에서 박무를 추천했다.

나중에 노 후보가 대통령이 되고 나서 얼마 후 박무에게 국가
정보원 차장을 맡아달라는 제안이 있었다. 그러자 박무는 이렇게
대답했다고 한다. 〈머니투데이〉를 창간하고 사업기반을 다지던
시점이었다.

저에게 6개월만 여유를 주세요. 저를 믿고 투자한 사람들이 지금 지켜보고 있습니다. 아직 회사가 안정되지 않았습니다. 또 저를 믿고 따라온 기자들을 생각하면 저는 이 제안을 받아들이기 어렵습니다. 6개월만 지나면 회사 경영이 안정될 것 같은데 그때 기회를 주십시오.

이 대답처럼 그는 대단하고 비범한 친구였다. 그러나 다시 6개월이 지났을 무렵에는 암 투병을 하게 되었고, 결국 그는 뜻을 이루지 못한 채 고인이 되고 말았다.

박무와 나는 동갑이었다. 그는 중동고등학교를 나와 서울대 문리대 철학과를 졸업했다. 두주불사斗酒不辭하는 친구였다. 사나이 중의 사나이라는 느낌이었다. 다른 사람을 감동시키는 재주가 있었으며, 무슨 일에든 헌신하는 성격이었다. 게다가 세상을 분석하고 전망하는 혜안慧眼이 있었다. 생각할수록 참으로 아까운 친구이다.

그의 장례식 때에는 이헌재 경제부총리가 바쁜 일정에도 불구하고 틈을 내어 이틀 연속 문상을 했다. 고인과의 특별한 인연 때문이었다. 그는 고귀한 뜻을 펴지 못한 채 세상을 하직한 고인을 추모하며 각별한 우정을 보여주었다. 자리를 함께했던 경제·금융계 인사들도 이 부총리의 각별한 조문에 감동을 받고는 그 후 박무가 창업한 〈머니투데이〉의 경영과 성장에 관심과 애정을 갖게 되었다. 〈머니투데이〉는 지금 양적인 면에서 대형 인터넷 언론그룹으로 성장하는 중이다.

2015년 그의 10주기를 맞아 내가 낭독했던 추모사를 여기에 소개한다.

고 박무 〈머니투데이〉 대표 10주기 추모사

강산도 변한다는 10년 세월, 더더욱 그리운 이여!

떠나보낸 지 10년이나 되었소! 그리움에 인터넷을 뒤적이는데 문득 한마디가 눈길을 사로잡습니다.

"죽은 사람이 정말 죽은 것이라면 왜 그 사람이 지금도 내 마음속에서 걸어 다니겠는가?"

그렇습니다.

어느 인디언 현자의 말이라고 전해져오는 이 한마디는 바로 박무 사장, 당신이 어찌 우리 마음에 그토록 소중하게 심어져 있는지, 어찌 우리의 추억과 미래를 그토록 단단하게 묶어주는지 깨닫게 해줍니다.

(중략)

돌이켜 보면 당신은 무엇보다 참으로 세상을 사랑하고 바른 길을 제시하는 경세가經世家였습니다.

IMF 구제금융 사태의 소용돌이로 온 사회가 힘들고 소연하기만 하던 1998년, 박무 사장, 당신이 쓴 소중한 칼럼 하나가 지금도 우리를 감동시킵니다.

까마귀는 둥지를 만들기 위해 그 생애에서 가장 힘든 일을 해야 한다. 하나의 둥지를 만들기 위해 필요한 수백 개의 나뭇가지, 너무 굵지도 가늘지도 않아야 하고 너무 짧지도 길지도 않아야 하며, 너무 딱딱해서 구부러지지 않거나 너무 부드러워 휘청거리지 않아야 하는 그런 나뭇가지는 아무 데서나 쉽게 얻을 수 없다. 그런 나뭇가지를 일일이 찾아내 한번에 하나씩 입에 물어 나르기를 수백 수천 번…. 까마귀로서는 가혹하리만큼 힘든 노동을 한다. 다른 까마귀의 둥지에서 나뭇가지를 빼오고 싶다는 강렬한 유혹을 이기고 기꺼이 힘든 일을 선택해 끝내 까마귀 사회

전체의 어려운 문제를 해결한다.

　이 통찰, 까마귀 사회를 예로 들어 '도덕이 경제를 일으키는 사회로 우리의 위기를 돌파해야 한다'고 설득하는 당신의 고언苦言은 지금에 이르러 더더욱 의미 있고 소중하게 가슴을 울려옵니다.
　그렇습니다.
　기자이자 미디어경영자이자 경세가인 당신은 지금에 이르러 더더욱 그 의미가 새로워지는 에피소드를 숱하게 세상에 남겼습니다. 아니, 남겼다기보다 지금도 세상 안에서 온전히 자라나게 합니다.

　(중략)

　그 옛날 우리가 나라발전연구회를 만들 때 당신이 우리에게 보여준 깊은 통찰은 우리에게 그리움과 함께 새로운 각오를 일깨워주기 때문입니다. 당시 바쁜 일상 중에도 경제발전, 교육개혁, 그리고 나라경제, 특히 노동시장의 유연성과 노사관계 개선에 대해 많은 세미나와 토론을 하며 이 나라 발전을 고민할 때, 박무 사장, 당신은 세상을 바꾸려는 이들이 지녀야 할 가장 소중한 자세와 철학으로 바로 우공이산愚公移山을 설파했기 때문입니다.
　오늘날 우리가 고민하던 바의 일부는 물적 측면이나 양적 측면에서는 충족되었다고 할 수도 있습니다.
　그러나 나라의 핵심을 관통하는 교육개혁과 반부패 법치주의 확립 등 나라의 근본과제는 여전히 미해결인 채 우리를 가로막습니다. 하루가 더할수록 우리 사회의 난제는 더해가고 나라의 활력도 점점 잃어가는 것만 같습니다.
　어찌, 박무 형, 당신이 더더욱 그립지 않겠습니까?
　허나 당신은 이런 거대과제가 얼마나 무거운지, 얼마나 수많은 땀과 노력을 기울여야 하는지, 무엇보다 돌파하려면 얼마나 길고도 많은 시간이 걸릴지 동시에 통찰했습니다.

"지치지 말고 노력하자!"

"우리들의 시대에 안 되면 우리 후손도 달라붙어 헤쳐 나가자!"

그것이 희망이라고, 유일한 길이라고 당신은 오늘도 그 단호하면서도 너그럽기 그지없는 얼굴로 우리를 격려하는 것만 같습니다.

박무 형!

당신이 통찰한 우리 과업의 길을 위해 우리는 새롭게 길을 펼쳐나가려 합니다. 지난해 4월 나라발전연구회의 보다 젊고 실천력 있는 산하조직으로 '바른사회운동연합'을 출범시키고 그 전진과 성장을 위해 박차를 가하고 있습니다.

그때 우리 사회의 근본과 직결되는 과제인 반부패, 법치주의 확립을 위해 국제 심포지엄도 성공적으로 개최했고 12월에는 우리 사회의 지속가능한 발전을 위해 절대적으로 필요한 교육개혁을 위해 '창조형 인적자본의 육성과 교육개혁'을 주제로 심포지엄도 열어 뜨거운 반향을 불러일으키기도 했습니다.

앞으로 나라발전연구회와 바른사회운동연합은 더욱더 협력하며 함께 미래를 헤쳐 나갈 것입니다.

그대여, 부디 우리의 도정道程을 지켜보며 더 뜨겁게 격려해주소서!

우인을 대표하여
나라발전연구회 이사장 신 영 무

두 차례의 국회의원 출마 기회

나는 옳은 일에 나서는 것을 별로 주저하지 않을 때가 있다. 사석에서도 바른 소리를 잘하는 편이라 불필요한 손해(?)를 보기도 한다. 때로는 능력을 넘어서서 나선다는 생각이 들기도 한다. 그런 성격 탓인지는 몰라도 김영삼 대통령 시절에 국회의원에 출마하라는 권유도 받았다.

당시 서울대 법대 동기인 김석우 의전비서관의 권유를 통해 서대문 선거구에 출마하는 것으로 내정되기도 했었다. 마침 법률사무소가 그 지역에 있었다.

그러나 그때 아내의 반대가 무척 심했다. 몸도 허약한 상태에서 딸 셋을 키우며 학교 교수 생활을 하던 터라 마음의 여유가 전혀 없던 시절이었다. 아내는 "만일 출마하면 병원에 입원할 수밖에 없다"면서 "그래도 정 하고 싶으면 출마하라"고 말했다. 그 말을 듣고는 도저히 출마를 결정할 수 없었다. 어쩔 수 없이 당시 청와대 이원종李源宗 정무수석을 만나 "미안하게 되었습니다" 하고 양해를 구했다.

2002년 종로구 보궐선거 때에는 실제로 출마 직전 단계까지 갔다. 그때는 아내의 반대도 심하지 않아 주민등록을 종로구로 옮기고 본격적으로 출마를 준비했다. 강력하게 출마를 권유한 사람은 한나라당 강재섭姜在涉·강창희, 두 명의 강 씨였다. 강창희 의원이 최고위원을 하던 시절이었다. 두 사람이 나를 추천해서

1990년대 후반 삼도빌딩 시절 오성환 전 대법관과 함께

출마를 시키려고 이야기하던 중이었다.

마침 그때 대법관을 지낸 오성환 변호사가 세종의 어른으로 계셨다. 오 대법관은 이회창 대통령 후보와 가까운 동료법관이자 친구였다. 내가 찾아갔더니 오 대법관은 그 자리에서 나에게 몇 가지를 물었다. "종로구에 연고가 있는가?", "돈은 충분한가?", 그리고 세 번째로 "특별히 큰 약점은 없는가?"였다. 그러면서 찬찬히 생각해 본 후 다시 오라는 것이었다.

다음 날 다시 찾아가 "큰 약점은 없는 것 같습니다. 한번 도전해 보고 싶습니다"라고 이야기했다.

그러자 오 대법관은 곧바로 이회창 씨에게 전화를 걸어 "우리 신 대표가 이번에 당신의 대권가도에 도움이 되려고 크게 결심했다"라고 말했다. 그러면서 '어떻게 출마 생각을 하게 되었냐?'고 내게 물었다. 나는 "두 명의 강 씨가 권해서입니다"라고 대답했다. 곧바로 두 명의 강 씨로부터 연락이 왔다. '빨리 주민등록을 옮겨서 준비를 시작하라'는 주문이었다.

당시 대통령 후보인 이회창 씨의 아들과 관련하여 몇몇 의혹이 제기되었다. 그 가운데 하나가 이른바 '손녀의 원정출산' 문제였다. 나의 경우는 둘째 딸을 미국에서 출산했는데 그것을 가지고 상대측이 문제를 제기했다. 사실 그것이 약점은 아니었다. 그래도 일이 잘못되면 내 문제 때문에 이회창 씨의 대권가도에 도움은커녕 짐이 될 것이라는 생각에 부담이 생겼다. 그래서 오 대법관에게 "저의 출마가 이 총재에게 부담이 되면 언제든지 이야기해 주세요. 그러면 곧바로 물러나겠습니다"라고 미리 말해놓았다.

그런데 얼마 후 장상張裳 총리 후보가 아들의 이중국적 문제로 국회 인준을 받지 못하고 낙마하는 일이 생겼다. 그러자 그쪽에서도 부담이 되었는지 연락이 왔다. 결국, "내가 갈 길이 아니로구나"라고 판단하고는 변호사 업무에 정진하기로 하고 깨끗이 출마를 포기했다.

제46대 대한변호사협회장

> '그렇지. 산다는 게 무엇이라고…. 내가 이만큼 사회의 혜택을
> 받고 살아왔으면 좋은 일을 위해 발 벗고 나서는 것도 의미가 있다.
> 나를 필요로 하는 곳이 있다면 부족하지만
> 내 능력을 발휘해 보는 것도 좋은 일이겠다.'

무엇보다 봉사를 해야 돼

세종의 경영 일선에서 물러나 있을 무렵, 대한변호사협회장인 김평우가 협회의 연수원장을 맡을 것을 권했다. 명예직인 데다 아주 바쁜 직책은 아니어서 기꺼이 수락한 후 봉사하는 마음으로 일했다. 그런데 김평우가 임기를 마치고 물러날 즈음 나에게 46대 변협 협회장 선거에 출마하라고 권했다. 나는 '생각해 본 적도 없다. 갑자기 내가 출마한다는 게 말이 되느냐'고 반문했다.

그래서 이야기가 끝난 것으로 알았는데 그는 기회가 있을 때마다 나를 설득하고 자극했다. 설득의 요지는 이러했다.

자네는 판사로 지내다가 유학을 다녀와서 증권법 분야의 개척자가 되었고,

또 로펌을 창업해서 성공했네. 그리고 이제 로펌을 후배에게 물려주었으면 사회를 위해서 봉사해야 하지 않겠나? 변협 협회장은 정말 중요한 자리일세. 앞으로 법률시장도 개방되는 등 여러 위기상황도 많을 텐데 거기에도 대비해야 하네. 자네 같은 사람이 변협 협회장이 되면 해야 할 일이 많을 것이네. 무엇보다 봉사를 해야 돼!

설득하는 이야기를 듣다 보니 내 마음도 조금씩 출마 쪽으로 기울기 시작했다.

'그렇지. 산다는 게 무엇이라고…. 내가 이만큼 사회의 혜택을 받고 살아왔으면 좋은 일을 위해 발 벗고 나서는 것도 의미가 있다. 나를 필요로 하는 곳이 있다면 부족하지만 내 능력을 발휘해 보는 것도 좋은 일이겠다.'

마음을 먹고 나서 주변 상황을 살펴보니 이번에는 현 변협 협회장인 하창우河昌佑 변호사가 거의 확실하게 협회장에 당선될 분위기라는 이야기가 들려왔다. 게다가 법무법인 화우의 대표이자 당시 변협 수석 부협회장이던 양삼승梁三承 변호사가 출마할 뜻을 가졌다고 들었다. 양 변호사는 나에게 서울대 법대 후배로 사법시험도 수석으로 합격했고, 대법원장 비서실장을 지내는 등 법조계에서 알아주는 인물이었다. 호남 출신이었고 평판이 꽤 좋은 사람이었는데, 대전 법조비리 사건 때 억울하게 고등법원 부장판사를 그만두었다.

대전고등법원 부장판사로 있을 당시 경기법조동문회 행사에 후배 변호사가 백만 원을 후원했고, 이 가운데 20만 원을 당일 경비로 썼는데 남은 80만 원을 회장인 자신의 구좌에 입금했던 것이다. 이 사건이 언론에 크게 보도되면서 그는 결국 사임하고 말았다. 별문제가 될 일이 아님에도 안타깝게도 검찰의 표적수사 의심을 받은, 매우 이례적 사건이었다.

나는 김평우 협회장에게 "양삼승 대표가 나온다는데 그러면 나까지 나서는 건 어렵지 않을까?" 하고 물었다. 김평우는 양 대표의 출마가 쉽지 않을 것으로 전망했다. 그러고는 '여러 가지 사정 때문에 양 대표의 출마 의사가 흔들리고 있으니 허심탄회하게 상의해 보면 좋을 것'이라고 귀띔하면서 양 대표를 만나보라고 권했다.

나는 직접 양 대표를 찾아가 생각을 솔직하게 이야기했다.

"사실 양 대표가 출마한다고 해서 망설이고 있습니다. 그래도 혹시 양보할 의사가 있는지 묻고 싶어서 이렇게 찾아왔습니다."

양 대표는 흔쾌히 대답해주었다.

"아이쿠, 선배님이 하신다면 양보해야지요."

"그럼 이번에는 양보해서 저를 도와주시고 다음번에 출마하시지요."

내친김에 나는 선거를 도와달라는 부탁도 했다. 그러자 양 대표는 법무법인 화우의 내부통신을 통해 '신영무 후보를 지지하며, 물러난다'고 사퇴의 변을 밝혀주었다. 또 양 대표는 나의 선거사무소 개소식에도 참석하여 멋진 찬조연설로 참석자를 크게 감동시켰다.

갑자기 준비한 개소식 행사에는 각계에서 평소 가깝게 지낸 많은 분이 참석하여 크게 격려와 응원을 해주었다. 감사할 뿐이다.

특히, 권성 전 헌재 재판관, 윤병철 FP협회 회장, 어윤대 KB금융지주 회장 등은 나와의 오랜 관계에서 느꼈던 점을 부각해 재미있는 격려사를 해주었다.

막상 변협 협회장에 출마하고 보니 내가 전반적 상황을 잘 모르고 있었음을 확인할 수 있었다. 내가 처음 출마를 결심했을 때, 세종의 소송 분야 파트너 변호사 중에는 걱정이 되어 간곡히 만류한 사람도 있었다. 그들이 만류한 이유를 알 수 있을 것 같았다.

그 시점까지도 나는 최선을 다하면 승산이 있을 것으로 내다봤다. 그러나 주변 사람은 모두 다 쉽지 않을 것으로 전망했다. 상대인 하창우 후보가 지난 10여 년 동안 변협 활동을 하며 기반을 닦았다는 이유였다. 하 후보는 나보다 10년 아래인데 그동안 서울지방변호사회장도 했고, 변협 공보이사도 지내며 기반을 상당히 굳혔다. 특히, 서초동에서 변호사 생활을 하면서 한길을 걸어왔다는 강점이 있었다. 나는 대형로펌 대표 출신인데 이것이 오히려 약점이었다.

예전에 모 로펌의 대표 변호사가 서울지방변호사회장에 출마한 적이 있었다. 김성기金成基 변호사가 상대 후보였는데 당시 "한국의 대표적 로펌의 대표가 왜 서울지방변호사회장까지 하느냐"라며 반감을 나타내는 사람이 많았다. 이에 대해 "실제 대표는 다른 변호사이고 나는 명목상의 대표일 뿐"이라며 당선을 낙관하는 분위기였다. 하지만 결과는 낙선이었다.

그런 전례도 있었던 탓에 사람들은 나를 공략하는 게 수월하다고 생각하는 듯했다. '로펌을 창립한 사람이 성공하고 자리에서 물러났으면 그만이지, 이제 명예까지 얻어서 부귀영화를 다 누리려고 하느냐'는 비판도 있었다. 전임 협회장 중 한 사람은 그렇게 나를 공격했다. 출마 인사를 하러 다니는데 반응이 매우 싸늘했다. 대부분 하창우 후보를 지원하는 사람들이었다.

열악한 판세, 움직이지 않는 캠프

판세를 분석해 보니 난감했다. 9 대 1 또는 8 대 2였다. 그런 정도인지는 전혀 몰랐다. 큰일이었다. 12월 초에 급하게 선거대책본부를 꾸리긴 했다. 하지만 누가 무슨 능력을 갖추고 있는지 알 수 없었다. 그래서 당선되면 이사나 감사 등 어떤 직책을 맡기겠다고 약속할 수도 없었다. 그냥 "우선 같이 일하고 나중에 봅시다"라는 정도로 이야기하고 시작했는데 캠프는 전혀 돌아가지 않았다. 무엇부터 시작해야 하는지 몰랐다.

아침회의를 하자고 말하면 반응도 신통치 않았다. 사실 한겨울 아침 8시에 매일 조찬회의를 하는 것도 쉬운 일은 아니었다. "시간이 너무 이릅니다" 하는 의견도 있었고, "뭐 매일 할 필요 있나요? 일주일에 한 번만 하지요"라는 의견도 있었다. 나만 마음이 급했다. 선거를 50여 일 앞둔 시점이었다.

선거운동을 위해 곳곳을 돌아다녀야 했다. 서울을 한 바퀴 도는 데만 한 달 가까운 시간이 걸렸다. 캠프를 차려놓았으니 매일 다니기만 할 수도 없었다. 직접 찾아갔는데 사람이 없는 경우도 많았다. 공식 선거운동기간은 한 달이었던 것으로 기억한다. 하지만 사실상 그 이전에 선거운동을 거의 마치는 것이 후보의 통상적 관행이었다. 반면 나는 그때가 시작이었다.

2010년 12월이었다. 우선 캠프를 꾸린다고 시간을 보냈다. 다음에는 캠페인에 활용할 정책을 만들어야 했다. 정신이 없었다.

이듬해 1월 30일이 선거일이었고, 12월 말에 공식 선거운동이 개시되었다. 친분이 있던 기자가 선거대책본부 사무국장감을 추천해주었다. 군법무관 출신 오세창吳世昌 변호사로 당시 법무법인 로고스에 몸담았다. 일단 그를 영입했다.

그 후 이경재李炅在 변호사를 김평우 변호사로부터 소개받았다. 이 변호사는 검사 출신으로 44대 이진강李鎭江 협회장이 출마했을 때 선대본부장을 맡은 경험이 있었다. 이 변호사는 자신은 본부장은 못하겠고 고문 역할 정도만 할 수 있겠다며 사양했다. 그래서 선대본부장감을 추천해달라고 부탁하자 차철순車澈淳 변호사를 이야기했다. 차 변호사는 경북고등학교를 나온 수재인데 한때 박철언朴哲彦 씨 밑에서 중요한 일을 한 경력이 있었다. 그를 선대본부장으로 영입했다. 차 변호사는 경험은 없었지만 맡은 일을 열심히 해주었다.

선거운동이 시작되자 각 로펌에서 소속 변호사 한 사람을 캠프

로 파견해주었다. 하창우 후보 캠프로도 똑같이 한 사람씩 파견
되었다.

간선제로 협회장을 선출하는 것은 이때가 마지막이었다. 당시
유권자는 약 9천 명으로 1만 명에 가까웠다. 서울지방변호사회
몫의 대의원 수가 전체 대의원의 70% 이상이었다. 결국 서울지
방변호사회 추천후보로 선거에서 이기면 사실상 협회장 당선이
확정되는 것이나 다름없었다. 이후에는 직선제가 도입되면서 전
국의 변호사가 직접투표로 협회장을 선출하게 되었다.

선거운동이 시작될 무렵 법무법인 태평양에서 한 사람을 보내
주었다. 강현姜炫 변호사였다. 부산 출신으로 고려대를 나왔는데
키가 큰 이 친구는 조찬회의에 오더니 거침없이 이야기했다.

"강현 변호사입니다. 오늘 와서 보니 그렇고 밖에서도 이야기
하는데 신 변호사님 지금 굉장히 열세입니다."

다른 사람은 그런 이야기를 잘 하지 않는 편이었다. 나는 그의
이야기를 경청했다. 바깥에서 듣는 이야기가 있어 나도 열세라고
짐작은 했다.

그때 과거 학생운동권 출신인 세종의 젊은 변호사들이 합류하
여 아주 헌신적으로 일했다. 한 사람은 84학번 이병주李炳周 변호
사로 서대전고등학교와 서울대 물리학과 출신이었다. 학생운동
경험이 있어서인지 이 변호사는 할 일이 남아 있으면 밥도 먹지
않으면서 자기 일을 열심히 했다. 때로는 연설문을 써주기도 했

다. 항상 자판을 두드리며 무언가를 만들어냈다. 과중한 변호사 업무로 심신이 지쳐있던 상황이었음에도 통원치료를 받아가며 헌신적으로 일해주었다.

최영륜崔永鍮, 한예리韓睿利 두 변호사는 때마침 각자의 개인사정으로 세종을 떠나게 되었는데, 2개월 동안 거의 날마다 아침부터 밤늦게까지 나와 동행을 해주었다.

그 밖에도 열과 성을 다해 캠프에서 도와준 세종의 사람들이 있다. 임준호林俊浩, 이용우李用雨, 한용호韓龍浩 변호사 등이다.

지금은 내 손이 많이 부드러워졌지만 그때만 해도 악수를 하면 상대방이 매우 거친 느낌을 받는다고 이야기했다. 그렇듯 나는 시골 중의 시골, 충청도 벽촌 출신이다. 고향에 버스나 전기가 들어온 것이 1980년 초의 일이니 과장된 이야기가 전혀 아니다. 농촌에서 농사를 돕기도 했다. 그래서 악수해 보면 그런 느낌이 들 수밖에 없었다. 그런데도 상대방은 나를 '귀족 변호사'로 규정하고 자신은 '서민 변호사라서 서민의 고충, 즉 개업 변호사의 고충을 잘 안다'는 식으로 선거운동을 했다. 옳은 이야기일 수도 있다. 하지만 나 역시 태생이 그런 사람이었다.

나는 선거운동 과정에서 이렇게 이야기했다.

저는 민주적 시스템으로 로펌을 창업하고 운영하다가 은퇴했습니다. 법률시장 개방을 앞둔 지금, 변협은 기로에 서 있습니다. 사법시험을 철폐하고 로스쿨제도를 도입하여 변호사가 양산되면 법률시장이 더욱 혼탁해질 것입니다. 젊은 변호사들은 허허벌판에 내쳐져 장래가 막막할 수밖에 없게 되었습니다. 이런 상황을 그냥 보고만 있을 수 없었습니다. 제가 할 일이 있다고 생각해서 나섰습니다. 재야 법조계를 바로잡기 위해서는 대통령 직속 '사법개혁위원회', '법률시장 개선을 위한 대책위원회'를 만들어야 합니다. 대법원도 문제입니다. 지금 한 사람이 연간 3천 건 이상을 판결합니다. 과연 이것이 올바른 재판입니까? 이것도 개혁해야 합니다. 대법관을 50명으로 늘리도록 하겠습니다.

어려움에 처한 법조계와 법률시장의 여러 현안문제를 해결하겠다고 다짐하는 점에서, 양 진영의 선거공약은 서로 엇비슷했다. 문제는 누가 이를 잘 실천할 수 있겠느냐는 믿음과 이미지의 차이였다. 나는 폭넓게 살아온 경험 때문에 비교적 네트워크가 좋았다. 변호사 업계는 물론 행정부, 경제계, 학계, 정계 등에 두루 인맥이 있었다. 이런 점이 유리하게 작용했던 것으로 보인다. 사람들은 '아, 이 사람은 욕심을 채우러 나온 사람은 아닌 것 같다. 정말 봉사하러 나온 것 같다', 그렇게 봐주기 시작했다. 나는 협회장 보수를 받지 않고 다른 일에 쓰겠다고 공약했다. 그러면서 점차 진정성이 받아들여졌다.

세종 로펌을 창업해 놓고 후배들에게 기반을 넘겨주었다는 점, 재야 법조계에서 로펌에 서구적이고 민주적인 파트너십 제도를 도입한 변호사라는 점, 증권법을 처음으로 공부한 1호 변호사로 우리나라 증권시장 자유화에 기여했다는 점 등에 표심이 움직였다. 그런 점들이 유권자에게 깊은 인상을 주었는지 판세를 역전시켜 승리할 수 있었다. 대역전이었다. 언론도 크게 놀랐는지,

선거 결과를 '계란으로 바위치기'라고 표현했던 기억이 있다. 내가 2,601표를, 하창우 후보는 2,434표를 얻었다. 167표 차였다.

선거운동 과정에 많은 분의 격려와 응원이 있었다. 학교 선후배 등 동문, 친구들, 사회활동을 하면서 사귄 분들이다. 이루 열거할 수 없다. 대표적으로, 류시열 회장, 윤병철 회장, 박삼구朴三求 금호아시아나그룹 회장, 류한익 회장, 박병수朴炳秀 회장, 선우영석 회장, 김영호 회장, 이승훈 교수, 어윤대魚允大 회장, 이방주李邦柱 회장, 김원호 회장 등이 그분들이다. 각별히 감사를 드린다.

변협회관 마련, 가장 큰 자부심

대한변호사협회장은 명예직이다. 월급 대신 수당을 준다. 수당으로 한 달에 받는 돈은 600만 원 정도 되었다. 협회장 임기인 2년 동안 수당을 모았더니 1억 4천만~5천만 원이 되었다. 그 돈을 모두 기부했다. 1억 원은 서울국제중재센터를 설립하는 데 기부했고, 오윤덕 변호사가 '사랑샘 재단'이라는 공익재단을 만들 때 3천만 원을 지원했다. 또 북한이탈주민 가운데 로스쿨에 입학한 학생에게 장학금을 주는 데도 지원했다. 나머지는 여성변호사회, 원로변호사회, 북한이탈주민장학금 등으로 사용했다.

변호사협회장이 되면 대법관 추천위원회, 검찰총장 추천위원회의 당연직 위원이 된다. 그 밖에도 정부의 각종 위원회 위원에 대해 추천권이 있다. 사외이사 등을 추천해달라는 의뢰도 많이 들어온다. 대부분의 요청에 응하여 추천한다.

하지만 그것보다 중요한 사실이 있다. 대한변호사협회는 우리나라에서 유일한 재야 법조단체로 법으로 제정된 법정단체라는 점이다. 변호사는 무조건 대한변호사협회에 가입해야 업무를 할 수 있고, 협회는 변호사에 대한 자율감독징계권을 갖는다. 변호사 회원은 한 달에 5만 원의 회비를 낸다. 현재 협회에 등록된 변호사는 2만 명에 달한다. 그 가운데 개업한 변호사는 1만 5천~1만 6천 명가량이다. 내가 협회장에 재임할 때에는 1년 예산이 70억 원에 달했는데 지금은 100억 원이 넘는다고 한다.

재임 중에 한 가장 큰일을 꼽으라면 '협회장 선거의 직선제 도입'과 '서울국제중재센터 설립'을 이야기할 수 있다. 하지만 개인적으로는 '변협회관의 마련'이 가장 중요하다고 생각한다. 내가 취임할 당시에는 변협에 회관이 없었다. 임기 중에 마련해야겠다는 욕심이 생겼다. 그때 대한변협은 서울지방변호사회의 서초동 회관 건물 가운데 1개 층(5층)을 소유했다. 일종의 더부살이였다.

무언가를 하기에는 비좁은 공간이었다. 그래서 내가 협회장으로 재임하는 중에 프로젝트를 추진하기로 결심했다. 회관 매입은 경기변동에 따른 위험을 항상 수반하는 투자이다. 잘되면 보통이고 잘못되면 크게 비난을 받을 수밖에 없다. 세심한 주의와 함께 용단이 필요한 일이다.

2013년 2월 대한변호사 협회 회관 이전 기념식에서. 왼쪽부터 김두현 30대 변협 협회장, 양승태 대법원장, 필자, 권재진 법무부장관, 박영선 국회법사위원장, 위철환 47대 변협 협회장 당선인.

우리 46대 집행부는 변협 창립 60주년을 맞아 연수시설을 포함한 자체 회관을 마련한다는 사명감으로 사심 없이 업무를 수행하기로 다짐했다.

우선 태스크포스 팀을 꾸렸다. 그러고는 전문회사와 계약해서 서초동 주변의 많은 건물을 알아보았다. 대상으로 오른 곳들은 모두, 가격과 비교하면 쓸모가 없었다. 경제성이 없는 편이었다. 그러던 중 평소에 알고 지내던 이방주 회장을 만났다. 그는 연극계의 태두 이해랑李海浪 선생의 장남인데 원칙주의자로 알려졌다. 현대그룹에서는 현대자동차 사장도 역임할 정도로 정세영鄭世永 회장의 오른팔이었다. 일을 철저히 하는 사람이다.

현대산업개발 사장에서 물러난 후에는 부동산 리츠REIT's (부동산투자신탁)를 운영하는 JR 자산운용을 경영했다. 만나서 상의하자 그는 '돈이 얼마나 있느냐'고 묻더니 이렇게 조언했다.

리츠를 활용해서 큰 것을 사세요. 작은 것을 사면 물건이 안 됩니다. 나중에 부동산 가치도 떨어지고 매각이 잘 안 되면 곤란하니 가급적 요지의 땅을 사세요. 조금 비싸다 싶어도 그게 좋습니다. 부동산은 그렇게 해야 합니다.

그때 테헤란로 역삼동에 풍림빌딩(현 삼원타워)이라는 20층짜리 건물의 절반이 후보로 나왔다. 10개 층의 가격이 950억 원 정도였다. 그동안 대한변협 차원에서 회관을 건립하기 위해 모아놓은 돈 80억 원이 있었다. 또 서울지방변호사회 건물에 소유한 1개 층을 매각한 대금은 46~47억 원이었다. 그렇게 마련한 돈이 130억 원 정도 되었다. 거기에 은행에서 일부를 차입하여 변협이 150억 원의 보통주를 인수(보통주 인수자는 사실상 건물의 소유자이고 매각 때는 차익 가운데 큰 몫을 갖게 됨)했다. 그리고 200억 원의 우선주는 재무적 투자자로 참여한 미래에셋증권이 인수했다. 또 600억 원 정도의 은행융자도 받기로 했다.

이렇게 자본을 구성하여 JR 제 9호(리츠회사)라는 페이퍼컴퍼니를 만들어 간접소유 형태의 투자를 선택했다. 이런 식으로 대한변협은 건물의 11층부터 20층까지 10개 층과 대지 450여 평을 소유한 리츠회사의 유일한 보통주주로서 우선주식에 대해 우선매수권도 갖게 되었다. 변협이 우선주를 매입하게 되면 100% 소유가 가능해진다.

최근의 회관 매입 관련 논란은
근거 없는 것

　최근 이 건물의 매입과 관련하여 논란이 자꾸 제기되는데 여기서 명확하게 진상을 밝혀두는 것이 좋겠다.

　2015년 5월 초, 하창우 협회장은 당선 후 개최한 첫 자문위원회(역대 전임 협회장의 모임) 회의에서 이 회관 건을 보고하면서 큰 문제가 있는 것으로 이야기했다. '신영무 협회장 시절에 이 회관을 구입했는데 변협은 소유권도 없으며 빚더미에 올라앉게 생겼다, 결국 미래에셋증권만 재미를 보게 생겼다'는 것이었다. 공교롭게도 나는 그날 다른 용무가 있어 이 회의에 참석하지 못했다.

　역대 회장들이 의문을 제기하며 "괜찮은 것으로 알았는데 전임자와 이야기해 보았습니까?"라고 물었다고 한다. 하 협회장이 '이야기는 안 했지만 정확한 사실이다'라고 대답하자 고문단은 이렇게 주문했다.

전임자에게 물어보지도 않고 일방적으로 단정해서 언론과 회원에게 알리는 것은 잘못된 일이다. 앞으로 한 달 여유를 드릴 테니 전임 관련자와 의논해서 사실관계를 정확히 파악한 다음 보고해 달라. 외부나 회원에게 알리는 것은 그 이후에 하라.

　소식을 전해 들은 나는 곧바로 하 협회장에게 전화를 걸어 이렇게 말했다.

이 건은 투자관계가 복잡하고 기술적 측면도 있어서 일반적으로 이해하기 어려운 부분이 있습니다. 그래서 오해가 생길 수 있으니 언제든지 시간을 내주면 나 또는 재무이사가 가서 설명하겠습니다. 연락을 주십시오.

그렇게 요청했지만 연락이 없었다. 그러더니 갑자기 이 건에 대해 10개항에 달하는 서면질문서를 나에게 보냈다. 재무이사와 사무총장 등 당시 태스크포스 팀에 관여했던 사람들은 무려 28개항의 질문서를 받았다. 우리 집행부는 '이 건은 서면으로 설명해서 이해될 문제가 아닌 만큼 직접 만나 의문점을 설명할 기회를 달라'고 정식으로 요청했다. 그러나 협회장 측은 '만나서 상의하는 설명은 들을 필요가 없으니 질의서에 대한 답변서만 보내라'고 회신을 보내왔다.

어쩔 수 없이 답변서를 작성해서 보냈다. 회원에 대한 의무라는 생각에서였다. 그런데 얼마 후 〈법률신문〉에 기사가 대문짝만하게 났다. '변협회관을 잘못 사서 협회의 재정압박이 크고 업무상 배임혐의도 있다'는 내용이었다. 회원 회비와 건축기금이 임대료를 내는 데 상당 부분 들어간다는 식으로 쓰여 있었다. 눈앞이 캄캄했다. 〈법률신문〉에 강력히 항의했다. 그리고 인터뷰 형식을 빌려 반론기사를 게재했다.

신회관의 매입은 단순한 부동산 투자가 아니다. 대한변협의 위상에 걸맞은 회관을 갖추려는 것이다. 그렇게 볼 때 이를 투자의 측면에서만 바라보는 것은 온당치 않다. 하지만 투자의 측면에서 보아도 현시점에서 볼 때 새로운 회관의 매입은 성공적 투자임이 분명하다. 신회관의 매입을 통한 투자수익은 운영수익과 매각차익으로 나누어 볼 수 있다. 신회관의 매입이 적절한 투자였는지의 여부를 판단하려면 운영수익은 물론 매각 시의 차익도 계산에 넣어야 한다.

우선 운영수익을 보자. 2013년부터 2015년 말까지 신회관의 운영수익은 매입 당시 사업계획(투자설명서)에서 제시된 목표 수익률인 2.48%보다 약간 높은 2.55%를 달성하였다. 이 수치는 현재의 금리와 비교할 때 결코 낮은 수준이 아니다. 다만 한 가지, 목표운영 수익률이 시장 평균보다 다소 낮은 데에는 이유가 있다.

신회관을 매입할 당시에는 건물의 임대차 방식이 전세 위주로 운영됐는데 이를 2013년과 2014년에 걸쳐 월세로 전환하면서 과도기인 만큼 목표 운영수익률을 낮게 설정한 것이다. 그러나 현재는 임대차계약이 100% 월세로 전환되었다. 또 공실도 없이 3년 이상의 장기계약으로 100% 임대된다. 앞으로 3년간의 운영수익률은 5% 이상으로 확정된 상태이다. 이 수익률은 현 시중금리의 2배 수준이다.

다음은 매각차익이다. 이는 실제로 매각이 실현되어야 확정된다. 하지만 최근 3년 동안 공시지가 상승률은 약 18%에 달한다. 또한 신회관과 비슷한 수준의 부동산으로 평가되는 인근 그레이스타워의 매각사례를 감안해 보면 상당한 수준의 매각차익을 실현할 수 있을 것으로 예상된다.

현재 시점에서 평가해 보면 신회관의 매입은 적절하고도 잘한

투자 결정이다. 운영수익과 매각차익 면에서 모두 문제가 없는 것으로 나타나기 때문이다. 향후 경기변동에 따라서는 일시적 위험요인도 있겠지만 장기적으로 보유하면 변협의 큰 자산이 될 것이 분명하다. 현재 변협의 집행부가 이 업무를 추진할 당시의 임원과 얼굴을 맞대고 사실관계를 정확히 파악하면서 실제로 문제가 있다면 진지하게 풀어가려는 진솔한 노력을 보였으면 좋겠다. 나로서는 무엇보다 이 점이 아쉽게 느껴진다.

우리 변호사들의 다짐

그런 과정을 거쳐 2013년 2월 7일, 새로운 사무실로 대한변협이 이전했다. 내 임기가 끝날 무렵이었다. 그날 마침 검찰총장 후보추천위원회가 열렸다. 오후 5시에 이전 기념식이 열릴 예정이었는데 과천에서 열린 후보추천위원회가 4시 무렵에야 끝나 부랴부랴 달려갔고 행사가 시작되기 15분 전쯤에야 가까스로 도착했다. 그날 양승태梁承泰 대법원장, 권재진權在珍 법무부장관, 박영선朴映宣 국회법사위원장이 참석해 축하했다.

이전 기념식 행사를 준비하는 과정에서 내가 한 가지를 제안했다. 변호사라는 직업은 정말 국민을 위해 봉사해야 하고 사회정의와 인권옹호를 위해 헌신해야 하는 만큼 사명과 책무가 막중하므로 이런 취지로 변호사들의 다짐을 한데 모아 '우리의 다짐'이라는 이름으로 채택하자는 제안이었다. 초안을 만들고 수정하는 과정에서 원로이신 이건호李鍵浩 변호사의 조언이 큰 도움이 되었다.

그렇게 채택한 글을 대한변호사협회에 걸고, 또 전국 14개 지방변호사회에도 하나씩 걸도록 했다. 후임 협회장인 위철환魏哲煥 당선자도 동참했다.

우리의 다짐

법조인의 대량배출과 국제개방의 '새법조 시대'로 들어서면서 대한변호사협회가 창립 60년의 연륜을 헤아리게 되고 회관마련의 기틀도 확립하게 되었다. 이를 계기로 그 구성원인 전국의 회원들은 새로이 우리의 시대적 사명과 책무를 생각하며 국민에게 다음과 같이 엄숙히 다짐한다.

다음

하나, 우리는 자유 민주와 법치 · 평등이 시대와 상황의 어떠한 변화에도 불구하고 대한민국의 변함없는 기본이념임을 확인한다.

하나, 우리는 국민의 기본적 인권을 옹호하고 사회정의를 실현하여야 할 우리의 막중한 사명을 수행하기 위하여 진력한다.

하나, 우리는 국민권익을 위법 · 부당하게 침해하는 국가 · 지방자치단체 등 모든 공공기관과 모든 사회 · 경제 단체의 행위와 정책 · 관행들을 국민의 편에서 철저히 감시 · 비판하고 이의 시정 · 개선을 위하여 헌신한다.

하나, 우리는 법령의 제정 · 변경과 집행, 제도의 운영이 우리 헌법의 이념에 기초하여 항구적인 국민의 권익 · 행복과 국가사회 및 문화의 발전을 위하여 이루어지도록 노력하고 기여한다.

하나, 우리는 최고수준의 전문지식과 법률문화발전에 기여할 능력을 함양 하기 위한 연구 · 연수와 교육을 지속한다.

하나, 우리는 변호사 직무의 수행에 따른 공공적 윤리를 세우고 이를 준 수한다.

하나, 우리는 공익을 위한 다양한 프로보노 활동에 앞장서며, 항상 국민 곁으로 다가가 봉사한다.

하나, 우리는 겨레의 소원인 남북통일을 위하여 요구되는 우리의 책무와 역할을 다한다.

하나, 우리는 국제화 시대에 부응하여 전 세계 법조인들과의 교류 · 협력을 통하여 세계평화와 보편적 인권수호 및 국제적 정의실현에 기여한다.

2013. 2. 7.

전국의 회원들을 대표하여

대한변호사협회 협회장 신영무

제47대 협회장 당선인 위철환

서울지방 나승철, 경기북부 이재준, 인천지방 김기원, 경기중앙 장성근,

강원지방 박수복, 충북지방 신숭현, 대전지방 문성식, 대구지방 석왕기,

부산지방 조용한, 울산지방 서기영, 경남지방 이태우, 광주지방 문정현,

전북지방, 김　영, 제주지방 문성윤.

가장 큰 힘은 올바름에서 나온다

그날 기념사에서는 나는 링컨 대통령의 연설을 인용하면서 이 렇게 말했다.

대한변협이 새 회관으로 이전하면서 물리적 기반을 확보했습니다. 그렇다 면 우리의 정신적 기반은 무엇일까 생각해 보았습니다. 저는 링컨이 1860년, 뉴욕의 쿠퍼 인스티튜트The Cooper Institute에서 했던 연설문구에 서 우리 변호사가 가야 할 길을 봅니다.

링컨은 말했습니다. 'Let us have faith that Right makes Might, and in that faith, let us, to the end, dare to do our duty as we understand it.' 즉, '아주 큰 힘은 옳은 것, 바른 것에서 나온다는 신념을 갖고 우리가 생각하는 우리의 책무를 끝까지 함께 실행하자'는 감동적인 연설을 했습니 다. 이것이 그 후 대통령 후보로 확정되는 계기가 되었다고 합니다.

그렇습니다. 'Right makes Might', 가장 큰 힘은 바른 것, 올바름에서 나옵니다. 우리가 옳은 일을 행할 때 당당하고 담대할 수 있는 이유입니 다. 오늘날 법조인, 특히 재야 법조인에게 필요한 것은 바른 것, 정의는 반드시 이긴다는 굳은 신념입니다.

그 밖에도 새터민이나 다문화가정 문제에 관심을 기울이는 등 여러 가지 일을 했다. 통일 대비도 해두면 좋겠다는 취지로 관련 프로그램도 도입했다. 그러나 2년이라는 기간은 길면서도 짧은 것이었다. 너무 욕심을 내어 많은 일을 하겠다고 무리를 하면 안 되었다. 후배들이 이어서 해야 할 일도 있었다.

또 하나 빼놓을 수 없는 것은 변협회장 선거에 직선제를 도입

대한변협 협회장 재임 당시 서울특별시와 서울국제중재센터 개소를 위한 양해각서 조인식에서
왼쪽에서 네 번째가 필자, 그 옆이 박원순 서울시장

한 일이다. 사실 직선제는 전임 김평우 협회장 시절에 이미 대의
원총회를 통해 통과된 사안이었다. 그런데 이와 관련하여 서울지
방변호사회장과 갈등이 생기면서 분쟁이 벌어진 탓에 김 협회장
은 후반기 1년 동안 별다른 일을 할 수 없었다. 그 후임으로 협
회장이 된 내가 일을 마무리한 것이다.

서울국제중재센터 건도 김 협회장이 하고 싶었던 일이었는데
결국은 내가 하게 되었다. 나도 선거과정에서 이를 공약으로 내
걸었고 협회장이 된 후 서울대의 신희택申熙澤 교수를 추진위원회
위원장으로 영입했다. 대한상사 중재원, 서울시와 법무부 등 정
부당국, 대한상의, 무역협회 등에도 협조를 구했다.

국제중재센터의 설립은 첨단지식산업을 육성하는 중요 인프라

를 구축한다는 의미다. 또 싱가포르의 SIAC(싱가포르 국제중재센터)와 대칭으로 서울을 동북아시아의 국제중재 중심지로 삼는다는 중요한 전략이다. 정부가 적극적으로 나서서 설립하고 성공적 운영을 위해 각종 지원을 해야 할 사업이다.

서울국제중재센터가 설립되기까지는 신 위원장과 이병주 기획이사의 노력이 컸다. 전임자가 추진하던 일은 후임자가 적극성을 보이지 않는 경우가 많은데 옳지 못한 자세라고 생각한다. 좋은 의견이나 아이디어는 적극적으로 이어갈 필요가 있다.

협회장으로서 다양한 분야에서 활동하려고 노력했다. 특히, '통일시대를 대비한 법조 인력의 양성'에 주목했으며 인권 분야에도 많은 관심을 기울였다. 유엔의 인권 권고와 관련하여 분야별로 이행을 점검하는 심포지엄을 개최했다.

일제강점기 피해자 보상 문제와 관련하여 '가로챈 피와 땀의 대가를 돌려주는 게 정의다'라는 제목의 기자회견을 열기도 하고, 피해보상 담당 변호사를 격려하기도 했다.

또 사회 배려계층을 보호하기 위한 변호활동에 각별한 관심을 쏟았다. 경제적 약자, 북한이탈주민 및 다문화 가정에 대한 무료 변론이 확대되어 제공되도록 법률구조재단을 적극적으로 지원했다. 또 프로보노*pro bono*(변호사를 선임할 경제적 여건이 되지 않는 사회적 약자를 위해 변론이나 자문을 무보수로 해주는 봉사활동)를 장려하기 위해 '변호사 공익대상'을 신설했다.

평소 사회봉사 철학을 갖고 활동한 오윤덕 선배의 뜻을 살려 사랑샘 재단을 만들었고, 2012년 3월 22일에 재단법인 설립등기를 완료했다. 오 변호사는 5억 원의 사재를 출연하여 재단설립을 주도했고 이를 통해 사회적 배려계층에 대한 봉사와 법률교육 및 상담을 지원했다. 그리고 미취업 또는 실직 청년이 삶의 질을 향상시킬 수 있도록 상담·강연·세미나를 개최하여 의욕을 고취시켰고 생활비와 장학금, 연구비 등을 지원했다.

국제변호사회 서울 총회를 개최하다

전임 김평우 협회장 시절부터 우리 변호사단체가 국제변호사회에서 차지하는 위상과 역할이 크게 제고되었다. 대한민국의 위상이 변화된 데 따른 것이었다. 영국에 본부를 둔 세계변호사협회 IBA는 대한변협의 참여에 큰 관심을 보이기 시작했다. 우리 또한 2019년 또는 2020년 세계변호사협회 총회의 서울 유치를 목표로 적극적으로 참여하면서 조직적 홍보활동에 나섰다. 우리는 서울시로부터 지원확약서를 받은 후 이를 첨부하여 세계변호사협회에 '서울 총회 개최요청서'를 제출했다.

후임 위철환 협회장도 전임들의 뜻에 화답하여 지속적 노력을 이어간 끝에 결국 2019년 세계변호사협회 총회를 서울에서 유치하기에 이르렀다.

내가 협회장으로 재임하던 중에는 '로 아시아'Law Asia 연차 총

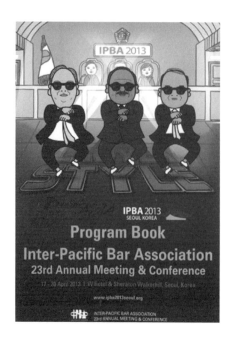

2013년 열린 IPBA 서울 총회 프로그램 북 표지. 왼쪽은 스콧(M. Scott) 후임 회장, 가운데는 바신(L. Bhasin) 당시 회장, 그리고 회장을 맡게 된 필자. 당시 가수 싸이의 '강남 스타일' 댄스 모습을 실어 K-pop에 대한 큰 호응을 얻었다.

회가 서울에서 개최되었다. 아시아 각국의 '대법원장 회의'가 항상 이 총회와 함께 열리는데 이때는 마침 이용훈李容勳 대법원장이 임기 말이어서 2011년 6월에 별도로 치러졌다. 아쉬움이 남는 순간이었다. 하지만 변협 임원들이 열정적으로 헌신하고 협조했다. 덕분에 비록 개업 변호사가 중심이 된 반쪽회의였지만 로 아시아 서울 총회는 역대 최다인원이 참여하는 성과를 올렸다.

환태평양 변호사회IPBA의 제23차 서울 총회와 콘퍼런스도 1,400명 이상이 참석하여 역대 최다인원을 기록했다. 특히, 각 세션이 알찬 내용으로 준비되어 성공적이라는 평가를 받았다. 마침 SBS를 통해 K-POP 유명가수들이 초청된 가운데 만찬 행사

*gala dinner*가 열려 행사가 더욱 풍성해졌다. 북한이탈주민 가운데 법학을 전공하는 학생을 위해 장학금을 모금하는 행사도 벌였다. 수익금은 모두 사랑샘 재단에 전달했다. 당시 변협을 이끌던 강희철姜喜哲 부협회장, 이병주 기획이사, 손도일孫道日 국제이사 등이 환태평양변호사회 한국위원회 회장인 율촌의 우창록禹昌錄 대표, 화우의 김권회金權會 변호사 등 여러 위원과 합심하여 노력한 결과물이었다.

대한변협은 국제적 교류에도 힘썼다. 다양한 나라의 변호사와 긴밀히 교류하며 MOU를 체결했다. 그 과정에서 특별히 큰 보람을 느낀 적도 있었다. '미국 연방변호사회'와의 교류를 강화하기 위해 MOU를 체결했을 때의 일이다. 나는 인사말을 통해 한국의 독립과 6·25 전쟁, 그리고 그 후의 경제발전과 민주화 과정에서 미국이 보내준 도움에 특별히 감사한다는 말을 덧붙였다. 미국 연방변호사회의 국제법 분과회의가 열렸을 당시, 미국 측은 대한변협의 대표로 참석한 세 사람 모두를 상석*head table*에 앉히는 한편 외국인 참석자 가운데 가장 먼저 소개하고 스피치도 하게 하는 등 배려와 환대를 아끼지 않았다. 대한변협의 위상이 변화되었음을 실제로 느낄 수 있었던 흐뭇한 대목이었다.

변호사로 성공하려면

내가 처음 사무실을 열었던 1980년 당시 전국에서 개업하는 변호사는 1천 명 정도였다. 그 후 당국이 사법시험 합격자의 수를 급격하게 늘리면서 우리나라의 법조 인구는 가파르게 증가했다. 2010년에는 1만여 명이던 것이 지금은 2만 명 수준이 되었다. 이러한 숫자는 로스쿨이 도입되면서 더욱 급격하게 증가했다.

숫자가 늘어난 변호사가 국회나 정부, 그리고 기업에 진출하게 되면 준법경영과 법치주의의 확립에 크게 기여할 것이다. 그러나 상대적으로 경험과 경쟁력이 부족한 젊은 변호사가 현실에서 고충과 좌절을 겪는 모습을 접하면 안타까움을 금할 수 없다.

대한변호사협회장 선거에 출마할 당시 나는 우리나라의 법조인 양성제도와 사법제도의 발전을 모색하기 위해 대통령 직속으로 사법제도개혁 특별위원회의 구성을 제의하겠다는 뜻을 공약으로 내걸기도 했다. 당선되고 나서 청와대와 정부 측을 상대로 시도해 보았으나 뜻을 이루기에는 역부족이었다.

협회장으로 일하던 시절, 미국 연방변호사회ABA의 회장인 로빈슨William Robinson이 방문한 적이 있다. 그때 국제이사인 손도일 변호사가 이렇게 물었다.

"미국에서 변호사로 성공하려면 어떻게 해야 합니까?"

로빈슨 회장은 주저하지 않고 대답했다.

대한변협 협회장 시절 미국 연방변호사회 로빈슨 회장과 함께

첫째, 고객이 맡긴 일을 최선을 다해 수행해야 합니다. 둘째, 변호사의 직업윤리에 충실해야 합니다. 그러면 주위에 좋은 평판*reputation*이 생기게 됩니다. 그렇게 되면 성공은 시간문제입니다. 다만 평판은 유리병과 같아서 한번 깨지면 다시 회복할 길이 없습니다.

기가 막힐 정도로 맞는 말이라는 생각이 들었다. 때마침 사법연수원 수료식에 참석하여 축사를 전할 기회가 있었다. 준비한 원고에는 없었지만 로빈슨 회장의 이야기를 덧붙여 소개했다. 사회에 첫발을 내딛는 후배들에게 큰 도움이 될 만한 이야기라는 판단이었다.

한 가지가 더 있다. 좋은 평판을 유지하여 변호사로 성공하려면 전문가로서의 실력도 못지않게 중요하다. 경쟁사회에서 이기기 위해서는 각자가 최고의 프로라고 자부할 수 있는 분야를 가져야 한다. 거기에 더하여 주변으로부터 신뢰를 받으면 성공으로 가는 길이 더욱 가까워질 것이다.

신뢰를 얻는다는 것은 참으로 힘든 일이다. 신뢰란 오랜 교류를 통해 자연스럽게 형성되는 것이기 때문이다. 신뢰를 쌓는 데 도움이 되는 방법은 무엇보다 약속을 잘 지키는 것이다. 특히, 자신의 손해를 감수하면서까지 약속을 지킨다면 신뢰는 더없이 깊어진다. 또, 상대방의 반응이나 태도에 구애받지 않고 자기 소신대로 꾸준히 할 일을 해나가는 것이 중요하다고 생각한다.

세종을 떠나다

'변호사는 역시 공적인 일을 하며 봉사해야 한다'라는 생각이
자리를 잡았다. 나에게는 아직 에너지가 있었다.
허락되는 한 앞으로 10년 이상은 더 활동할 수 있다고 생각했다.

공익활동을 위해 세종을 떠나다

전임 변협 협회장은 퇴임해도 고령인 경우가 많아서 현업으로
복귀하는 사례가 많지 않았다. 가끔 자신이 소속했던 사무실로
돌아가 공증 업무를 맡는 경우도 있었다. 나도 세종으로 돌아가
고문 역할을 하게 되었다. 바깥에서 2년을 지내며 지켜보니 전에
는 볼 수 없던 문제가 눈에 많이 들어왔다. 그러나 이미 경영일
선에서 떠나 고문으로 있었기 때문에 창업자라 하더라도 나에게
는 어떻게 할 힘이 없었다.

그사이에 세종의 사무실은 퇴계로의 스테이트 타워로 이전했
다. 그곳에서 고문 역할을 하기 시작했는데 아무래도 경영을 맡
은 후배들에게 잔소리를 하게 되었다. 후배들은 '간섭'으로 생각

하며 불편해하는 것 같았다. 자식을 키워놓고 나중에 그 집에 얹혀있다 보면 '좋은 소리'도 '잔소리'가 되는 법이었다. 그때 문득 하나의 생각이 머리를 스쳤다.

'아, 내가 여기 오래 머무를 일이 아니로구나.'

곰곰이 생각해 보니 답이 떠올랐다. 변협 협회장으로 공익활동을 하던 시절에는 마음속으로 큰 보람을 느꼈다. '변호사는 역시 공적인 일을 하며 봉사해야 한다'라는 생각이 자리를 잡았다. 나에게는 아직 에너지가 있었다. 허락되는 한 앞으로 10년 이상은 더 활동할 수 있다고 생각했다. 그렇다면 굳이 세종을 고집할 일이 아니었다. 공익활동을 위해서라도 이곳을 떠나자고 마음을 굳혔다.

물론 내가 남아있으면 회사에 기여하는 측면도 있었을 것이다. 법무법인 창업자의 경우 건강이 허락하는 한 늦게까지 일을 하거나, 상징적으로 사무실에 몸담고 있는 사례가 많다. 나의 경우에도 세종 측에서 김용담 전 대법관을 통해 계속 잔류를 설득했다.

"그냥 세종에 머무르면서 공익활동을 하시지요. 여기 있으면서 그런 활동을 하면 되지 않습니까? 우리들이 잘 돕겠습니다."

나는 단호하게 이야기했다.

"그것은 안 될 말이오. 공익활동을 하려면 나는 앞으로 바른 소리를 해야만 하오. 때로는 세종의 고객과 관련해서 쓴소리를 하게 될 수도 있소. 세종의 고객인 기업, 또는 정부를 상대로 비판을 해야 할 수도 있을 텐데 여기에 잔류한다면 그렇게 하기 어렵소."

또, 시민단체 활동을 도울 인력이 필요한데 세종에 있으면 그런 인력을 채용할 수가 없다는 점도 덧붙였다.

그렇게 떠나는 것으로 결심하고 실행에 옮겼다.

아내의 지지와 격려

나는 언제나 주어진 현실과 타협하기보다는 그 시점에서 무엇이 올바른 길인가를 고민하고 그렇게 살도록 노력해야 한다고 생각했다. 세종에서 나온 것은 어찌 보면 험한 길을 택한 셈이었다. 시민운동이라는 것부터가 사실 쉽지 않은 길이다. 성과가 금세 보이는 활동이 아니기 때문이다. 그래도 아내는 내가 선택하는 어려운 길을 지지해주었다. 아내는 내가 '우리 사회에 꼭 필요한 봉사활동을 할 수 있게 해달라고 매일 기도했다'고 털어놓기도 했다.

2013년 8월 말에 세종을 떠났다. 아쉬움이 있긴 했지만 세종을 나오고 나니 마음이 편안해졌다. 지금처럼 이런 공익활동을 할 수 있다는 데에 보람을 느낀다. 아직 큰 성과를 낸 것은 아니다. 그런데 지난번 '김영란법' 입법 당시 우리 바른사회운동연합에서 국회의원 전수 조사를 한 결과가 언론에 보도되자마자 나름대로의 계기가 되었는지 곧바로 정무위원회를 통과하고 곧이어 입법절차가 진행되었다. 조사할 당시만 해도 300명 국회의원 가운데 40명만 적극 찬성하던 상태였다. 이 법은 2016년 9월 28일 시행됐다.

2002년 결혼 30주년을 맞아 아내와 함께

  지난 한 해 교육개혁운동에도 매진하여 조금씩 울림이 생겼다.
이어서 교육개혁 추진위원회도 구성했다. 앞으로 정치권과 정부
를 설득하고 서명운동도 벌여서 초정권적·범국가적 기구인 가칭
'교육개혁위원회'를 설립하는 운동을 전개하려고 한다. 우리 사회
에서 존경과 신망을 받는 정부 관리와 대학총장, 교육계 인사 등
이 참여하여 큰 힘이 되고 있다.

바른사회운동연합의 창립

무엇보다 '모든 사람에게 기회가 균등하게 주어지는 사회,
열심히 일한 만큼 정당한 보상이 주어지는 사회,
즉 바른 사회'가 되어야 한다.

'제 2의 인생'에 뛰어들다

대한변호사협회장으로 2년 동안 일했다. 짧다면 짧은 시간이었다. 한편으로는 그 이전의 20년에 견줄 정도로 긴 시간이기도 했다. 그만큼 많은 일을 했고 그 과정에서 커다란 보람을 느꼈다. 내 안의 어느 곳에 그토록 치열한 열정이 숨어 있었는지 스스로 놀랄 정도였다. 협회장직을 떠나면서 지난 시간을 곰곰이 반추해 보았다. 과연 무엇이 나에게 그토록 역동적인 에너지를 주었으며 또 최고의 만족감을 선물한 것일까? 그리 어렵지 않게 답을 구할 수 있었다. 해답은 멀지 않은 곳에 있었다. 바로 '공익을 위한 삶'이었다.

그 시간만큼은 개인의 이익을 추구하는 삶이 아니었다. 회사의 이익을 앞세우는 활동도 아니었다. 각각의 사안을 토론하거나 숙

고할 때면 항상 전체의 이익을 우선해야 했다. 변호사 전체의 이해를 고려해야 했고 나라와 민족의 미래도 함께 걱정해야 했다. 그렇게 자신을 떠나 전체의 입장에서 세상을 바라보니 많은 것이 다르게 느껴졌다. 객관적이고 공정하다는 것의 의미가 새삼 새롭게 다가왔다. 깨끗하고 투명한 것의 중요성도 더욱 피부 깊숙이 와 닿았다. 협회장으로서의 삶이 나에게 가져다준 변화였다.

변호사의 사회적 역할을 곱씹어보는 계기도 되었다. 향후 변호사로서의 삶을 계속할 때 무엇을 목표로 삼아야 할지 깊이 성찰하게 되었다. 무엇보다 공익적 활동을 할 때 비로소 변호사로서의 긍지와 보람을 느꼈다. 그래야 변호사가 국민으로부터 신뢰받을 수 있고 나아가 변협의 위상도 올라간다고 판단했다. 건강이 허락하는 한 그런 일을 해야겠다고 다짐했다. 지식인으로서의 책임도 되돌아보았다. 사회로부터 무언가의 혜택을 받아온 사람이라면 이제는 역으로 민간 부문에서 봉사하는 삶을 추구해야 한다고 생각했다.

옛날의 군사독재정권 시절에는 '사회정의나 인권옹호를 위해 무엇을 어떻게 할 것인가?'가 사실 명쾌했다. 독재정권을 상대로 투쟁하는 것 자체가 민주주의를 수호하는 길이었다. 그런 일에 변협 협회장이 나서기도 했다. 이제는 사회가 민주화되고 또 다양화되었다. 여야 간에 정권교체가 되는 나라인 만큼 진정한 민주주의 국가라 할 수 있다. 언론의 자유도 그 어떤 나라보다 많이 보장되는 편이다. 그렇다면 구체적으로 해야 할 일이 무엇일까? 다방면으로 살펴보았다.

최근 '현대경제연구원'이 제시한 예상 통계수치가 눈길을 끌었다. 자료에 따르면 현재 우리나라는 인구가 5천만이 넘어 50클럽에 가입된 상태인데, 향후 국민소득이 3만 달러를 넘으면 30-50클럽에 가입하게 된다. 여기에 가입된 나라는 지금 6개국뿐이다. 우리나라가 미국, 일본, 독일, 프랑스, 영국, 이탈리아에 이어 일곱 번째 가입국이 된다는 것이다. 가슴 벅찬 이야기다.

또 다른 자료도 있었다. 우리나라의 구매력 기준 국민소득이 곧 일본을 앞지를 것이라는 전망이다. '월드뱅크'의 자료에 따르면 현재 일본과의 차이는 약 3천 달러라고 한다. 4천 달러라는 이야기도 있고 2천 달러라는 이야기도 있다. 아무튼 이렇게 역전된다는 것은 정말 대단한 일이 아닐 수 없다. 자원도 없는 나라가 단기간에 산업화와 민주화를 거치면서 이렇게 성장한 것이다. 게다가 스포츠도 잘하고 두뇌까지 뛰어나다.

그런데 우려되는 문제가 있다. '대한민국이 앞으로도 지금까지와 같은 발전과정을 밟을 수 있을 것인가?' 쉽게 대답할 수 없는 문제이다. 우리가 목도하는 현실은 '아니오'라는 대답을 한다. 나의 인식도 동일하다. 대한민국의 발전과정은 이제 한계에 도달했다는 인식이다. 무엇보다 큰 문제는 우리 젊은이가 꿈과 희망을 품지 못한다는 사실이다. 구체적 현실을 살펴보니 고민이 더욱 깊어졌다.

반세기 만에 민주화와 산업화를 동시에 이루어낸 저력에도 불구하고 지금의 대한민국은 정체의 늪에 빠져있다. 2007년에 국민소득 2만 달러를 달성한 이후 경제성장은 답보상태이다. 양극화가 심화되는 한편에서는 일자리를 찾지 못한 청년이 절망과 좌절의 수렁에서 헤어 나오지 못한다. 그런가 하면 OECD 국가 가운데 최저를 기록한 출산율이 성장잠재력을 추락시킨다. 모두 미래의 전망을 어둡게 하는 지표이다.

또한 한반도의 남과 북은 여전히 분단되어있다. 게다가 휴전선 너머의 북한은 핵을 보유한다. 여전히 답답한 상황이다. 이 정체의 터널에서 하루빨리 벗어나야 하지만 희망을 쉽게 찾을 수 없다.

그 원인은 어디에 있는 것일까? 무엇을 바꿔야 대한민국은 다시 도약할 수 있을까? 우리 젊은이는 앞으로 어떻게 살아가야 할까? 나의 고민은 계속되었다. 냉정하게 원인을 천착하고 해법이 무엇인지 모색해 보았다. 나름대로의 결론을 내릴 수 있었다.

'젊은이에게 다시 꿈과 희망을 주는 사회'가 될 때 비로소 대한민국은 재도약할 수 있다는 결론이었다. 그것이 관건이었다. 이를 위해서는 무엇보다 '모든 사람에게 기회가 균등하게 주어지는 사회, 열심히 일한 만큼 정당한 보상이 주어지는 사회, 즉 바른 사회'가 되어야 한다는 데 생각이 미쳤다.

그렇다면 '바른 사회'는 어떤 방법으로 이루어낼 수 있는가? 나의 해답은 바로 '법치의 확립'과 '교육의 개혁'이다.

법치주의의 확립

우리 사회에서 '법치의 확립'이 무엇보다 시급하다는 것이 나의 신념이다. 나는 60년 전 싱가포르가 황무지에서 탈출할 당시 통치했던 리콴유 총리의 이야기에 주목했다.

싱가포르는 고위 공직자가 부패를 거부하고 효율적으로 행정을 펼쳐나갈 때만 살아남을 수 있습니다. 오직 그때라야 싱가포르인이든 외국인이든 싱가포르에 투자할 것입니다. 또한 싱가포르 사람은 권력층 친지나 친척을 통해 떡고물 같은 걸 받거나 관계 요로에 청탁 등을 하는 대신, 더 나은 교육과 더 수준 높은 훈련에 투자해 자신과 자녀의 미래를 밝히려 나설 것입니다.

이렇듯 '법치주의'란 단순히 '법에 의한 지배'를 말하는 것이 아니다. 궁극적으로 경제를 살리고 나라를 부강하게 만드는 사회적 동력이다. 민주국가에서 법치주의는 다음의 요소를 갖추어야 한다.

첫째, 법률은 국민이 선출한 입법부에서 정당한 입법절차*due process of law*에 따라 제정되어야 한다.

둘째, 법률은 빈부, 영향력, 정치적 관계 여부를 떠나 누구에게나 평등하게 적용되고 집행되어야 한다.

셋째, 법률위반이 발생할 경우 그에 대한 처벌이나 피해의 구제는 독립된 사법부나 사법부의 감독을 받는 기관에 의하여 결정되어야 한다.

우리의 현실은 어떠한가? 힘이나 돈을 가진 사람이 유리한 사회이다. 인·허가권을 들여다보자. 이면의 로비나 금품거래 때문에 그 결과가 달라진다. 이런 사회에서는 법을 열심히 지키는 사람이 바보가 된다. 아무리 경제력이 커지고 나라가 부강해져도 이런 관행이 사회 저변에 있다면 그것은 사상누각沙上樓閣에 불과하다. 기본적 법치 인프라가 없는 나라이기 때문이다. 세월호 사건이 그 대표적 본보기이다.

'선진국'을 이야기하지만 쉽지 않은 일이다. 부패가 없어질 때라야 진정한 선진국이 된다. 부패가 없어질수록 법치가 확립되고, 또 법치가 이루어질수록 내국인이나 외국인의 투자가 활성화된다. 그러면 경제가 더욱 잘 돌아간다.

'김영란법' 때문에 '접대도 못하고 골프도 못 쳐서 내수가 죽을 것'이라는 이야기가 있다. 실제로 그렇다면 일시적 현상일 뿐이다.

근본적으로는 모든 것이 정상으로 돌아갈 때 사람들은 더 큰 투자를 하는 법이다. 투자금이 정상적 절차로 사업에 투입되고 그러면서 보호받을 때 사람들은 투자를 결정하기 마련이다. 언제 어느 때라도 누군가가 정권과 결탁해서 결과를 뒤집어버릴 수 있다면 과연 마음 놓고 투자할 수 있는 사람이 어디에 있을까?

'김영란법'의
올바른 개정방향에 관하여

　최근 우리 사회의 부끄러운 민낯을 적나라하게 보여준 몇몇 사건이 있었다. 이 사건을 접한 대부분의 사람은 분노를 넘어 커다란 좌절을 느껴야 했다. 옥시의 가습기 살균제 사건, 그리고 네이처 리퍼블릭의 대표로부터 비롯된 법조비리 사건이다. 법조비리 사건의 경우 부장판사와 검사장 출신 변호사가 수임료 명목으로 각각 수십억 원 또는 50억 원의 돈을 받았다는 사실이 밝혀졌다.
　한편 재벌기업의 오너가 백화점 면세점 입점 로비와 함께 수십억 원을 받은 혐의로 구속되는 일도 있었다. 잇따른 충격적 사건 앞에서 많은 사람이 망연자실하며 허탈한 표정을 감추지 못했다.
　이러한 일련의 사건은 우리에게 몇 가지 분명한 사실을 확인해준다. 먼저 민간 분야의 부패와 비리가 주무관청은 물론 법조계와 학계 등 대표적 지식인 집단의 양심까지도 마비시켰다는 사실이다. 그리고 관행이라는 이름으로 자행된 비리가 수많은 귀한 생명을 앗아갔다는 사실, 또 민주사회에서 정의를 수호해야 할 최후의 보루인 사법부마저 부패와 비리 앞에서 크게 흔들리고 있다는 사실이다. 참으로 심각한 충격이다.
　법치주의를 확립하기 위해서는 부패의 추방이 가장 시급하고도 필수불가결한 대전제이다. 이른바 '김영란법'은 바로 부패를 추방하자는 국민적 합의로 마련되었다. 그런데 최근 이 법의 일부 내용에 대해 국회 차원에서의 개정논의가 활발하다.

개정이 논의되고 있는 주요내용은 다음과 같다. 첫째, 부정청탁 금지의 대상에서 예외로 제외되었던 국회의원 등 선출직 공무원을 다시 포함하는 것, 둘째, 당초의 권익위원회 안에서 삭제된 이해충돌 방지 조항을 부활시키는 것, 셋째, 언론인과 사립학교 교원을 이 법의 적용대상에서 배제하는 것, 넷째, 식사·선물·경조사비 상한선을 상향조정하는 것 등이다.

나는 그동안 이 법을 개정하기보다는 우선 시행하는 것이 더욱 중요하다고 거듭 강조했다. 시행 후에 보완해도 결코 늦지 않다는 판단이었다. 그러나 국회가 이 시점에서 진지하게 개정을 논의한다면 이 기회에 더욱 근본적 개정을 모색하는 것이 바람직하다고 생각한다. 그래서 공적 영역은 물론 사적 영역에까지 만연한 부패를 원천적으로 차단할 수 있도록 개정이 이루어져야 한다.

우선 정당한 의정활동 등을 침해한다는 이유로 국회의원 등 선출직 공무원이 부정청탁금지 대상에서 제외되었는데 이 규정을 바로잡아야 한다. 20대 국회가 이러한 문제를 스스로 제기한 것은 참으로 다행스러운 일이 아닐 수 없다. 이를 통해 국회의원직을 이용한 다양한 청탁, 또 의정활동을 수행하는 과정에서 있을 수 있는 유·무형의 청탁 등을 원천적으로 차단해야 한다.

아울러 공직자가 자신과 사적인 이해관계가 있는 직무를 수행할 수 없도록 이해충돌 방지와 관련한 조항도 부활되어야 한다. 이 조항들은 당초의 정부 원안에는 포함되어 있었지만, 국회의

심의과정에서 통째로 삭제되고 말았다. 관련하여 최근에는 국회의원이 친인척 등을 보좌진으로 임용해 급여를 주거나 피감기관에 은밀하게 특채시킨 사례가 밝혀지기도 했다.

이러한 점을 감안할 때 적어도 국회의원이라면 직무상 이해충돌 방지 등 윤리강령을 더욱 엄격하게 준수해야 한다. 관련 조항은 당연히 부활되어야 한다.

한편 일부 의원은 언론인과 사립학교 교원을 이 법의 적용대상에서 배제하자고 주장한다. 그러나 우리의 현실을 감안할 때 이는 설득력이 부족하다. 언론인은 정부의 정책수립이나 법률제정 과정에 큰 영향을 미치는 사람이다. 공직자 못지않은 '제4의 권력'이다. 언론이 바로 서야 나라가 바로 선다는 사실을 유념해야 한다. 사립학교 교원도 마찬가지이다. 현실적으로 부정부패로부터 완전히 자유로울 수 없는 신분이다. 이러한 점을 종합적으로 고려하면 이들을 적용대상에서 굳이 제외해야 할 이유를 찾을 수 없다.

최근 우리 사회에서는 사적 영역의 '갑甲질'과 부패가 더욱 심화되는 양상을 보이고 있다. 유통부문 대기업이 중소기업으로부터 거액을 받고 입점을 시켜주었던 사례가 대표적이다. 대기업은 물론 일반 중소기업에서도 임직원이 작은 권한을 내세워 '갑질'을 하는가 하면 금품수수도 일상화되었다고 한다. 이 법의 적용대상을 공직은 물론 민간 영역까지 더욱 광범위하게 확대해야 할 명백한 이유이다.

우리 사회에서 부패를 완벽하게 척결하기 위해서는 공적·사적 영역의 구분 없이 반反부패법이 작동하도록 해야 한다. 이를 통해 부패 추방에 대한 전 국민적 공감대를 형성하고 나아가 이를 새로운 생활문화로 정착시켜야 한다.

미풍양속美風良俗으로 인정할 만한 소액선물이나 경조비를 주고 받는 것을 제외하고는 국민 각자가 일상 속에서 일체의 금품수수나 접대를 하지 않는다는 새로운 문화가 정착되어야 한다. 그럴 때 비로소 사회에 만연한 부패를 추방할 수 있을 것이다.

최근 이 법이 규정한 식사나 선물 등의 상한선에 대해 일부 관련 업계를 중심으로 '비현실적'이라는 주장이 나오면서 이의 상향 조정을 요구하는 움직임이 있다. 그러나 이는 부패를 추방하고자 하는 정신에 크게 어긋난다. 물론 업계의 매출에 다소 영향을 줄 수도 있다. 그러나 부정부패를 일소하여 청렴한 분위기를 구현함으로써 법치주의를 확립하고 나아가 공정경쟁을 보장하는 바른 사회를 만드는 가치에는 비할 바가 못 된다.

또 진정한 경제 활성화는 깨끗하고 공정한 경쟁이 바탕이 될 때 가능하다는 것이 나의 확고한 소신이다.

부패는 법치주의의 근간을 뿌리째 흔드는 요소이다. 또 경제와 사회의 건전한 발전을 가로막는 망국병亡國病이다. 부패는 경제를 활성화하는 데 아무런 도움이 되지 못한다. 오히려 불확실성만을 키우고 공정경쟁의 기반을 무너뜨려 결국 경제발전에 커다란 악영향을 미친다는 것이 오래전에 확립된 정설이다.

싱가포르나 홍콩의 경우 이미 오래전부터 공적 영역과 사적 영역의 구분 없이 조그마한 금품수수도 용납하지 않았다. 이를 통해 법치를 확립함으로써 궁극적으로 경제적 성공을 거둘 수 있었다. 우리는 이런 사례에서 배울 필요가 있다.

법 규정도 중요하지만 부패를 척결하겠다는 인식과 사회문화의 확립은 더욱 중요하다. 사회 전반에 걸쳐 반부패의 새로운 문화가 확립된다면 이는 선진 일류국가로 도약하는 중요한 기반이 될 것이다. 이를 통해 내외국인 투자가 활성화될 때 우리나라는 다시 한 번 경제발전을 이루면서 진정한 선진국으로 도약할 수 있을 것이다.

일찍이 구한말에 도산 안창호 선생은 이렇게 말했다.

"우리나라를 망친 원수가 누구냐? '거짓'이다."

도산 선생은 우리 민족의 '거짓말하는 나쁜 버릇'을 고치는 사업에 헌신했다. 지금의 우리는 과연 어떠할까? 나는 이렇게 확신한다.

"우리 사회의 망국병인 부패를 추방하는 일이야말로 나라를 구하는 길이다."

'부패의 추방'은 가장 중요한 시대적 과제이다. 그런 만큼 지도자가 앞장서고 모든 국민이 힘을 모아 이루어내야 한다. 누구에게나 균등한 기회가 주어지고 공정한 경쟁이 보장되는 바른 사회가 될 때 비로소 이른바 '흙수저'도 꿈과 희망을 품고, 노력한 만큼 계층의 사다리를 오를 수 있다. 나아가 사회갈등을 해소하고 국민통합을 이루며 사회정의 실현에 기여할 수 있다.

교육개혁의 필요성

법치주의와 함께 주목한 또 하나의 명제는 바로 '교육'이다. 교육 역시 오늘의 우리가 관심을 집중해야 할 과제이다. 이를 해결하지 못하면 우리나라는 선진국이 될 수 없다. 이제까지는 우수한 창의력을 가진 사람들이 경제·문화·예술 등 각 분야에서 탁월한 활동과 작품을 선보이면서 우리나라를 세계로 알리고 또 이를 부의 창출로 연결했다. 하지만 지금 우리의 교육은 '공교육 붕괴'와 '사교육비 팽창'으로 요약된다. 한마디로 '교육 부재'의 현실이다. 이처럼 지지부진함을 면치 못하는 교육으로는 결코 밝은 미래를 기대할 수 없다.

공교육 시스템이 붕괴하면서 젊은이는 삶의 만족을 잃었다. 지금의 부모 세대까지는 그래도 잘 지내온 편이었다. 그러나 지금의 젊은이에게는 꿈과 희망이 없다. 공교육이 무너지고 사교육이 횡행하면서 사교육비를 감당할 수 있는 소득 상위계층, 즉 경제적 강자만 대를 이어 좋은 교육을 받을 수 있는 나라가 되어버렸다. 벌이의 대부분을 사교육비로 지출하며 살다 보니 중산층은 점점 더 엷어진다.

결혼과 출산을 아예 포기하는 젊은이가 늘어 불과 수십 년 만에 세계에서 가장 낮은 출산율을 기록하고 있다니 놀라운 일이다. 자녀의 유학을 위해 기러기 아빠로 살다가 가정이 파괴되는 경우도 적지 않다. 아이들은 아이들대로 학교에 가서 잠만 잔다.

정상적인 학교생활이 아니다. 어려서부터 왜곡된 모습으로 성장하는 것이다.

자신밖에 모르는 이기주의, 허약한 체력, 건강하지 못한 인성. 이래서는 국제적 경쟁력을 갖춘 인재로 성장하는 것이 원천적으로 불가능하다. 지식을 습득하는 과정도 주입식 암기교육 위주이다 보니 창의력이 발현되지 않는다. 인적 자원을 키운다고는 하지만 경쟁력 없는 사람을 양산할 뿐이다. 이런 상황에서 대한민국의 앞날이 어떨 것인가? 명약관화明若觀火한 일이 아닐까 싶다.

이런 사회로는 곤란하다. 열심히 노력한 만큼 살 수 없는 사회라면, 경제적 강자와 권력자만이 잘살 수 있는 사회라면, 부의 세습이 대대로 이어지는 나라라면, 그것을 뒷받침하는 체제는 결코 오래 지속될 수 없다.

경쟁력 있는 인재의 양성, 인적 자본의 형성, 그리고 자유롭게 경쟁할 수 있는 체제, 기회의 균등, 열심히 노력한 만큼 보상받는 사회. 이것이 우리가 추구해야 할 바른 사회의 모습이다. 그런 사회에서는 민간 분야에서 창의적 기업이 많이 등장할 것이며 사람들도 능력에 따라 교육받는 세상이 될 것이다.

학생도 오로지 공부만 하는 것이 아니라 사회 각계각층으로의 진출을 모색할 수 있다. 기술자도 되고 스포츠 선수도 되고 연예인이 될 수도 있다. 그런 다양성이 중요하다. 자신이 잘하는 것을 즐기면서 할 수 있는 세상이라야 하지 않겠는가?

바른사회운동연합의 운영

바른사회운동연합을 창립하면서 나는 우선 이 두 가지 의제에 집중하기로 했다. 결국 '반부패 법치주의 확립'과 '교육개혁'이다. 창립선언문에서 말하듯이 이제 바른사회운동연합은 더욱 정의롭고, 더 따뜻하고, 더 풍요한 사회를 꿈꾸는 가슴과 가슴이 만나는 곳이 될 것이다. 또 올바른 지식, 슬기로운 지혜, 행동하는 양심이 어우러지는 용광로가 될 것이다. 그리고 반부패 및 준법운동, 나아가 시대정신과 보편적 가치를 구현하는 입법운동을 통해 갈등을 화해로, 분열을 통합으로 승화시키는 주역이 될 것이다.

이것이 우리가 바른사회운동연합을 설립한 이유이다. '시민단체 활동이 과연 얼마나 영향력을 갖겠는가?', '과연 성공할 수 있겠는가?' 이렇게 의문을 제기하는 사람들이 있다. 그러나 나의 목표는 거창하지 않다. 우리의 주장이 정책에 반영된다면 만족한다. 또 입법으로 이어진다면 성공이다. 나는 민주주의 사회가 건강하게 오래 유지되려면 시민단체와 회원의 숫자가 많아야 한다고 생각한다. 회원도 많아야 하고 지지하는 사람도 많아야 한다. 1만 원(연회비 최소 단위)을 내는 회원이 10만 명이 된다면 우리도 우리나라를 바꾸는 데 큰 역할을 할 수 있다고 본다.

아무리 좋은 뜻으로 시민단체를 출범한다고 해도 우리 사회의 각 분야에서 훌륭하게 일해온, 신뢰받는 분들의 적극적 참여와 격려가 없으면 성공할 수 없다. 그런데 과분하게도 국민의 존경을 받는 대표적 인사 가운데 많은 분이 고문, 자문위원, 공동대표, 감사, 이사, 운영위원으로 기꺼이 참여해주셨다. 여러 가지로 부족한 나로서는 나름대로 감사의 뜻을 표하고 싶다. 그래서 창립취지문에 이어 '함께하는 사람들'의 명단을 본인들의 양해를 구하지 않고 감히 게재하기로 했다(공동대표로 함께 일하던 이승훈 서울대 명예교수는 얼마 전 가스공사 사장에 취임하며 사임했다).

2014년 4월부터 2015년 말까지 2천여 명의 회원이 가입했다. 2015년 상반기에는 반부패 법치주의와 교육개혁에 대한 심포지엄을 열었고, 가을에는 교육개혁 제2차 포럼을 교육콘서트 형식으로 열었다. 2015년 12월 10일에는 그해 바른사회운동연합의 교육개혁 활동을 마무리하는 제3차 교육개혁 토크콘서트가 성황리에 열렸다.

2016년 5월에는 기업의 형사책임과 준법경영을 위한 컴플라이언스compliance 제도의 문제점과 개선 방안을 주제로 심포지엄을 개최하였다. 좌장은 양삼승 변호사가 맡아 훌륭하게 토론을 이끌어주었다. 김종갑 회장이 독일 지멘스Siemens 사가 하는 선진 컴플라이언스 제도에 대하여 유익한 발표를 해주었다. 모범 사례가 되기에 충분하였다. 이어서 오택림 변호사가 심혈을 기울여 오랫동안 연구한 우리 형사법상 반부패와 관련하여 시급히 보완해야 할 중요한 허점들에 관한 심도 있는 발표를 하였다. 유니스 김 이대 교수도 컴플라이언스 제도의 강화를 위한 유익한 토론을 해주었다.

심포지엄이 끝나고 여러 사람이 심포지엄에서 논의한 제반 문제점을 보완하고 개선하도록 법 개정 노력을 해줄 것을 요청하였다. 논의에만 그치면 의미가 없으므로 바른사회운동연합도 내부에 관련 법 개정을 위한 위원회를 출범하기로 하였다.

무엇보다 컴플라이언스 시스템을 일반 기업뿐만 아니라, 선진국처럼 유치원을 포함한 학교나 병원 같은 법인이 아닌 단체나 기관에까지 도입하도록 해야 한다. 준법경영을 위한 유인책으로 이와 같은 시스템을 도입하여 조직 내부에 잘 정착되어 운영하는 경우에는 형사 사건으로 기소되었을 때에도 면책항변을 할 수 있게 허용하는 것도 필요하다.

이렇게 공적 부문은 물론 민간영역에까지 컴플라이언스 제도가 도입되고 정착되는 데 반드시 조력해야 할 인력이 재야 법조인이다. 현재 엄청난 과잉공급 상태인 재야 법조계에도 활력이 생기고 법치주의의 확립에도 크게 기여할 것이니, 이 제도의 도입으로 일석삼조의 효과를 얻을 수 있는 셈이다.

교육개혁 분야도 2016년부터는 좀더 체계적이고 내실 있는 활동을 모색하고 있다. 이를 위하여 상반기에 교육개혁추진위원회를 출범하여 매월 주제별로 내부 세미나를 심도 있게 하고 있다. 2017년부터 더욱 구체적인 개혁 운동을 추진하기 위해 확실하게 현행 교육 관련 중요 문제점에 관하여 해결방안을 모색하고 스스로 자신 있게 무장하기 위함이다.

바쁜 일정에도 불구하고 헌신적으로 재능 기부를 해주시는 교육개혁추진위원들께 진심으로 감사를 드린다. 특히, 윤증현 전 장관은 바른사회운동연합 활동 초기부터 심포지엄과 패널로 참여해주었다. 민감한 이슈에 관하여도 솔직하고 담대하게 자기 의견을 피력하는 한편, 구수한 화술로 청중에게 높은 인기를 끌었다. 이기수 위원장과 이주호 전 장관도 교육 현장과 공직 경험을 살려 교육개혁운동에 크게 기여해주어 감사할 뿐이다. 위원장 및 위원은 아래와 같다.

위원장: 이기수
공동위원장: 윤증현, 이주호
위 원: 김병일, 김승유, 오세정, 우동기, 이배용, 이여성, 이종갑, 정일화,
        정재영, 정창영

또 2015년 상반기에는 한국부인회와 MOU를 체결했다. 60년 전통을 가진 단체인데 최근 다시 활동을 재개하면서 4대악 척결 등을 내걸었다. 우리와 맥이 닿아 있기도 해서 같이 활동하기로 했다.

유사한 시민단체도 있긴 하다. 그러나 우리가 그들과 근본적으로 다른 것은 정부의 지원을 일절 받지 않는다는 점이다. 또 대기업에 돈을 후원해달라고 요청하지 않는다는 점이다. 기업이 법인회원이 되면 연회비를 1천만 원까지만 받는다. 우리가 독립성을 잃지 않을 정도의 수준에서 법인도 가입이 가능하다.

현재 바른사회운동연합은 내가 그 운영을 직·간접적으로 돕는 상황이다. 신앤박 변호사 사무실이 일정한 기반이 되어 준다. 변

호사 사무실의 김선옥, 이여성李予成 두 분이 고문을 맡아주고, 또 변호사 가운데 상당수가 바른사회운동연합의 실무위원으로 참가한다. 김경렬金敬烈, 신서영辛瑞嶸, 이민규李珉圭, 오성헌吳星憲, 권용權龍 변호사 등이 그들이다.

최근 훌륭한 두 분을 사무실로 모시게 되었다. 한 분은 법무부 장관과 대통령 비서실장을 지낸 정해창丁海昌 씨이다. 고위직을 지냈으면서도 평소에 지하철을 타고 다닐 정도로 검소하고 소탈한 분이다. 이곳에 자리를 잡아 후배에게 가르침도 주고 서로 교류하기를 바라는 마음으로 고문으로 모셨다.

다른 한 사람은 앞에서도 이야기했던 이근웅 전 사법연수원장이다. 그동안 세종에서 일했는데 2015년 말로 계약이 끝나게 되어 이곳으로 옮겨 송무 쪽을 총괄하게 되었다. 두 분 모두 큰 욕심 없이 반듯하게 살아온 분들이다.

좋은 분들이 주변에 많이 있어 마음이 든든하다. 한편으로는 그럴수록 더욱 바른사회운동연합이 대한민국의 발전을 위해 큰 역할을 하도록 열과 성을 다해야겠다는 다짐을 새롭게 한다.

바른사회운동연합의 창립취지문을 여기에 소개한다.

'바른사회운동연합' 창립취지문

우리는 1945년 일본 제국주의 강점에서 벗어나 광복을 맞았다. 3년이 지난 후 한반도의 남쪽에서 제헌의회가 구성되었고 마침내 대한민국 정부가 수립되었다. 그로부터 2년이 채 되기도 전에 북한의 남침으로 전 국토는 폐허로 변하고 말았다. 대한민국은 이 참화를 딛고 반세기 만에 산업화에 성공했고, 민주주의 체제를 이 땅에 정착시켰다. 최단 기간 내에 산업화와 민주화를 동시에 이루어낸 기적이었다. 그리고 지금의 우리에게는 품격을 갖춘 일류국가를 건설하면서 통일한국의 미래를 준비해야 할 과제가 주어져있다.

그러나 우리는 안타까운 현실에 직면해있다. 대한민국은 지금 정체 상태에서 답보하고 있다. 경제의 양극화는 사회를 분열시켰다. 공교육은 붕괴되고 사교육비는 팽창 일로에 있다. 안정된 일자리가 줄어들고 주거비가 급증하면서 중산층의 기반이 무너졌다. '기회의 균등'은 하나의 이상일 뿐 청년실업이 날로 증가하면서 미래의 전망을 어둡게 하고 있다. 이로 인해 출산율이 OECD 국가 중 최저를 기록하면서 성장잠재력마저 추락하고 있다. 또 심화되는 고령화 사회는 사회적 활력까지 급격히 떨어트리고 있는 실정이다. 한편 북한의 도발 위협이 심각한 상황에서 국내 이념논쟁과 갈등은 오히려 극단으로 치달아 소모적인 양상을 보인다. 1인당 국민소득은 2007년에 2만 달러를 돌파했지만 그 이후 성장은 답보상태에 머물렀다.

이 모든 현실이 우리에게 위기의식을 불러일으킨다. 이런 상황에서도 정부와 정치권은 정쟁政爭만 일삼으면서 실현 불가능한 포퓰리즘 공약들만 남발한다. 갈등을 조정하고 분열을 치유해야 할 국회는 상쟁의 정치로 날을 세운다. 여전히 정부는 민간 시장에 무분별하게 개입한다. 이로 인해 시장의 활력은 위축되고 부패의 독버섯이 자라고 있다. 입법부와 행정부는 법이 정한 절차를 수시로 무시하면서 법치의 원칙을 흔든다. 이를 지켜보는 국민들의 준법정신까지 마비되는 상황이다. 또 민간 부문에 만연한 일탈된 경쟁은 건강한 사회의 토대인 공동선과 공동체정신을 무력화시킨다.

이러한 현실에서 사법부는 우리 사회의 도덕적 준칙과 공동선共同善을 지키는 마지막 보루가 되어야 한다. 그러나 과연 그러한 역할을 수행하는지 의문을 제기할 수밖에 없다. 물론 구조적 한계도 있다. 대법관 한 사람이 하루에 여덟 건 이상의 사건을 처리해야 하는 상황에서는 무리한 기대일 것이다. 여기에 일선 법관의 일탈이 수시로 발생하고 있으며 자질 문제도 제기된다. 사법부가 스스로의 위상을 추락시키는 동안 국민적 불신이 가중되고 있다. 법관들이 법률과 양심에 따라 사심 없이 판결할 수 있도록 자질과 여건을 갖추는 것이 중요하다. 하지만 요원한 일로 보인다.

현실로 일어난 일이라고는 도저히 믿을 수 없는 작금의 세월호 사태는 한국사회의 기반이 얼마나 취약한 토대 위에 서 있는가를 적나라하게 드러내면서 국민들의 가슴에 지울 수 없는 상처를 남겼다. 국민적 자부심과 국가 브랜드이미지는 회복하기 어려운 충격타를 입었다. 사고의 발생과 수습과정에서 벌거벗은 그대로 드러난 한국 사회의 무력한 시스템과 치부恥部를 보고 우리는 가슴을 쥐어뜯을 따름이다. 이 참극의 씨앗은 우리 사회의 전반에서 오랫동안 배태되어 왔으며 이러한 온상을 방치해 온 우리 기성세대에게 이번 참사의 책임이 있음을 통감하지 않을 수 없다.

우리는 이제 정체와 퇴행의 그늘에서 벗어나 명실상부한 일류국가로 도약해야 한다. 고품격 사회의 밝은 미래로 나아가야 한다. 이를 위해서는 무엇보다 생산적인 정치, 청렴한 정부, 유능한 공직사회의 구축이 절실하다. 특히, 부패의 척결이 중요하다. 부패의 척결과 함께여야 사회정의에 부합하는 법치의 확립이 가능하다.

법치는 자유와 인권이 보장되는 바탕이다. 사회정의가 실현되는 토대이다. 공동선을 실현하기 위해 입법·사법·행정부 등 공공 부문이 작동하는 원리이기 때문이다. 법치가 확립되면 사회 구성원은 스스로의 성찰을 통해 책임과 의무를 다한다. 나아가 서로 배려하고 신뢰하는 가운데 행복과 품격을 갖춘 공동체로 도약하게 된다.

이제 첫발을 내딛는 '바른사회운동연합'은 보다 정의롭고, 보다 따뜻하고, 보다 풍요한 사회를 꿈꾸는 가슴과 가슴이 만나는 곳이다. '바른사회운동연합'은 올바른 지식, 슬기로운 지혜, 행동하는 양심이 어우러지는 용광로가 될 것이다. '바른사회운동연합'은 반부패 및 준법 운동, 나아가 시대정신과 보편적 가치를 구현하는 입법운동을 통해 갈등을 화해로, 분열을 통합으로 승화시키는 주역이 되고자 한다.

이에 우리는 언제나 역사발전의 동력이 되었던 대중시민의 양식 앞에서 다음과 같이 엄숙히 다짐한다.

하나, 우리는 최근 만연한 사회적 비리와 모순에 대해 큰 책임이 있음을 통감하고 자기혁신을 통해 일류 국가, 품격 있는 사회의 건설에 기여할 것임을 다짐한다.

하나, 우리는 부패 없는 정의로운 사회건설의 토대가 될 법치의 확립을 위해 헌신할 것임을 다짐한다.

하나, 우리는 양극화와 갈등의 해소에 진력하여 사회의 정체를 극복하는 중심이 될 것임을 다짐한다.

하나, 우리는 통일한국의 미래를 준비하는 한편, 미래의 주역인 어린이를 반듯한 세계시민으로 육성하는 프로그램을 개발하고 실천하도록 노력할 것임을 다짐한다.

2014. 4. 24.

바른사회운동연합을 함께하는 사람들

2016. 9. 22. 현재

324

운영위원장: 이여성

운영위원: 김경렬, 김재실, 김재철, 김행영, 나승철, 박병수, 박신애, 박 찬, 박형연, 배홍규, 송 경, 오귀환, 유철환, 윤윤식, 이병주, 이상복, 이전갑, 이정원, 이종신, 이종재, 장중웅, 조갑출, 조소현, 조상규, 차재능, 최용근, 최진녕, 한일상

사무총장: 장화경

(당진시 지회)

상임회장: 강우영

공동회장: 류종인, 박병수, 이덕하, 임종국

신영무 약력

1993. 5. ~ 1998. 8.	금융발전심의위원회 위원	
1994. 3. ~ 1994. 12.	국제화추진위원회 위원	
1994. 10. ~ 1997. 10.	공정거래위원회 비상임위원	
1999. 6. ~ 2005. 5.	한국중재인협회 부회장	
1999. 9. ~ 2000. 1.	국무총리 정책자문위원회 위원	
2004. 10.~ 현재	한미 재계회의 위원	
2006. 5. ~ 2008. 6.	경찰청 집회자문위원회 위원장	
2009. 3. ~ 2010. 11.	대한변호사협회 변호사 연수원장	
2009. 3. ~ 2011. 12.	서울대 법학전문대학원 겸임교수	
2011. 2. ~ 2013. 2.	대한변호사협회 협회장	
2011. 8. ~ 2013. 8.	헌법재판소 자문위원	
2011. 12. ~ 2015. 12.	세계변호사협회 IBA 평의회 의원	
2012. 5. ~ 2014. 4.	서울대 법과대학 총동창회장	
2013. 4. ~ 2014. 5.	환태평양변호사협회 IPBA 회장	
2013. 12. ~ 현재	법률사무소 신앤박 대표 변호사	
2014. 4. ~ 현재	바른사회운동연합 상임대표	
2014. 6.	국민훈장 무궁화장 수훈	
2015. 2. ~ 2016. 5.	국민대통합위원회 위원